BUSINESS TRANSFORMATION
AND MANAGEMENT REFORM OF AGRICULTURAL ENTERPRISES

农资企业
经营转型与管理变革

张平礼 著

中国财富出版社

图书在版编目（CIP）数据

农资企业经营转型与管理变革／张平礼著．—北京：中国财富出版社，2019.8
ISBN 978－7－5047－6909－1

Ⅰ．①农…　Ⅱ．①张…　Ⅲ．①农业企业—企业经营管理—研究—中国
Ⅳ．①F324

中国版本图书馆 CIP 数据核字（2019）第 101016 号

策划编辑	谢晓绚	**责任编辑**	张冬梅　王　君	
责任印制	梁　凡　郭紫楠	**责任校对**	卓闪闪	**责任发行** 董　倩

出版发行　中国财富出版社

社　　址	北京市丰台区南四环西路 188 号 5 区20 楼	**邮政编码**　100070
电　　话	010－52227588 转 2098（发行部）	010－52227588 转 321（总编室）
	010－52227588 转 100（读者服务部）	010－52227588 转 305（质检部）
网　　址	http://www.cfpress.com.cn	
经　　销	新华书店	
印　　刷	北京京都六环印刷厂	
书　　号	ISBN 978－7－5047－6909－1/F·3051	
开　　本	710mm×1000mm　1/16	**版　　次**　2019 年 11 月第 1 版
印　　张	20	**印　　次**　2019 年 11 月第 1 次印刷
字　　数	327 千字	**定　　价**　62.00 元

推荐序

农业，是国民经济的基础；农资，关系着农业丰收、粮食安全和环境保护。

党的十九大做出了实施乡村振兴战略的重大决策部署，土地流转加快，《农药管理条例》重新修订实施，农资行业由计划经济转为市场经济后，已经从野蛮生长期、稳定发展期，开始进入并购整合期。自上游生产制造企业到中游流通批零企业，再到下游种植业，优胜劣汰成为必然。

农资企业普遍存在"固有思维方式改变迟滞，企业定位与企业文化及价值观念、经营理念取舍权衡不定，经营模式和管理模式固化，企业组织架构的设置与调整不能适应外部变化，企业核心能力构建与人力资源规划支撑不足，个人与团队、局部与整体冲突"等突出的经营管理与发展矛盾。

农资企业亟须经营转型与管理变革！

本书为农资企业的经营转型与管理变革，提供了可资借鉴的具有全面、系统和实战操作意义的"整体思路框架和具体实施方案"。由宏观到微观，由外部到内部，由行业到企业，主要包括：

农资行业的宏观环境分析与发展趋势；

农资企业的经营转型与管理变革的思路与方法；

农资企业的内部激励管控与农资营销的五步循环模式。

本书具体章节内容涉及：行业及企业价值链与定位分析、企业经营转型、核心能力构建、关键资源整合、管理变革、激励与管控、营销五步循环模式等诸多方面。

本书以农资企业经营转型与管理变革为主线，不同章节和模块既分别对应相应层面和具体问题，又具有内在关联性、层次性、逻辑性和系统性，理论指导性与实践操作性兼备。静心通读，结合实际，对农资企业的经营转型与管理变革具有重要的借鉴和指导意义。

河南心连心化学工业集团股份有限公司　董事长

2019 年 7 月 28 日

目　录

下篇　管控有术
——激励管控与营销策划

上篇

明道取势——宏观环境与发展趋势

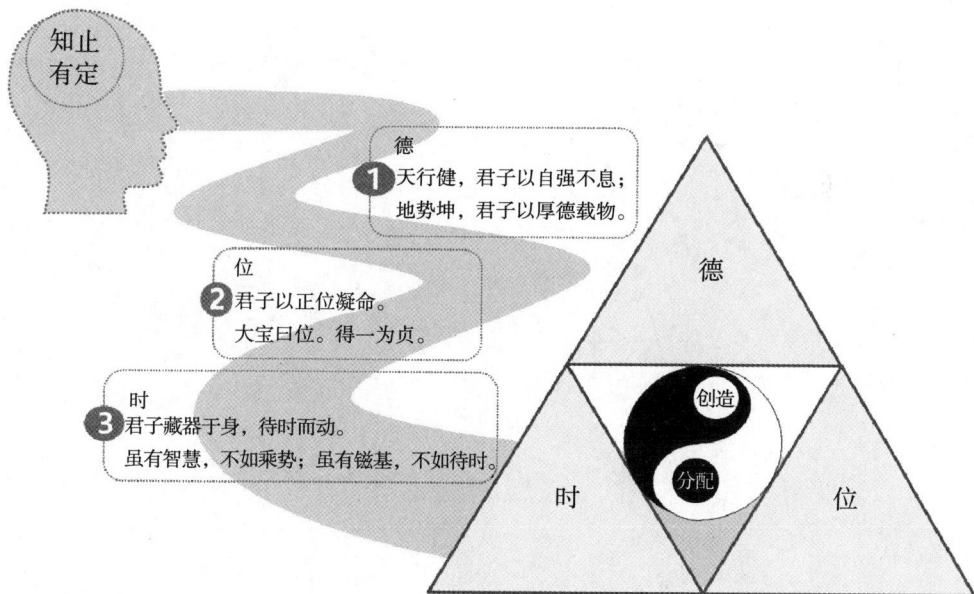

知止
有定

德
① 天行健，君子以自强不息；
  地势坤，君子以厚德载物。

位
② 君子以正位凝命。
  大宝曰位。得一为贞。

时
③ 君子藏器于身，待时而动。
  虽有智慧，不如乘势；虽有镃基，不如待时。

德

创造

分配

时　　位

农业产业宏观环境分析

产品

P政治因素　　S社会因素

客户　　供应

渠道　　E经济因素　　目标市场　　T科技因素　　促销

竞争　　替代

新进

C文化因素　　L法律因素

价格

第一节　人口、土地与社会历史

人类社会的历史就是人口与土地的历史。

土地资源是人类赖以生存与发展的物质基础，是最基本的生产资料，是社会生产力发展的根本源泉。离开了土地资源，人类将难以生存和发展。

无论在什么时代，人口和土地都是重要的财富。人口和土地是人类社会最大的力量来源！

英国古典政治经济学家威廉·配第的经典名言是：土地是财富之母，劳动是财富之父。

马克思认为：土地是一切生产和一切存在的源泉。整个社会，一个民族，以至一切同时存在的社会加在一起，都不是土地的所有者。它们只是土地的占有者、土地的利用者。

在漫长的人类社会发展历史进程中，几乎所有的人都在做一件事，那就是争夺并占有土地，然后采用不同形式管理土地上的事物。

获取与控制自然资源（土地、水、能源等）的战争，一直是国际紧张和武装冲突的根源。20世纪的两次世界大战，从经济角度上看，都是因争夺资源而引起的。土地问题是牵一域而动全球的根本性、全局性问题。

中国历代封建王朝的更替表明，土地占有的均衡性与土地关系的稳定性，从根本上决定了整个社会的阶级结构和利益结构，决定了统治阶级政权的稳固程度和社会经济发展水平的高低。处理不好土地与人口的关系，就会导致社会动荡。

国以民为本，民以食为天，食以农为本，农以地为根。

土地问题是农村的首要问题，也是决定民心向背的关键问题。土地问题事关农业、农村、农民的发展全局，始终是中国建设和改革发展的根本问题，是突出的经济问题。

实践证明，农业、农村与农民的根本问题是土地问题，土地稳定，则农业稳定，农民稳定，农村稳定。

没有农业的发展、农民的增收、农村的稳定，就没有国家的稳定与发展。

土地问题涉及亿万农民的切身利益，事关全局，必须充分认识到引导农村土地经营权有序流转、发展农业适度规模经营的重要性、复杂性和长期性。

中共中央办公厅、国务院办公厅印发的《关于引导农村土地经营权有序流转发展农业适度规模经营的意见》，特别强调"坚持农村土地集体所有，实现所有权、承包权、经营权三权分置，引导土地经营权有序流转，坚持家庭经营的基础性地位，积极培育新型经营主体，发展多种形式的适度规模经营，巩固和完善农村基本经营制度"，这一原则具有重大而深远的战略和历史意义。

2018 年 1 月 2 日，2018 年中央一号文件《中共中央 国务院关于实施乡村振兴战略的意见》颁发。文件指出实施乡村振兴战略是新时代做好"三农"工作的根本遵循，是解决新时代社会主要矛盾的必然要求，是实现"两个一百年"奋斗目标的必然要求，是实现全体人民共同富裕的必然要求。

实施乡村振兴战略的总要求是产业兴旺、生态宜居、乡风文明、治理有效、生活富裕。

第二节 我国的"三农"问题与农业现代化

一、我国的"三农"问题

"三农"问题，即农业问题、农村问题、农民问题。

"三农"问题是以农民为主体、以农村为地域、以农业为纽带，相互交织为一体的农民、农村、农业问题的总称。

"三农"问题的本质是在农业文明向工业文明、城市文明发展的过程中，所面临的人口与土地、人口土地与农业现代化的矛盾。

"三农"问题，并非我国特有的历史问题，是世界上所有国家在工业化、城市化、现代化进程中都会面临的问题。

我国是一个农业人口占大多数、经济发展不平衡的大国。由于农业人口严重过剩，农业生产率低下，农民的收入增长缓慢，农业人口与实现农业现代化之间的矛盾、农村没落与农民向非农产业转移以及人口城市化之间的矛盾，已经成为我国经济改革和社会发展的阻碍和瓶颈。

"三农"问题目前在我国集中表现为"农民贫困、农村凋敝、农业萎缩"，并导致综合性的社会矛盾。

农民问题集中表现为农民收入增长缓慢和素质低下。

农业问题集中表现为农业基础脆弱和生产效率低下。

农村问题集中表现为农村凋敝落后和环境恶化。

"三农"问题并不单纯是农业、农村和农民问题，它不仅是我国现代化的基本问题，还是关系到我国工业化、城市化、共同富裕、可持续发展以及以人为本等一系列社会发展的根本的重大问题。

梁启超说过：求中国国家之新生命必于其农村求之；必农村之有新生命而后中国国家乃有新生命焉。

我国的"三农"问题具有深层和复杂的历史原因，具有自身的特殊性，相关分析如表1-1所示。

表1-1　　　　　　　我国"三农"问题相关分析

方面	农村	农业	农民
问题现状	（1）物质面貌凋敝 （2）经济基础薄弱 （3）精神文化贫乏 （4）生态环境恶化	（1）生产效率低 （2）回报低 （3）农民生产积极性低 （4）风险大、成本高	（1）素质低 （2）收入低 （3）地位低 （4）分散，是弱势群体
深层原因	（1）人口众多 （2）土地匮乏 （3）土地制度（生产组织机制） （4）城乡二元管理体制 （5）集体经济薄弱，基本公共服务和社会福利，甚至是最基本的生活条件、生存权和发展权缺乏保障	（1）人口众多 （2）土地匮乏 （3）生产要素分散 （4）工业优先，城市优先 （5）小规模经营，收入低、增速缓，农民负担沉重，没有能力和意愿进行农业投入，政府财政农业公共投资占比越来越低	（1）人口众多 （2）土地匮乏 （3）土地制度（效益） （4）户籍和就业制度 （5）教育、医疗、养老资源缺乏

续　表

方面	农村	农业	农民
主要影响	（1）关系我国的工业化、城市化等一系列重大问题 （2）关系改革路线和方向	（1）影响社会生产力的发展及生产关系的协调 （2）影响国民经济全局和国民经济持续稳定健康发展 （3）影响整体国家现代化 （4）影响第一二三产业融合	（1）影响全面建设小康社会 （2）影响社会和谐稳定
发展趋势	农村城镇化	农业现代化	农民职业化
对策思路	（1）城市支持带动农村 （2）统筹城乡发展 （3）加大农村基础设施和公共设施建设投入 （4）加大生产和生活环境治理	（1）工业和科技反哺农业 （2）实施政府保护扶持农业政策，包括农产品价格补贴、财政信贷、农业保险制度等 （3）农业产业化、集约化、规模化、社会化经营，探求新的农业生产和合作组织模式	（1）提高农民文化素质，加强农民职业技术技能教育，培育现代农民 （2）使农民增收、减负 （3）完善社会保障制度 （4）实现农村人口和富余劳动力有效转移
政策机制	（1）乡村振兴战略 （2）加强农村基层基础工作，健全自治、法治、德治相结合的乡村治理体系 （3）深化农村土地制度改革，完善承包地"三权"分置制度，宅基地确权	（1）加快推进农业现代化 （2）实现小农户和现代农业发展有机衔接 （3）促进农村第一二三产业融合发展	（1）培养造就一支懂农业、爱农村、爱农民的"三农"工作队伍 （2）支持鼓励农民就业、创业，扶贫脱贫攻坚 （3）保障农民财产权益

　　我国"三农"问题形成的历史原因主要有两个方面：一是新中国成立计划经济时代的城乡二元结构社会管理体制对农业、农村、农民的发展制约；

二是改革开放以来，市场经济时代的农村家庭联产承包责任制对农业生产效率和农业投入的制约。

城乡二元结构的成因与变化和城乡二元结构导致的财富流向对农业、农村、农民的影响分析如图1-1所示。

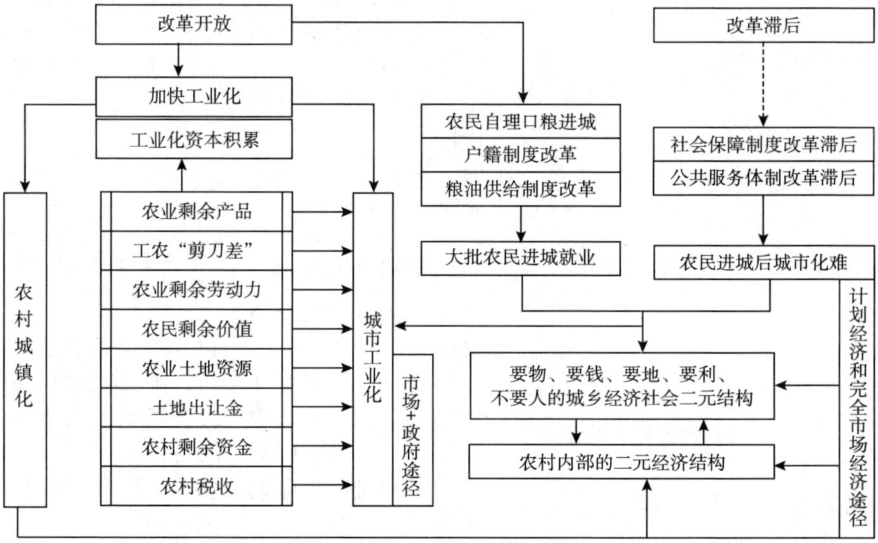

图1-1 我国城乡二元结构的成因与影响

二、解决"三农"问题的核心是农业现代化

我国"三农"问题的发展趋势和方向必然是：农业现代化、农村城镇化和农民职业化。解决"三农"问题的核心必须是农业现代化。

农业现代化是生产力发展和国民经济发展的必然客观要求。农业现代化包括农业生产手段现代化、农业生产技术现代化、农业劳动者现代化和农业管理现代化。农业现代化的主要特征如图1-2所示。

1. 我国农业现代化存在的突出矛盾

（1）人口众多与耕地面积锐减的矛盾。由于耕地面积大量减少，粮食安全受到严重威胁，经济发展和人口资源环境之间的矛盾越来越突出。

（2）资源开发利用与生态环境恶化的矛盾。资源利用不合理，造成地力下降、植被损坏、草原退化、水土流失加剧、旱涝灾害频繁，自然生态严重

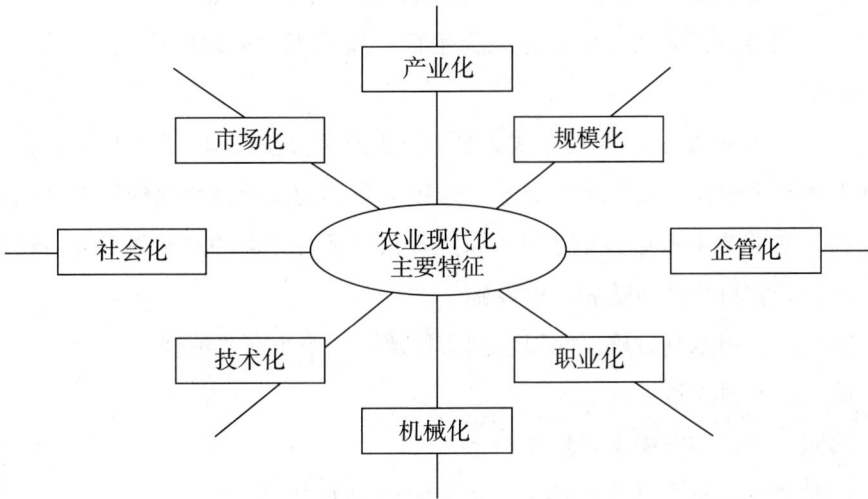

图 1-2 农业现代化的主要特征

恶化。

(3) 农业总产值低与农村人口众多的矛盾。

(4) 农业机械化与农业传统耕作技术和土地制度的矛盾。目前，我国农村很多地区仍然以传统方式和技术来耕作，因土地制度，土地耕作单位面积小且分散，农业机械化受到制约。

(5) 大量农业劳动力转移与城市化和就业的矛盾。

(6) 农业劳动力生产率低、土地零碎化严重与农民增收放缓的矛盾。

(7) 农村青壮劳力的大量转移与农业现代化建设的矛盾。我国农村劳动力存在既"过剩"又"短缺"的现象：一方面，总量过剩；另一方面，有技术、有能力、愿意从事农业生产的青壮劳力严重短缺。

(8) 国家粮食安全与农民种粮积极性低的矛盾。"国以民为本，民以食为天。"粮食不仅是一种具有基础性和公共性的特殊商品，而且是一种重要的战略物资，粮食安全与社会和谐、政治稳定、经济持续发展息息相关。

我国作为一个发展转型中的农业大国，人口众多，人均可耕地面积小，对粮食的需求量大，粮食生产供应与粮食需求之间的矛盾突出，粮食安全的基础脆弱。

(9) 农业基础设施薄弱与农业战略地位不相称的矛盾。

2. 破解我国农业现代化发展中存在的突出问题的方法

（1）转变思想观念。农业是人类生存和发展不可或缺的产业，是国民经济的基础。

（2）转变农业生产发展方式。创新土地制度改革，转变农业发展方式，发展农业适度规模经营，突破资源"瓶颈"是实现农业现代化的根本路径。

（3）加强农业基础设施建设，重点投入以下几方面的农业基础设施建设：

第一，农村交通运输和通信设施。

第二，农田水利设施、农田水利工程建设和中小河流治理。

第三，农村能源设施。

第四，改善和发展生态环境。

（4）增强农业综合生产能力，提高农业竞争力。

第一，完善农业社会化服务体系。大力推进农业产业化经营，将农业的产前、产中、产后环节连接起来，形成有机的产业链。

第二，建立公共财政体制，完善农业投入支出保护制度，形成城乡经济社会发展一体化新格局。

公共财政应向农村倾斜，建立健全农村资源有偿使用制度和生态环境补偿机制，积极推进农村经济结构调整和农业发展方式转变。

第三，提高农业科技投入力度。农业科技研究和农业技术推广对促进农业生产的发展发挥着日益显著的作用。目前发达国家80%的农业收益来源于先进的科学技术，我国农业科技贡献率只有48%，科研成果转化率只有30%。

第四，提高农民素质是建设现代农业的关键。农业现代化的实现最终要靠有文化、懂技术、会经营的新型农民。因此，必须大幅度增大人力资源开发投入，全面提高农民素质，把农村人口众多的特点转化为人力资源优势，为推进新农村建设提供强大的人才智力保障。

三、中共十九大关于"三农"问题和农业现代化的论述

党的十九大提出，实施乡村振兴战略。农业农村农民问题是关系国计民生的根本性问题，必须始终把解决好"三农"问题作为全党工作重中之重。要坚持农业农村优先发展，按照产业兴旺、生态宜居、乡风文明、治理有效、

生活富裕的总要求，建立健全城乡融合发展体制机制和政策体系，加快推进农业农村现代化。巩固和完善农村基本经营制度，深化农村土地制度改革，完善承包地"三权"分置制度。保持土地承包关系稳定并长久不变，第二轮土地承包到期后再延长三十年。深化农村集体产权制度改革，保障农民财产权益，壮大集体经济。确保国家粮食安全，把中国人的饭碗牢牢端在自己手中。构建现代农业产业体系、生产体系、经营体系，完善农业支持保护制度，发展多种形式适度规模经营，培育新型农业经营主体，健全农业社会化服务体系，实现小农户和现代农业发展有机衔接。促进农村第一二三产业融合发展，支持和鼓励农民就业创业，拓宽增收渠道。加强农村基层基础工作，健全自治、法治、德治相结合的乡村治理体系。培养造就一支懂农业、爱农村、爱农民的"三农"工作队伍。

第三节　现代农业与国外农业现代化的发展模式及启示

一、现代农业的内涵

原国家科学技术委员会发布的中国农业科学技术政策，将现代农业的内涵表述为以下三个领域：

一是产前领域，包括农业机械、化肥、水利、农药、地膜等领域。

二是产中领域，包括种植业（含种子产业）、林业、畜牧业（含饲料生产）和水产业。

三是产后领域，包括农产品产后加工、储藏、运输、营销及进出口贸易技术等。

现代农业已不再局限于传统的种植业、养殖业，而是包括了生产资料工业、食品加工业和交通运输、技术和信息服务等第二产业及第三产业的内容，原有的第一产业已经扩大延伸到第二产业和第三产业。

现代农业是以保障农产品供给，增加农民收入，促进可持续发展为目标，以提高劳动生产率、资源产出率和商品率为途径，以现代科技和装备为支撑，在家庭经营基础上，在市场机制与政府调控的综合作用下，农工贸紧密衔接，产加销融为一体，多元化的产业形态和多功能的产业体系。

二、现代农业的特征

现代农业是在现代工业和现代科学技术基础上发展起来的，第二次世界大战后，发达国家先后实现了农业的现代化，主要表现在以下方面：

（1）以现代机械大量替代手工劳作。

（2）用现代科学技术改造和发展农业。

（3）用现代管理科学经营和管理农业。

（4）农民素质专业化和职业化。

（5）农业的专业化、集约化、规模化和市场化、社会化水平大大提高。

（6）农业与农村面貌发生深刻的根本性变化。

三、农业现代化的指标

中国农业农村部农村经济研究中心制定的农业现代化的量化评价指标有以下十项：

（1）社会人均国内生产总值。

（2）农村人均纯收入。

（3）农业就业人数占社会就业人数比重。

（4）科技进步贡献率。

（5）农业机械化率。

（6）农业从业人员初中以上学历比重。

（7）农业劳均创造国内生产总值。

（8）农业劳均生产农产品数量。

（9）每公顷耕地创造国内生产总值。

（10）森林覆盖率。

其中，（1）～（3）项为农业外部条件指标，（4）～（6）项为农业生产本身条件指标，（7）～（10）项为农业生产效果指标。

国际上公认的农业现代化的三个指标如下：

（1）农产品商品率95%以上。

（2）农业投入占当年农业总产值的比重至少为40%。

（3）农业劳动力占全国劳动力总数的比重低于20%。

四、国外农业现代化的发展模式

国外农业现代化的发展模式主要有三种：以美国为代表的规模化、机械化、高技术化模式，以日本、以色列等国为代表的资源节约和资本、技术密集型模式，以及以法国、荷兰为代表的生产集约加机械、技术的复合型模式。三种模式的比较如表1-2所示。

表1-2　　　　　　　　国外农业现代化的三种模式比较

模式类型	代表国家	农业禀赋	模式路径	主要特征
美国模式	美国 加拿大 澳大利亚	地多 人少 工业基础好	机械化 技术现代化 经营管理现代化	规模化、机械化、专业化、农民组织化和政府保护
日本模式	日本 以色列	人多 地少	集约化 技术现代化	规模小，集约化，应用生物技术和化学技术，农民组织化和政府保护
欧盟模式	法国 荷兰	人少 地少	机械化 技术现代化	机械化，应用信息技术和生物技术，农民组织化和政府保护

研究表明，一个国家农业现代化的发展模式，主要由该国的土地、劳动力和工业化技术水平决定。美国经济学家弗农·拉坦用实证资料证明了这条规律：

劳动力人均土地在30公顷①以上的国家，基本上走的是机械技术型道路；

劳动力人均土地为3～30公顷的国家，走的是生物技术与机械技术交错型道路；

劳动力人均土地不足3公顷的国家，多数走的是生物技术型道路。

现代农业的十大发展趋势如图1-3所示。

——————————————

① 1公顷约为10000平方米。

平面式 → 立体式		农场式 → 公园式	
自然式 → 车间式		机械化 → 自动化	
固定型 → 移动型		陆运式 → 空运式	
石油型 → 生态型		化学化 → 生物化	
粗放型 → 精细型		单向性 → 综合性	

图 1 - 3 现代农业的十大发展趋势

现代农业的十大发展方向为：生态农业、数字农业、都市农业、基因农业、绿色农业、网上农业、生物农业、沙漠农业、海洋农业及太空农业。

五、美国模式对我国农业现代化的启示

我国和美国在农业发展方面有很多共同之处：我国和美国都是幅员辽阔的大国，农业资源都非常丰富，各地经济差异都很大。

但是，中美在土地制度、人口规模、农户数量、基础设施、科技水平、历史文化等方面又存在较大差异，我国"三农"问题的情况和深层原因复杂。

我国不能照搬美国的农业发展经验，但是其有益的发展经验值得借鉴。我国可以从以下几方面做起：

（1）完善农业法律法规及其配套体系。

（2）加大农业科技的创新投入和科技成果的推广应用。

（3）加快农业机械化的步伐。

（4）科学合理地利用和保护生态资源。具体措施如下：

一是提高水资源的利用率，尽量减少地下水资源的开采，如培育抗旱的作物品种，在栽培上降低植株密度以适应水分供应，作物加宽种植行距以扩大根系吸水范围。

二是采用少耕免耕措施。

三是退耕还林，保护生态环境。

四是尽量采用生物除虫剂，少施化肥，以减少农产品中农药化肥的含量。

（5）完善农产品市场体系的建设。

我国可以借鉴美国的经验，通过政府宏观调控，促进农产品流通各层次、

各环节、各地区之间相互协作。

（6）改善农业从业人员的年龄结构和综合素质。

据调查，截至 2015 年，我国 13.75 亿人口中乡村人口占了 43.9%。就受教育程度而言，只有小学及以下水平的人口比例高达 30%。51 岁以上劳动力占 39.8%，其中女性占比高达 69.89%。这个调查结果表明，我国农村当前的劳动力中近 30% 是受教育程度较低的"老年女性"。

我们可以借鉴美国的经验，逐步把分散经营转变为规模经营，发展新型的农业经营组织形式，吸引更多的年轻劳动力进入农业领域。要对农业从业人员进行系统化的职业培训，政府、农业院校或企业独办或合办专门的培训机构，对农民进行农业生产知识和农业技能的系统化培训，为我国现代农业发展提供年轻的高素质人才。

📎 链接阅读

现代农业的主要特征如表 1 - 3 所示。

表 1 - 3　　　　　　　　　现代农业的主要特征

方面	主要特征
生产效率	具备较高的综合生产率，包括较高的土地产出率和劳动生产率。 农业成为一个有较高经济效益和市场竞争力的产业，这是衡量现代农业发展水平的最重要标志
生态环境	农业成为可持续发展产业。 农业发展本身是可持续的，而且具有良好的区域生态环境。广泛采用生态农业、有机农业、绿色农业等生产技术和生产模式，实现淡水、土地等农业资源的可持续利用，达到区域生态的良性循环，把农业建成良好的可循环的生态系统
市场体系	农业成为高度商业化的产业。 农业主要为市场而生产，具有很高的商品率，通过市场机制来配置资源。商业化是以市场体系为基础的，现代农业要求建立非常完善的市场体系，包括农产品现代流通体系。离开了完善的市场体系，就不可能有真正的现代农业。农业现代化水平较高的国家，农产品商品率一般都在 90% 以上，有的农产品商品率可达到 100%

续　表

方面	主要特征
物质基础	实现农业生产物质条件的现代化。 以较为完善的生产条件、基础设施和现代化的物质装备为基础，集约化、高效率地使用各种现代生产投入要素，包括水、电、农膜、肥料、农药、良种、农业机械等物质投入和农业劳动力投入，从而达到提高农业生产率的目的
科技应用	实现农业科学技术的现代化。 广泛采用先进适用的农业科学技术、生物技术和生产模式，改善农产品的品质、降低生产成本，以适应市场对农产品需求优质化、多样化、标准化的发展趋势。现代农业的发展过程，实质上就是先进科学技术在农业领域广泛应用的过程，是用现代科技改造传统农业的过程
管理方式	实现管理方式的现代化。 广泛采用先进的经营方式、管理技术和管理手段，使农业产前、产中、产后形成比较完整的、有机衔接的产业链条，具有很高的组织化程度。有相对稳定、高效的农产品销售和加工转化渠道，有高效的、能把分散的农民组织起来的组织体系，有高效的现代农业管理体系
农民素质	实现农民素质的现代化。 具有较高素质的农业经营管理人才和劳动力，是建设现代农业的前提条件
经营规模	实现生产的规模化、专业化、区域化。 降低公共成本和外部成本，提高农业的效益和竞争力
政策机制	建立与现代农业相适应的政府宏观调控机制。 建立完善的农业支持保护体系，包括法律体系和政策体系

✎ **思考与讨论**

1. 为什么说人类社会的历史就是人口与土地的历史？当今地缘政治冲突的根源是什么？

2. 结合我国国情和具体实际，谈谈国外发达国家的农业现代化经验对我国农业的现代化有哪些有益启示。

3. 造成我国"三农"问题的深层和复杂的历史原因是什么？我国农业现代化的关键是什么？农业、农民、农村在整个国家社会经济发展过程中的地位和历史使命是什么？

第二章
农资行业的相关分析

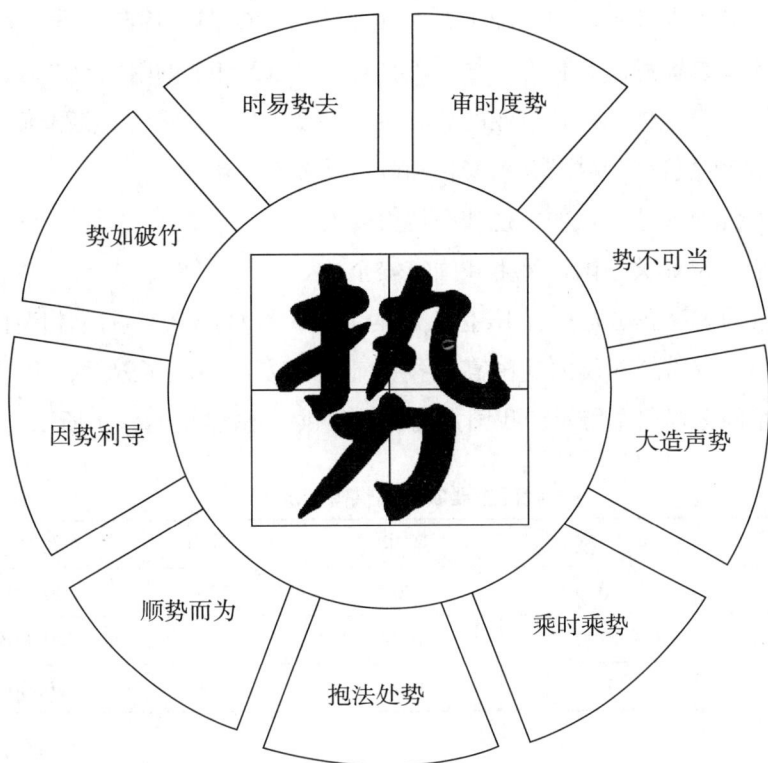

时易势去　　审时度势

势如破竹

势不可当

势

大造声势

因势利导

顺势而为　　乘时乘势

抱法处势

第一节　农资行业的现状与发展趋势

一、农业产业是国民经济的基础

我国是农业大国之一，农业产业是国民经济的基础和前提，具有其他产业不可替代的特殊地位和作用。农业产业具有以下独特特征：

（1）农业生产具有明显的季节性，受自然因素影响较大。

（2）生产集约化程度较低。

（3）自然资源和自然条件因素对农业的发展具有决定性制约作用。

（4）农产品的刚性需求强、需求弹性小。

（5）农业产业体系内各行业的盈利水平沿产业链向下逐渐提升，农产品种植生产环节的盈利水平最低，农产品加工、深加工环节的附加值高。

（6）农业产业体系内各行业的盈利波动程度沿产业链向下逐渐降低。

（7）农产品价格受供求关系变化和政府调控双重影响。

（8）政府对农业产业的重视和扶持力度大。

（9）农业产业关系国计民生和国家安全。

民以食为天，我国是拥有 13 亿人口的大国，粮食安全关系国计民生和国家安全，中美贸易战不仅向我国高科技行业自主发展敲响了警钟，也对我国的粮食安全问题提出了警示。我国主要农产品供需情况如表 2 - 1 所示。

表 2 - 1　　　　　　　　我国主要农产品供需情况　　　　　　单位：万吨

品种	产量	需求	进口	对外依存度
大豆	1000	8000	7000	90.00%
食用油	1800	2500	1000	40.00%
棉花	700	1000	200	20.00%

品种	产量	需求	进口	对外依存度
白糖	1150	1500	200	14.80%
玉米	20000	20200	500	2.80%
小麦	11500	11800	500	4.00%
大米	20500	19000	300	1.50%

二、农资行业市场规模巨大，前景广阔

农资，即农用物资，指农业生产过程中所需的物质资料，包括种子、农药、肥料、农业机械及零配件、农用薄膜等农业投入品。农业产业上游主要进行大宗工业原料生产，中游主要进行种植养殖和采摘，下游主要进行农产品的初加工和深加工。

农资流通行业直接服务"三农"，是连接农业产业链上游生产企业和下游农户的桥梁，肩负着保障农业增产、农民增收的重大使命。农资在农业产业链中的重要地位如图 2-1 所示。

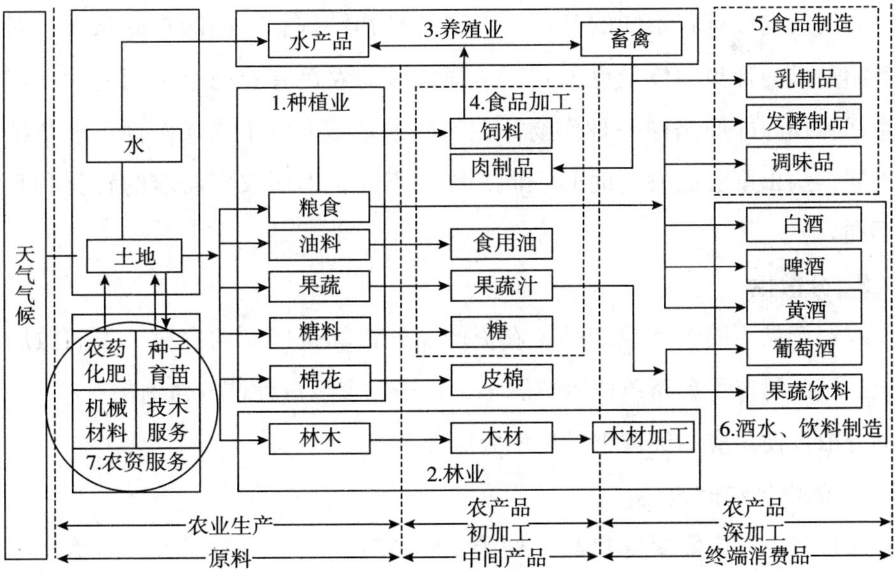

图 2-1　农资在农业产业链中的重要地位

我国的农业生产仍处于比较粗放的状态，从农资投入与农业产出的关联角度来看，农业产出对农资投入的依赖程度仍非常高，目前和未来一段时期内，农资投入依然是维持农业增产的核心因素之一。

据统计，我国农资流通行业市场规模总计超过 2 万亿元，同时，我国农业现代化进程起步较晚，相对于国外发达国家而言，我国的农资市场集中度较低，行业成长空间较大，前景广阔。

三、农资行业的经营特征

我国地域纬度跨度大，区域之间气候条件差异明显，农业生产的自然规律决定了农资行业具有以下经营特征：

1. 季节性

农作物生长有极强的季节性。不同季节有完全不同的作物种植种类，因此病虫害的发生也有着极强的季节性，对水肥条件的要求也因为生长期的不同而不同。

2. 区域性

不同的地域有着不同的气候、不同的作物结构、不同的水肥条件，对农资产品需求的种类和数量也不同。不同地域的农民有着完全不同的种植习惯和生活习惯。即便是同一种作物，在不同的地域，由于气候条件、水肥条件的不同，病虫草害的发生时间不同、种类不同，因而农资需求的种类和数量也不同。

3. 分散性

农资产品不同于其他产品。农资产品的市场是广大的农村，人们散居在不同地域的村落，种植单位以户居多，甚至每家每户种植的作物都有差别。需求的分散性使对应的经营也呈现出分散性分布。

4. 集中性和时效性

播种时，集中需要农机具、种子、肥料等农资，抢时播种；防治病虫害时，需要在特定时间段集中使用农药：这些决定了农资产品使用的集中性和时效性特点。

5. 周期性和连续性

农业生产的持续性，决定了农户对农资产品的需求具有重复消费、批量消费和周期循环消费的特点。

6. 物流储运要求高

化肥、农药、农机具等要么体积大，要么易燃易爆或有毒，这就决定了农资经营对储存和运输条件要求较高。

7. 技术服务要求高

农资产品专业性强，农资经营需要具有相应的专业技术知识和实践经验。

8. 农资产地来源及其结构复杂，品种、规格繁多

9. 需求具有波动性

气候的变化直接影响作物的生长和病虫草害的发生发展，间接影响对农资产品的需求量；农产品价格影响农民对收益的预期和信心，间接影响农资投入力度和种植结构调整。

10. 信息不对称性

农资的产品信息、技术信息、供求信息等不能得到及时高效传递，各方面的信息都具有不对称性。

11. 经营主体的动态变动性

农资经营主体和农资使用消费主体一直处于动态变化中。

12. 政府宏观政策调控的影响明显

四、农资行业市场经营格局现状

自 1998 年我国农资流通体系进行市场化改革后，供销社系统独家经营农资的传统农资经营格局被打破，农资流通主体呈现多元化特点，以供销社渠道为主、其他渠道为辅的格局逐步形成，股份、合伙、个体、民营、跨国公司等都进入农资市场，共同竞争、共同发展。目前，农资行业的市场经营主体分为以下三类：

1. 供销合作社系统

供销合作社系统农资企业是我国传统的农资流通主渠道，至今仍是农资流通的主导力量。供销合作社系统农资企业大都拥有自上而下的比较健全的管理机构和分销网络，主要承担着政府委托的保量稳价、储备救灾、供应服务等任务，其农资供应和市场保障能力较强。

2. 产销一体化经营的农资生产企业

3. 下游民营经销型企业

农资经营领域所有制性质限制被取消，大量民营资本进入农资经营行业。新兴民营农资企业多数从广泛布局于农村的农家店（个体门店）起步，构成了农资行业的末端环节和农技服务的终端载体，是农资行业中最活跃的基层流通主体。民营农资企业一直受资本实力、资源控制能力和运作规范的制约。

五、农资经营面临的问题和挑战

农资经营的现状是推广乏力，产品同质化严重，竞争手段类同，促销方式单一，服务意识滞后，技术服务力量薄弱，营销方式粗放，如图 2 - 2 所示。

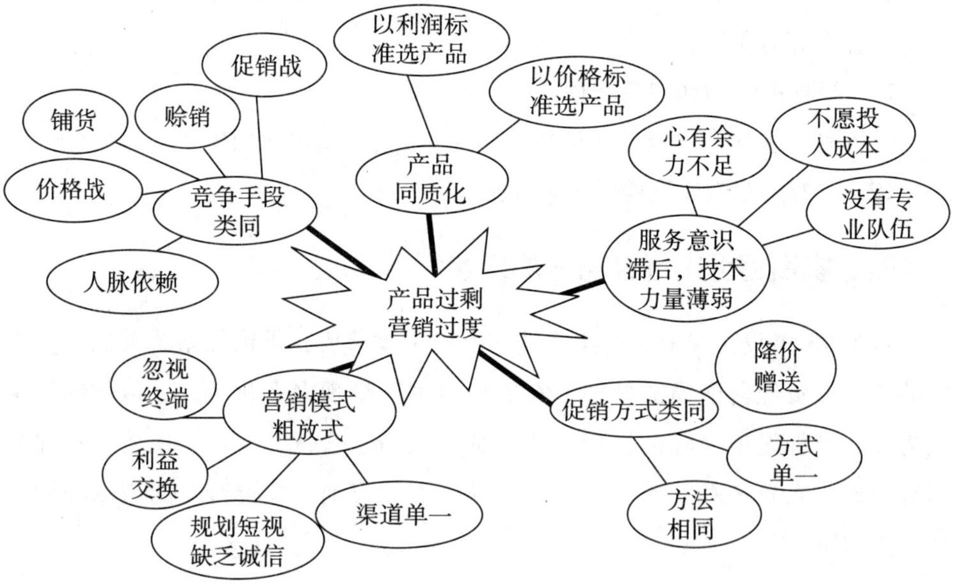

图 2 - 2 农资经营的现状

农资经营面临的问题和挑战主要体现在以下几个方面：

1. 人才储备

农资行业涉及大宗采购、国际贸易、仓储、配送、销售及渠道维护、信息管理等诸多方面，企业高级管理人员的经营管理水平对企业生存发展至关重要。农资基层经营和服务深入广大的农村市场，要求从业人员既要具备专业技能，又要具有吃苦耐劳的精神。

农资企业要做大做强，必须凝聚大量甘心奉献、熟悉且掌握农业技术、农村经济、农资产销、国际贸易、大宗商品流通、渠道管理等多种知识的复合型人才。

目前，国内具备丰富农资行业经营经验的复合型人才稀缺。

2. 资金实力

农资行业属于典型的资金密集型行业，资金需求量大、占用周期长，只有规模化采购和高效配送网络体系才能降低运营成本，大规模采购和完善的配送网络建设必须具有较强的资本实力，因此，农资行业具有较高的资金壁垒。

3. 仓储和物流配送能力

农资流通企业必须具备高效率、低成本的物流配送体系，才能满足农户的需求并有效降低配送成本。目前，具备高效率的配送能力的农资经营企业较少。

4. 技术服务能力

开展农技服务，引导农民科学、合理地使用农资产品，既是农资企业必须肩负的责任，也是其扩大品牌影响力、塑造核心竞争力的必然选择。

5. 渠道网络布局

针对农资消费明显的地域性和分散性特点，具备稳定可控和一定深度、广度的销售网络布局是农资企业实现规模化经营的关键。

6. 推广能力

厂商博弈、厂家压货、赊欠账款，传统推广模式导致农资经营乏力低效。

7. 品牌打造

农资企业作为供需衔接环节，直接面对终端消费者，品牌信誉优势已成为重要的竞争优势，而良好的品牌信誉必须经过长期、持续的市场检验才能形成。

六、农资行业的发展趋势分析

农资行业的发展趋势与"政策法规引导、土地流转进程、经营主体演变、产品技术升级、'三农'协调发展、乡村振兴战略"等因素息息相关。

一个行业的发展通常要经历舒适期、市场整合期、对峙期及资本整合期。

农资行业已经度过舒适期，正全面进入市场整合期。

市场整合是一个残酷的过程，在产业集中过程中，一个行业的企业死亡率可能高达90%，甚至99%！美国20世纪80年代有1万多家饲料企业，20世纪90年代就只剩下2000家左右，截至目前只有300家左右。我国彩电行业原本有200多家企业，现在只有10家左右活了下来，真正有影响力的只有4家，行业淘汰率超过95%。

1. 土地流转，规模化经营将驱动农资行业全面进入市场整合期

我国农业规模化经营提速，截至目前，我国土地流转面积已经达到了4.71亿亩，占家庭联产承包的耕地比例达到36%。沿海地区，浙江土地承包经营权流转达到40%左右，上海超过60%；张家港、无锡等地的比例则高达80%。

农业规模经营必然驱动着农资领域出现巨大变革。

2. 农资消费主体和经营主体将发生巨大变化

我国农资行业传统的分销模式中，流通环节多、费用层层叠加，农民种植、生产成本居高不下，渠道成本达到20%~30%，甚至50%。

据农业农村部统计，伴随土地流转的持续推进，我国家庭农场、农民专业合作社、农业产业化龙头企业等新型农业经营主体竞相发展，总量达到280万个，新型职业农民不断壮大，总数超过1270万人。其中，各类家庭农场87.7万个，农民合作社达到179.4万家，入社农户占全国农户总数的44.4%，但更多的农资消费主体还是户均耕地为9亩以下的自耕农。

经营规模化以后，种植大户、家庭农场和专业合作社会大量出现。参考国外的基本数据，我国农资生产和经营企业将相应大幅"精简"。如果农业经营主体的单位耕地面积达到100亩左右，那农资消费主体就会减少90%。

3. 国家政策主导将使行业上游企业集中度大幅提高

目前，我国化肥及农药用量大幅超过世界平均水平，利用率偏低，农业污染严重，耕地退化面积占总耕地面积的比例已达40%，国家已提出了在2020年前实现化肥和农药使用量零增长的目标。

国家提出，农药原药生产进一步集中，农药企业数量减少30%，销售额在50亿元以上的农药生产企业在5家以上，销售额在20亿元以上的农药生产企业在20家以上，前20家农药生产企业的原药产量将占总产量的50%以上。

2017年，新的《农药管理条例》以及配套的5个管理办法出台。国家对农药的管理集中在控、压、限、移、减、管六个方面。农业农村部办公厅已经提出，将建立农资和农产品生产经营主体信用档案，并要求到2019年年底，基本实现农资和农产品生产经营主体信用档案全覆盖。

七、农业行业发展趋势

中国农业市场由计划经济转向市场经济后，已经走过了野蛮生长期和稳定发展期，开始进入并购整合期。

行业自上游（生产制造业）到中游（流通批零）再到下游（种养殖业）开始进入洗牌重组高潮期，优胜劣汰成为必然。

1. 农业行业发展趋势判断

我国农业行业发展的趋势有以下三个判断：

一是农业行业所有资源要素和主体会优化整合。

二是我国农业问题的特殊性是"三农"一体化。

三是我国农业现代化是一个长期渐进的过程。

农业行业主体的整合的特征将是全面和急剧的。首先是经营主体的全面优化整合，进而必然伴随资源的全面优化整合。国家政策的倡导和主导、资本的进入促使上游产业和产品厂家等生产主体整合；下游终端因为国家乡村振兴战略的实施，土地资源和农民、农村等使用主体整合；行业上下游的整合，必将倒逼处在中游层面的渠道、服务、物流等农资经营主体按照市场规律全面整合。

农业行业发展趋势如图2-3~图2-5所示。

农业行业所有资源要素和主体优化整合

1.厂家整合（国家政策因素）

2.渠道整合（电子商务、物联网等技术模式因素）

3.服务整合（农业经营主体因素）

4.物流整合（商业模式创新因素）

5.产业整合（资本进入因素）

6.价值整合（农业产业化因素）

7.经营整合（涉农多元化—体化）

8.土地整合（新农村城镇化因素）

9.农民整合（现代农业与农民职业化）

10.农村整合（人口与就业、社保福利因素）

局部/全局
未来/现在

把握发展规律！
顺势而不逆势！
有所为有所不为！
思路决定出路！
眼光决定未来！

当农户单位种植面积逐步集约为10亩、50亩、100亩、1000亩时，农业行业会发生什么变化？农业行业所有资源要素和经营主体都会持续不断优化整合。

图2-3 对农业行业发展趋势的判断1

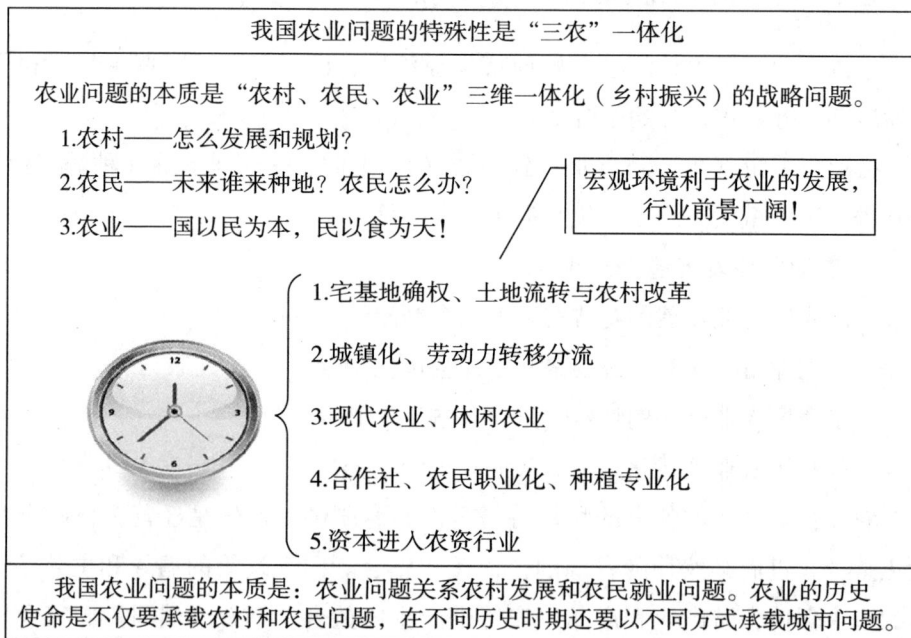

我国农业问题的特殊性是"三农"一体化

农业问题的本质是"农村、农民、农业"三维一体化（乡村振兴）的战略问题。

1.农村——怎么发展和规划？

2.农民——未来谁来种地？农民怎么办？

3.农业——国以民为本，民以食为天！

宏观环境利于农业的发展，
行业前景广阔！

1.宅基地确权、土地流转与农村改革

2.城镇化、劳动力转移分流

3.现代农业、休闲农业

4.合作社、农民职业化、种植专业化

5.资本进入农资行业

我国农业问题的本质是：农业问题关系农村发展和农民就业问题。农业的历史使命是不仅要承载农村和农民问题，在不同历史时期还要以不同方式承载城市问题。

图2-4 对农业行业发展趋势的判断2

我国农业现代化是长期渐进过程
1.10亿以上人口的国家在现代化建设中城乡结构的变迁、城乡居民的分布到底有什么规律，世界上还没有现成经验可供参考。 　　2.调查经济发达的国家发现：尽管它们的农业产值占GDP的比重很低，直接从事农业的人口很少，但是乡村仍然是一派祥和安宁的景象，这表明农业在现代社会中比重降低、农业人口减少，不一定意味着乡村注定要衰落。 　　3.我国农业产值在GDP中的比重现在已经降到8.5%，农村常住人口按2016年的统计已经不到5.9亿人。 　　4.我们现在最突出的问题是发展的不平衡和不充分，而这种不平衡和不充分突出地体现在农村。 　　5.必须清醒地认识到：在今后相当长的时期内，一家一户经营的小农户将长期存在，短期内不可能完全消失。
我国农业现代化不是问题，农业、农村、农民协同发展才是问题！我国农业的现代化，很长时期内肯定是小农户和现代农业发展的有机衔接和协调。

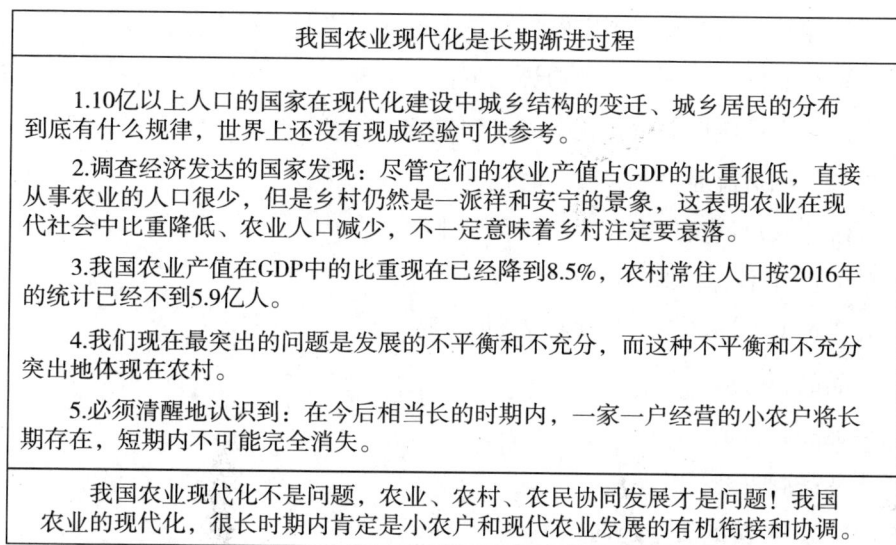

图 2-5　对农业行业发展趋势的判断 3

2. 三个集中和三个品牌

农资行业发展的未来趋势就是三个集中和三个品牌打造。

（1）三个集中趋势如图 2-6 所示。

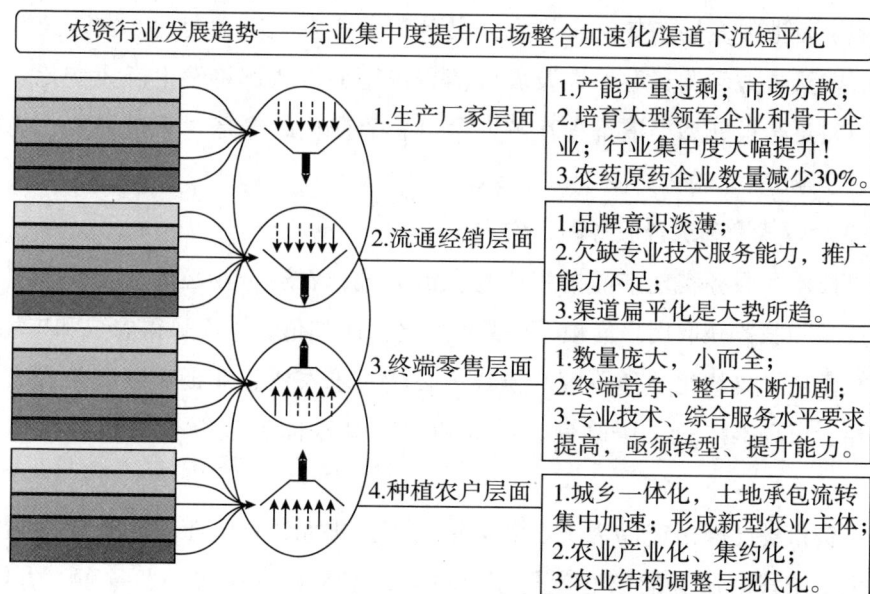

图 2-6　农资行业发展的三个集中趋势

看不懂趋势，就找不到方向！跟不上形势，肯定会被淘汰！

农资行业发展的三个集中趋势如下：

上游，产品生产集中，资本时代到来。

中游，渠道流通集中，服务时代到来。

下游，农户消费集中，大户时代到来。

（2）三个品牌打造。

农资行业发展的三个品牌打造如下：

产品品牌打造。

渠道品牌打造。

服务品牌打造。

3. 农资经营的五个趋向

（1）产品创新和应用新型技术成为主流。

由于政策的扶持，加上农产品安全、食品安全和环境保护的需要，新型农药、肥料和新型应用技术发展前景广阔，特种肥料、生物农药等品种是产品创新的方向，设施农业得到发展，种植户的用肥用药观念发生了改变。

（2）产品分销渠道发生巨变。

农资行业的发展趋势必将导致产品分销渠道发生巨大变化，农资的购买主体、购买方式和购买习惯以及农资消费使用的方式都将发生巨大变化。传统渠道将逐步被新型渠道蚕食瓦解，渠道总的变化趋势是"渠道缩短，功能集成"，渠道变化趋势如图 2 - 7 所示。

（3）以技术和综合服务赢得农户。

以技术和服务实现产品销售成为主流方式，农资企业必须通过为种植户提供技术和服务获取用户信赖，提升农资产品附加值，从而赢得农户和市场。

规模化、集约化的种植生产模式，必然要求农资企业提供咨询培训、技术指导、市场推广、土壤改良、农资和农产品双向流通等全方位的一体化服务。

农资市场已经由产品为王，到渠道为王，进而终端为王，现在已发展为服务为王阶段。服务的核心就是创造价值，就是让农民省心、省事、省钱，增产、增收、增效。

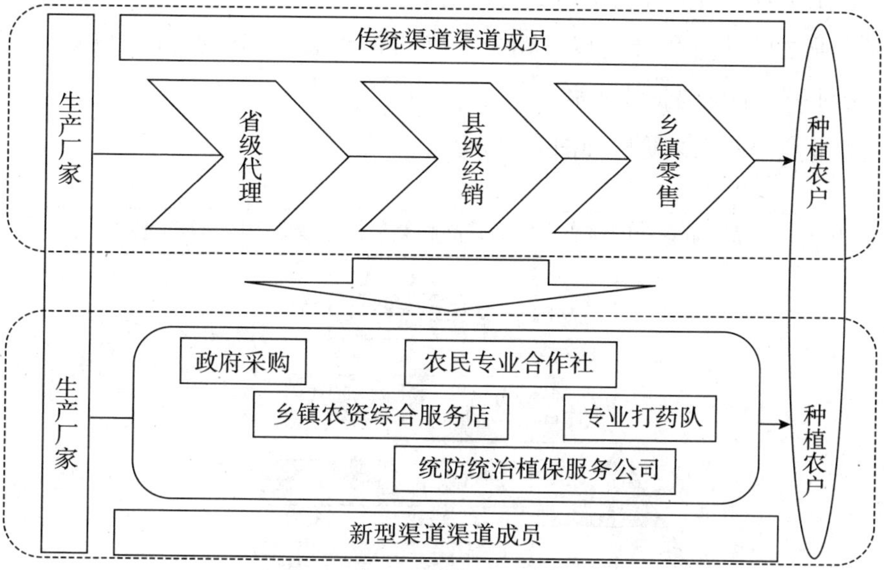

图 2-7 农资分销渠道变化趋势

（4）实施品牌化战略。

农资品牌化，主要包括产品品牌化和渠道品牌化。

产品品牌化是农资生产企业必须实施的战略，渠道品牌化是经销商必须实施的战略。

就农资行业价值链和目前的市场格局而言，渠道和网络是农资市场竞争中最核心和最关键的部分。农资经销商打造渠道品牌是大势所趋，经销商固然依赖厂家产品，但真正赖以生存的基础还是自己的渠道和网络。经销商只有拥有强大和稳定的客户网络，才能在未来的行业洗牌中不被淘汰。

农资经销商打造渠道品牌，主要有三种途径：一是自己建立渠道品牌；二是与别人合伙建立渠道品牌；三是创建新型的渠道整合商业模式，联合打造强势渠道品牌。

（5）竞争升级。

由量的竞争转向质的竞争，产品结构的调整、升级成为主流。

由产品竞争转向以作物全程解决方案为主的综合竞争，一站式作物解决方案成为发展趋势。

由渠道竞争转向经营主体之间的竞争。

企业之间的竞争转向以价值链为纽带的综合竞争，并且"资本＋"和"互联网＋"的优势特征明显。

企业竞争的五个阶段如图 2－8 所示。

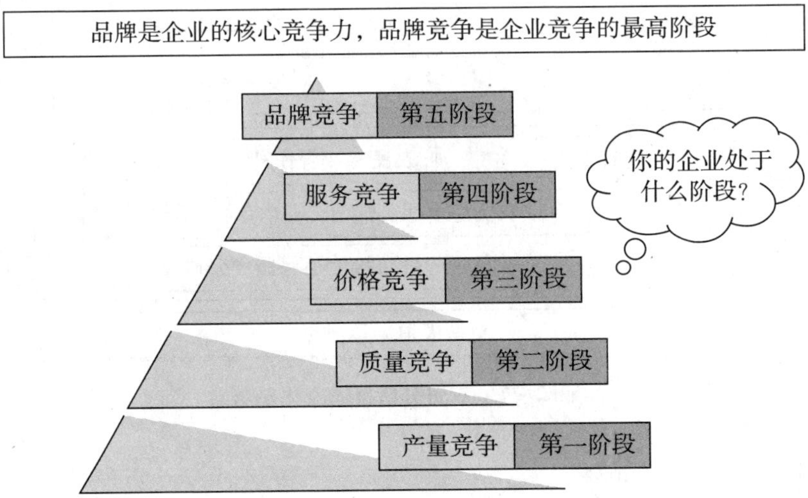

品牌是企业的核心竞争力，品牌竞争是企业竞争的最高阶段

品牌竞争	第五阶段
服务竞争	第四阶段
价格竞争	第三阶段
质量竞争	第二阶段
产量竞争	第一阶段

你的企业处于什么阶段？

图 2－8　企业竞争的五个阶段

第二节　农资行业价值链与经营主体分析

现代农业产业链是一个规模巨大、结构复杂的网状系统，包括各种农资和各种农产品的物流链、信息链、价值链、组织链四大链条，每个链条包括产前、生产、加工、流通、消费五个环节。

一、农资行业价值链与经营主体

（1）农资行业价值链及经营主体现状如图 2－9 所示。

（2）农资行业价值链的价值结构如图 2－10 所示。

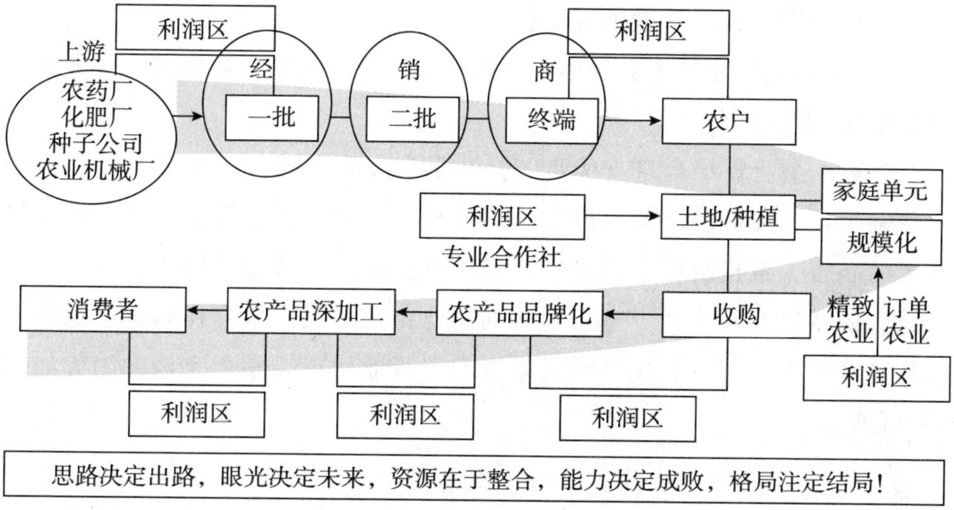

思路决定出路，眼光决定未来，资源在于整合，能力决定成败，格局注定结局！

图 2-9 农资行业价值链及经营主体现状

价值环节	① 生产企业	② 流通企业	③ 终端零售	④ 农户
种子价值链构成	占70元 毛利率为 20%~40%	占5元 毛利率为 5%~10%	占25元 毛利率为40%	假设终端销售价格为100元
化肥价值链构成	占85元 毛利率为 10%~15%	占5元 毛利率为 5%~10%	占10元 毛利率为 5%~10%	假设终端销售价格为100元
农机（农业机械）价值链构成	占85元 毛利率为 10%~30%	占10元 毛利率为 10%~15%	占5元 毛利率为5%	假设终端销售价格为100元
农药价值链构成	占20元 毛利率为40%	占30元 毛利率为 20%~40%	占50元 毛利率为40%	假设终端销售价格为100元
服务价值链构成	占15元 毛利率为30%	占5元 毛利率为10%	占80元 毛利率为50%	假设终端销售价格为100元

思路决定出路，眼光决定未来，资源在于整合，能力决定成败，格局注定结局！

图 2-10 农资行业价值链的价值结构

（3）农资行业价值链的发展趋势。

农资行业的竞争必定会从单一业务和单一主体的竞争转向多元化业务和多个经营主体之间的竞争。

未来，企业要结合自身优势，打造拳头产品品牌，将拳头产品锁定到价值链延伸和突破的战略高度上，形成自身的核心竞争优势并以此占领消费者的心智，重构自己的价值链，实现可持续的品牌运营模式，这才是农资企业的竞争制胜之道。越来越多的企业将通过上下游合作和价值联合来弥补自身不足，建立共生共赢关系。农资行业价值链整合重构的趋势如图2－11所示。

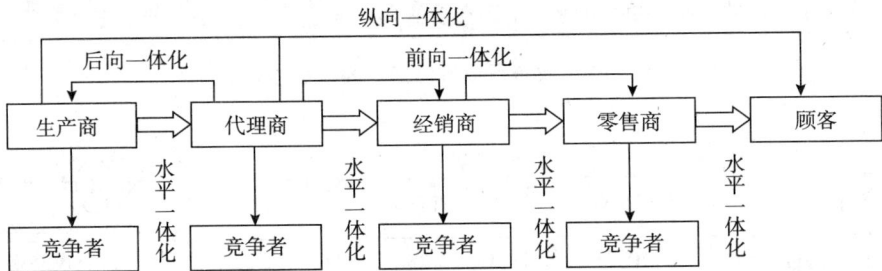

图2－11 农资行业价值链整合重构的趋势

农资行业价值链在某些层次和某些环节横向整合重构几乎不会成功，某些经营主体被淘汰是必然的；通过市场竞争和选择，在行业价值链的不同环节和层次，横向一体化会局部存在。农资行业经营主体纵向一体化肯定是趋势和必然规律！

二、农资经销商的行业分工与价值

农资经销商在农资行业价值链中处于承上（厂家，即生产商）启下（终端）的位置，它们的使命和价值就是"区域网络的拥有者"或者"区域市场的开拓者"。从现代营销管理的角度看，农资经销商就是"区域市场的物流配送者"。经销商的价值在于产品、品牌的分流，经销商是产品、品牌与市场终端的连接者。

1. 农资经销商对于厂家的价值

农资经销商对于厂家，要发挥以下价值：

（1）分销。

（2）物流配送。

（3）融资。

（4）信息反馈。及时收集、反馈市场一线信息。

（5）促销。

（6）市场管理。

（7）维护良好的社会关系及商业信誉。

2. 农资经销商对于客户和农户的价值

农资经销商对于客户和农户，要发挥以下价值：

（1）销售。包括产品组合、营业推广、广告推广、价格调整、市场促销、协调关系等。

（2）服务。积极提供全方位服务，解决下级客户销售中的问题，提高客户的销售能力和管理能力。

（3）沟通。传达厂家的销售政策和策略，反馈下级客户的意见与要求。

至于农资厂家和农资经销商，谁能控制流通渠道和变革的方向，取决于谁对市场更具有前瞻性和把握能力，取决于谁更能为产品的上下游客户提供更多的建立在同一平台上的增值服务。

三、农资行业价值链重构及经营主体演变趋势的分析与判断

农资行业价值链经营主体包括生产供应商、农资流通企业、农资经销商及农户。

农资流通企业处于中间地位，从其在价值链中的位置和生产规模、资金实力、管理水平、技术水平及人才瓶颈等方面来看，都面临被挤压的风险，是最应缩短的价值链环节。

1. 市场竞争导致经销商之间竞争整合

农资行业价值链的重构与演变的第一阶段是经销商之间的竞争整合，如图 2 - 12 所示。

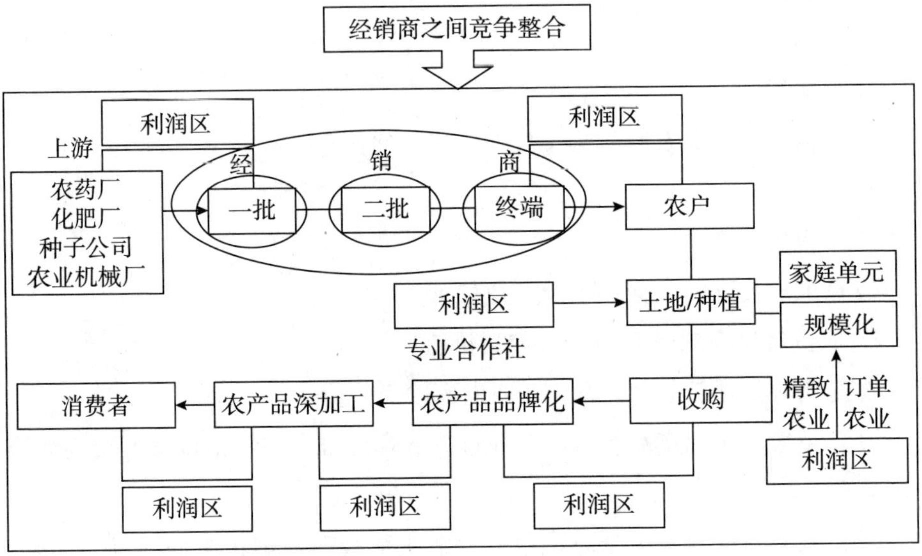

图 2 - 12　农资行业价值链的重构与演变 1

农资经销商数量多、规模小，传统的价值逐渐在弱化和被替代，传统经销商亟须转型，创造新的价值。

2. 国家政策引导农资生产商进行整合

农资行业价值链的重构与演变的第二阶段是国家政策引导农资生产商进行整合，如图 2 - 13 所示。

农资行业价值链中，生产商处于上游位置，具有资源、规模、技术和资本、管理、人才优势，占据绝对的强势地位。

3. "互联网 + 农业" 对价值链的颠覆

农资行业价值链的重构与演变的第三阶段是 "互联网 + 农业" 对价值链的颠覆，如图 2 - 14 所示。

4. 现代农业经济规律驱动农资行业价值链整合延伸

农资行业价值链的重构与演变的第四阶段是现代农业经济规律驱动农资行业价值链整合延伸，如图 2 - 15 所示。

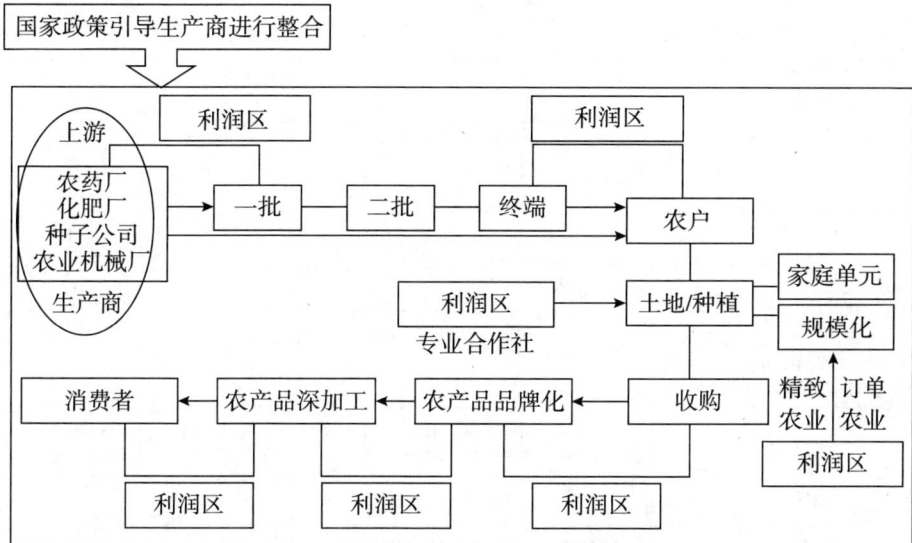

图 2-13 农资行业价值链的重构与演变 2

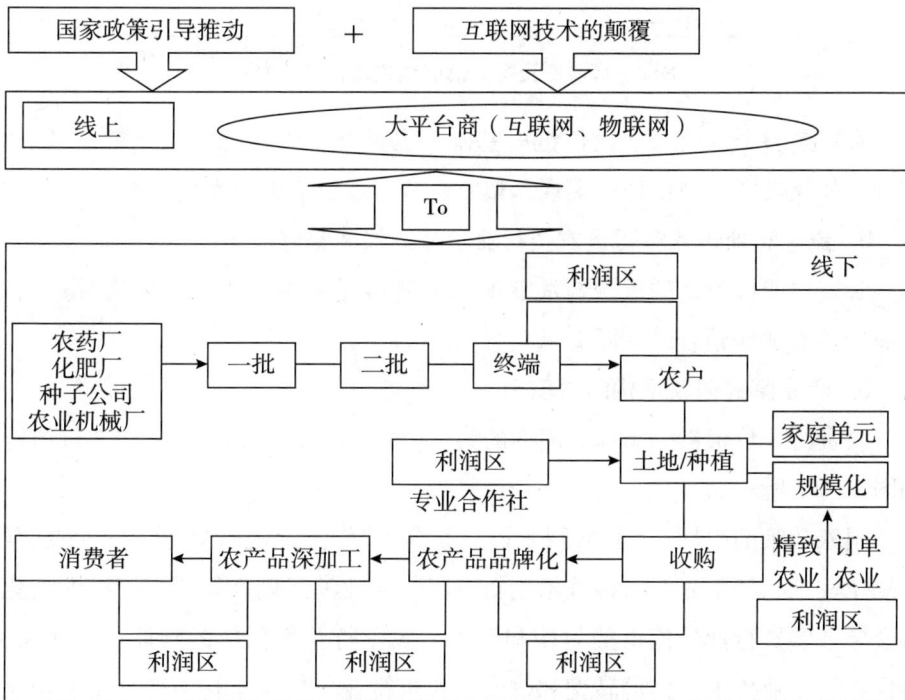

图 2-14 农资行业价值链的重构与演变 3

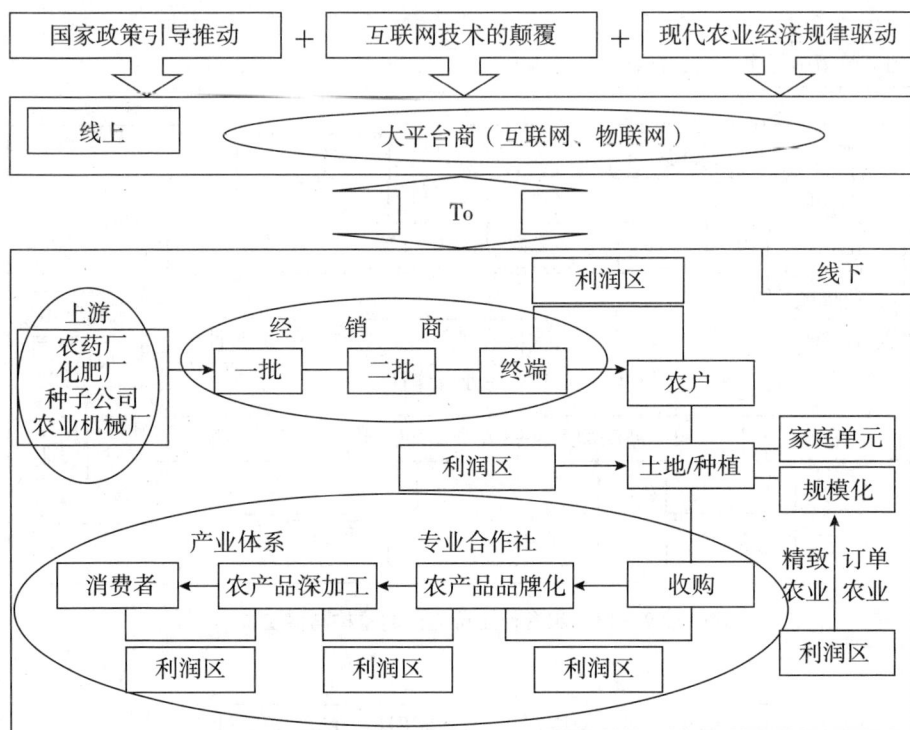

图 2 - 15   农资行业价值链的重构与演变 4

农户是整个农资行业价值链的基础，也是整个农资行业价值链的最后实现者，如果没有农户价值的实现，整个农资行业价值链就失去了基础。

5. 资本和新进入者促进农资行业价值链加速整合

农资行业价值链的重构与演变的第五阶段是资本和新进加入者促进农资行业价值链加速整合，如图 2 - 16 所示。

6. 商业模式创新重构新价值链

农资行业价值链的重构与演变的第六阶段是商业模式创新重构新价值链，如图 2 - 17 所示。

国家政策的引导、"互联网 +""资本 +"、土地流转集中、现代农业经济规律驱动、新型农业机械技术创新应用、商业模式创新等诸多因素的变化，都会导致农资行业价值链的重构和颠覆，农资行业价值链的延伸和演变又将导致农资行业价值主体的转型和改变，农资行业价值链重构演变会走向短化、环化，农资行业经营主体逐渐去金字塔化、去中心化。

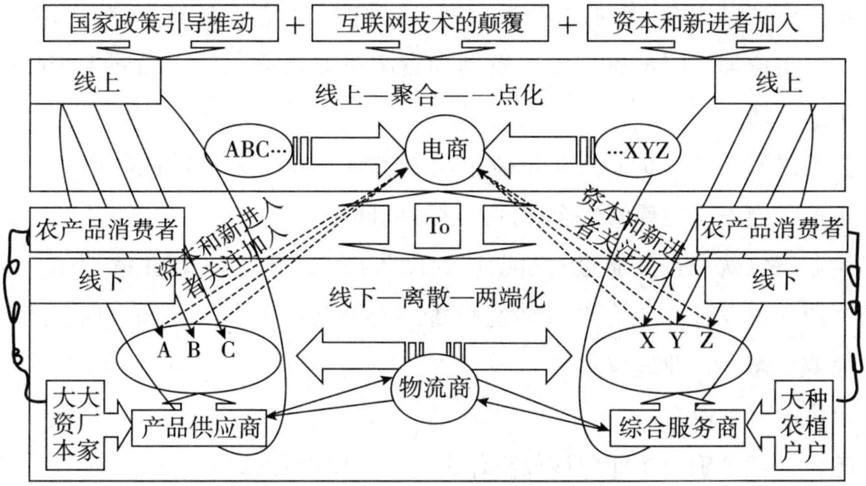

图 2-16　农资行业价值链的重构与演变 5

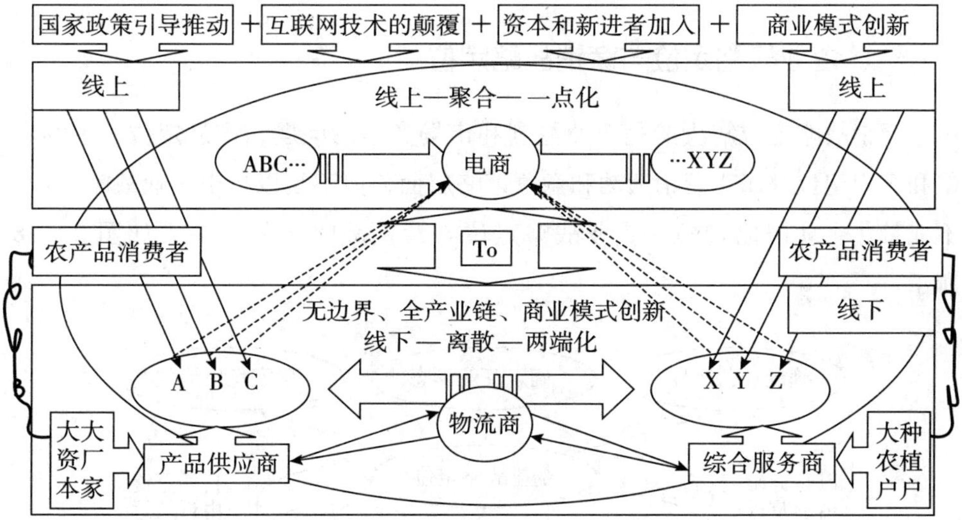

图 2-17　农资行业价值链的重构与演变 6

第三节　农资企业的定位分析

在农资行业发生巨变的时代，农资企业如何找到自己的位置，做好自身定位，扮演好自己的角色是关系企业生死存亡和前途命运的关键。

定位定"江山"！定位源自传播领域。后被引入营销领域，进而引入战略领域，但定位理论明显都局限于营销和竞争策略层面，要么局限于产品，要么局限于传播与营销。

需要强调的是，企业战略定位不同于市场定位、客户定位和产品定位等营销定位，而是一定要解决企业的发展方向问题。

企业定位就是企业通过对自己所处的外部竞争环境进行正确评估、对自己的资源配置及核心能力进行客观判断，确定企业未来的发展方向、经营边界、商业形态和行业地位。

定位，就是取舍。

定位，就是确定企业应该放弃什么，应该坚持什么。

定位，就是要抵御诱惑，坚持不懈地将企业的有限资源与核心能力集中于某一确定的发展趋势和方向上。

一、企业战略定位与营销战略定位

营销战略定位解决的是企业盈利和市场竞争的问题，产品定位、市场定位和客户定位都属于营销活动和竞争策略层面，但不足以指引企业战略方向，不能替代企业战略定位。企业战略定位与营销战略定位的关系如图 2 – 18 所示。

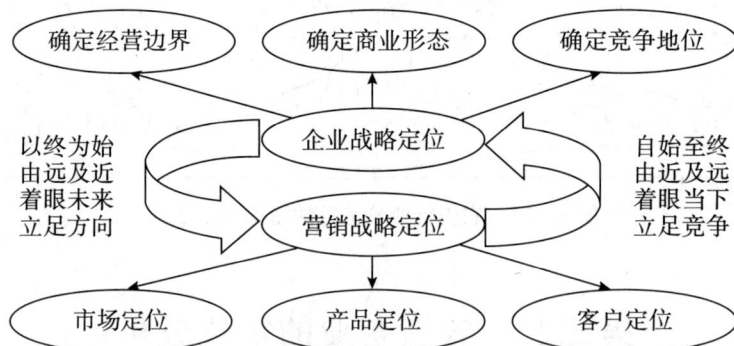

图 2 –18　企业战略定位与营销战略定位的关系

企业战略解决的是企业发展方向和竞争地位的选择问题，企业战略定位必须从产业高度确定企业的扩张路径与资源配置。用企业战略定位指引企业营销战略，以企业的营销定位与策略选择支撑企业的战略定位。

二、营销战略定位选择

企业不同的市场竞争定位，对应的市场竞争策略与策略组合选择应有所不同，具体如表2-2所示。

表 2-2　　　　　　　　**市场竞争定位与竞争策略选择**

市场竞争定位		领导型	挑战型	专攻型	跟随型
竞争策略	市场目标	市场份额 利润、名声	市场份额	利润、名声	利润
	基本方针	全方位化	差异化	集中化	模仿
	竞争领域	事业概念 经营理念	市场定位差异化 资源差异化	细分市场 资源集中化	中低价位 主导市场
市场策略组合	政策准则	周边扩大 同质化 非价格对应	差异化	特定市场内的 小型领袖	低价格对应
	目标市场	所有市场	选择差异化 市场	特定需求/ 焦点市场	低层次市场
	市场策略组合	全面促销 全线产品 中高价格品质	差异化市场 策略组合	特定需求的 市场策略组合	临机应变型 策略组合

三、企业行业定位战略选择

企业行业定位战略选择如表2-3所示。

表 2-3　　　　　　　　**企业行业定位战略选择**

竞争能力	经营资源	
	多	少
高（强）	领导者	补缺者
低（弱）	挑战者	追随者

四、企业定位的关键

（1）企业定位必须提升到行业高度，必须从企业所处的整个行业确立定位。

（2）企业定位必须从需求出发。企业不能从自身的产品或技术出发进行定位，而必须从客户需求或客户服务角度确立定位。

（3）企业定位必须基于企业自身的资源与能力。

（4）定位必须是动态的，并与时俱进、着眼未来。

如果企业所处的行业发生巨大变化，那么企业必须调整自己的定位。

随着自身资源的不断丰富和能力的不断提升，即使行业没有发生重大变化，企业也应当及时、主动地重新定位，以适应或引领行业的变化趋势和方向。

第四节　农资经营企业的发展思路

我国农资市场的总格局是供大于求，许多农资企业面临生死存亡，农资行业也迎来了打破竞争格局和行业洗牌的绝佳时机。

农资行业传统的思维、模式、营销、产品、品牌等遭遇到了前所未有的挑战，多数农资企业陷入发展瓶颈，面临即将被淘汰的危险境地。

农资经营企业的出路何在？

思路决定出路，

眼光决定未来，

资源在于整合，

能力决定成败，

格局注定结局！

通过对行业发展趋势及未来价值链重构演变的分析与判断，农资经营企业要转型发展可以从以下几方面进行：

一、规划品牌，做区域性一体化农业服务中心；经营终端，把公司做成地区门户

1. 主要策略

（1）规划品牌。把自己的公司作为一个品牌来经营，以品牌推广产品，以品牌保有市场。

（2）完善产品线结构，把控核心产品（自主 OEM，原始委托生产）经营，满足目标需求。

（3）狠抓网络渠道建设，做好分销联盟（扁平化）。

（4）提高终端运作能力（自建终端形象店或实行连锁加盟）。

（5）加强内部规范管理，健全制度。

（6）加大技术服务与信息服务力度。

（7）寻求厂家的大力支持与协作。

（8）积极推进电子商务运营模式。

（9）实施人才战略，打造优秀团队。

2. 终端经营的三种方式

（1）自建终端（直营）。

（2）连锁终端（合作）。

（3）加盟终端（整合）。

二、转型成为区域终端综合服务商

未来，具有实力、拥有专业队伍、运作能力强的20%的县或乡镇经销商将占领80%的市场份额，各县或乡镇将出现寡头型的区域终端综合服务商。区域终端综合服务商将成为区域内的品牌性的农业种植技术、信息、管理、服务中心和农资产品集中采供中心甚至农产品输出中心。

区域终端综合服务商要做到以下几个方面：

（1）具有很强的农业技术服务能力，有责任心且受到农民的信任。

（2）广大农民对其经销的产品有重复性购买行为，对其依赖性和忠诚度很高。

（3）在当地的分销能力强，其市场占有率达到30%～50%。

（4）拥有稳定的专业团队。

（5）管理规范完善。

（6）拥有核心资源和核心竞争能力。

（7）种子、化肥、农药、技术、机械"五位一体"。

（8）成为区域内种植作物专业化、标准化、规范化系统解决方案的提供者。

三、农资经营企业后向一体化，与厂商结成战略联盟

农资经营企业与厂商的战略联盟如图2-19所示。

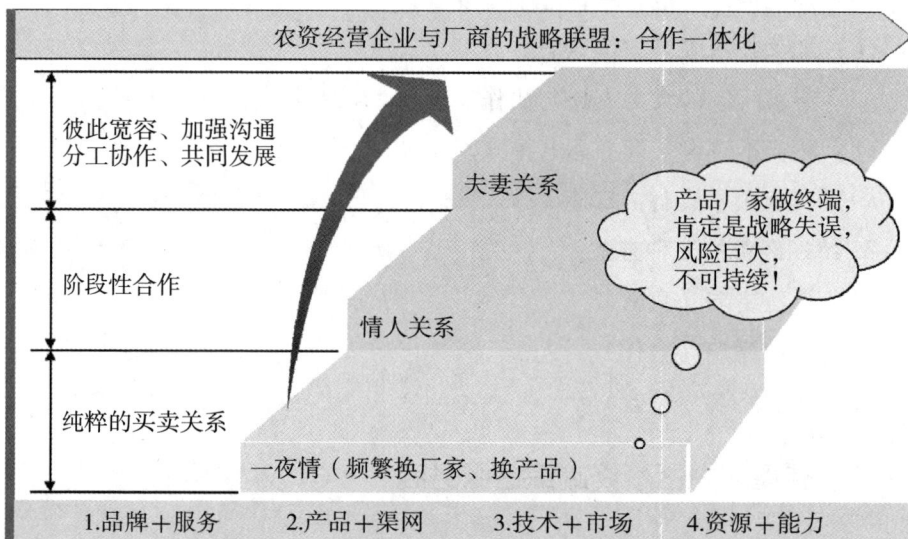

图2-19 农资经营企业与厂商的战略联盟

未来，针对上游厂商的合作，农资经营企业必须思考以下三个问题：

（1）找什么样的公司作为长期战略合作伙伴？

（2）找什么样的公司给自己带来持续盈利？

（3）找什么样的公司合作在未来才不会被淘汰？

农资经营企业利用自己的"服务、渠网、市场、推广"优势，嫁接厂商的"品牌、产品、技术、资源"优势，优势互补，实施与厂商的战略联盟是

正确和持久的发展思路之一。

四、转型成为土地承包经营管理者

农资经营企业通过一定数量的土地承包经营和特定作物种植，已成为作物全程解决方案的提供者和实践者，而不再是传统的农资销售商。

五、转型成为专业的农资物流服务商

物流配送环节是破解农资行业诸多问题的枢纽和关键，农资经营企业可以转型做农资物流中心的经营者，走物流配送之路，建立社会化的物流配送中心，进入新的专业领域。以专业物流为依托，逐步涉足延伸至农资行业价值链的部分或全部环节的业务活动。

六、转型成为专业的农业飞防服务商

劳动力减少、老龄化加速、大量农村青壮年外出打工、农忙季节劳动力成本高涨，这些都迫切需要提高农业的机械化水平来节本增效。传统的农资经营企业从单纯的产品销售转型为"产品＋服务"是大势所趋。无人机植保飞防正是集成"产品＋服务"的最佳模式，符合国家"两减一增"政策的要求，符合统防统治的要求，必将成为农资零售商转型的一个重要切入口。

七、成为农资专业信息或电商平台

农资经营企业可以做农资行业信息资源的整合服务者，通过信息服务，逐步渗透延伸至农资行业价值链的部分或全部环节的业务活动。

八、"资本＋"加速资源集中和市场布局

我国农资生产企业呈现多而散、技术水平和产品质量参差不齐的特点，特别是众多小企业在生产过程中的物耗和能耗较大，不能形成规模经济优势，还对环境污染监控造成较大难度。资本的进入有利于我国农资行业向集约化、规模化方向发展，在资本的助力下，具有规模、技术、市场和品牌优势的大型企业以及区域性的龙头企业为在未来的兼并整合中赢得发展的机遇，都加

快了市场布局。

上游企业，特别是原药和化肥企业的最好做法就是实现全国性的合理布局，完善产业链，更好地贴近客户，提高在主要销售区和目标销售区的市场份额，以降低产品的生产成本和运输成本。推进企业的区域布局发展战略，以大幅降低原材料采购及物流成本。进行全国性的布局策略一是为了接近消费者，缩短运输半径；二是为了接近原料生产地，涉足矿业资源。布局方式主要是收购兼并或新建。只有抢占了先机，合理布局，才有在竞争中获胜。

农资行业是全球性行业，呈现全球化市场竞争态势，行业代表性公司还应从自身技术、产品和市场优势出发，积极响应国家"一带一路"倡议，"走出去"参与国际竞争，加快业务国际化，增强我国在国际农资行业中的话语权。

九、实施战略转型

未来农业发展的大方向是大规模机械化种植的种植大户、家庭农场，因此需要更加专业化、集约化的农业服务商提供技术服务、资金服务，而不单单是提供农资经营服务，这样才能适应规模化农业对技术、资金和农产品储运销等多方面的需求。

十、"互联网+农资"OTO（在线离线）商业模式创新

农资经营企业可以现有的商业资源为基础，充分利用互联网技术，为消费者提供包括肥料、种子、农药、农机农具及技术等全方位的全程解决方案，建设一站式放心购平台，全面进行资源整合、竞争力提升和商业模式创新。

链接阅读

本书其他相关资料

相关资料1：农资连锁商业模式比较分析。

相关资料2：小麦、玉米、棉花病虫草害防治主要技术。

相关资料3：常见农药种类一览表。

相关资料4：常用农药的用药安全间隔时间表。

相关资料5：大田作物叶面肥的施用方法一览表。

相关资料6：蔬菜叶面肥的施用方法一览表。

相关资料7：果树叶面肥的施用方法一览表。

相关资料8：中药材叶面肥的施用方法一览表。

相关资料9：农药田间试验报告规范模板。

相关资料10：农民会召开的系统方案与配套流程表单。

相关资料11：渠道维护及问题处理方法一览表。

✎ 思考与讨论

1. 通过农资行业价值链分析，你获得了什么有益启示。

2. 农资行业的发展趋势是什么？

3. 农资经营企业如何重新定位？发展思路有哪些？

砥砺奋进——经营转型与管理变革

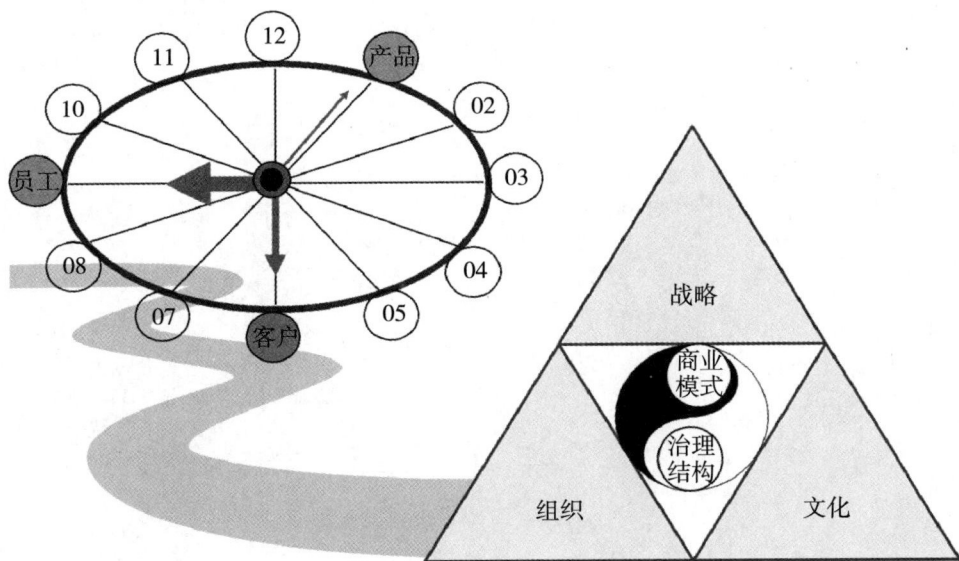

第三章
农资企业的经营转型

战略

绩效

组织　　　　管理模式　　　　流程

利润　　　　营销

员工　　　　经营模式　　　　客户

产品

第一节 转型势在必行

转型，关乎企业生死存亡。

企业转型是指企业长期经营方向、商业模式与运营模式及其相应的组织方式、资源配置方式的整体性转变，是业务和管理的结构性或整体性变革，是企业重新构建核心竞争优势、提升自身社会价值和经济效益并形成新的企业形态的过程。转型具有系统性、跨越性、阶段性，往往自上而下进行，涉及领导力及思想观念、战略、组织、流程、文化、创新等方方面面。

任何一个公司都必须不断探索新的生存与成长模式，不断进行经营转型。经营转型的驱动因素可能来自外部环境的变化，也可能来自公司自身发展的需要。

企业转型有两种：一种是被迫转型，另一种是主动转型。

一、企业转型要围绕五个方面进行

（1）企业转型应当以战略转型为指导，战略转型的核心是定位与可持续。

（2）企业转型应当以人才转型为关键，人才转型的核心是思想与领导力。

（3）企业转型应当以经营转型为根本，经营转型的核心是商业模式创新。

（4）企业转型应当以管理转型为方式，管理转型的核心是适应内外变化。

（5）企业转型应当以文化转型为支持，文化转型的核心是理念与价值观。

二、企业转型要达成几个方面的目标

（1）使命追求一致，宗旨理念相符。

（2）战略定位精准，组织边界清晰。

（3）责权激励到位，力利同出一源。

（4）团队能力支撑，意愿主动自发。

（5）流程简洁高效，推动执行呼应。

（6）工作目标明确，工作方向精准。

（7）工作思路清晰，工作方法系统。

三、企业经营转型与管理变革必须完善管理系统

（1）科学、高效的战略决策管理系统。

（2）战略性的组织架构设置与动态的调整管理系统。

（3）以客户和价值为导向的高效流程管理系统。

（4）着眼于未来的人力资源规划管理系统。

（5）支持决策的财务分析管理系统。

（6）全面实时的信息平台管理系统。

（7）目标绩效管理系统。

（8）有效控制、自我约束、自我激励的薪酬管理系统。

（9）注重能力提升的培训学习管理系统。

（10）企业文化建设管理系统。

四、企业在转型过程中要处理好的矛盾和冲突

（1）战略方向的矛盾。

（2）组织结构的矛盾。

（3）能力资源的矛盾。

（4）人才管理的矛盾。

（5）价值观念的矛盾。

总之，企业转型一定要清楚如何转型、达到什么目标、转型过程中注意什么问题，这样才不至于在转型中迷失方向。

宏观环境的巨变，市场竞争的激烈，土地的流转与集约，人口的老龄化和城市化，农业生产的现代化和机械化，信息的互联网化，食品与粮食安全，环境保护，"三农"协调发展等所有的问题都聚焦于农业上，我国农业迎来了千载难逢的历史机遇和挑战。

农业问题的三个核心焦点就是土地、农资和农民。

抱残守缺，得过且过，未来90%的农资经营企业都将举步维艰，面临淘汰。

现在，农资企业必须彻底改变经营思维，转型势在必行。

第二节 转变思想观念

企业即人，领导者是企业的灵魂，企业转型首先是企业领导者自身的转型，领导者转型一是转心，二是转能。

领导者首先要转变思想观念，发展战略、商业模式转型的根源在于心智模式的转变；其次要转变领导力，领导者没有领导力不可能带领和推进一个组织成功转型。

如果你想要小的改变，只需改变自己的行为方式。

如果你想要大的改变，就要改变自己的思维模式。

领导者不只是名义上的管理者，必须是伟大的激励者，能够鼓舞他人，培养团队凝聚力。

统一思想，统一目标，统一行动，统一价值观，是领导者引领一个组织获得成功的关键因素。

企业转型，必须用思想来统一团队的行动。

企业转型，必须用目标来指引行动的方向。

一、转变经营理念

哲学的三大终极问题是：我是谁？我从哪里来？我到哪里去？

企业必须经常思考的五个问题是：企业为什么？企业是什么？企业做什么？企业谁来做？企业怎么做？

企业转型必须实现方方面面的经营理念转变，总结如下：

1. 经营哲学方面

（1）由"做生意、做事、利己"向"做事业、做人、利他"转变。

（2）由"经营产品"向"经营人才"转变。

2. 经营目标方面

（1）由"暴利经营"向"可持续经营"转变。

（2）由"机遇优势"向"机制优势"转变。

（3）由"立足现在"向"着眼未来"转变。

3. 市场观念方面

（1）由"竞争"向"竞合"转变。

（2）由"销售型公司"向"平台型公司"转变。

（3）由"销售预算管理"向"市场预测管理"转变。

（4）由"供给思考"向"需求思考"转变。

（5）由"产品导向"向"提供服务和解决问题导向"转变。

4. 绩效管理方面

（1）由"事后绩效考核"向"事前业绩激励"转变。

（2）由"关注结果"向"控制过程"转变。

（3）由"目标总结"向"措施改进"转变。

（4）由"问题理由"向"原因方法"转变。

（5）由"经验分析决策"向"数据信息决策"转变。

5. 员工关系方面

（1）由"老板思维"向"平台思维"转变。

（2）由"雇佣关系"向"合作伙伴"转变。

（3）由"个人管理"向"团队管理"转变。

（4）由"知识学习"向"能力培养"转变。

二、培养优秀意识

企业领导者领导和经营管理团队必须不断培养优秀的经营意识：
全局意识、时空意识、团队意识、目标意识、担当意识、
执行意识、风险意识、效率意识、危机意识、反省意识。

三、形成卓越的思维方式

企业领导者领导和经营管理团队必须形成卓越的思维方式：

以终为始、慎思笃行、由远及近、由此及彼、目标导向、数控思维、知白守黑、谋定后动、助人成己、聚焦突破。

第三节　提升领导执行力

美国企业管理协会曾花 5 年时间对 4000 名经理进行分析，对其中 1812 名较成功的经理的研究发现，成功的经理需要具备以下 19 种能力：

（1）工作效率高。

（2）有主动进取心。

（3）逻辑思维能力强。

（4）富有创造性。

（5）有判断力。

（6）有较强的自信心。

（7）能辅助他人。

（8）表率作用。

（9）善于使用个人的权力。

（10）善于动员群众的力量。

（11）善于沟通。

（12）建立亲密的人际关系。

（13）乐观的心态。

（14）善于到职工中去。

（15）有自制力。

（16）主动果断。

（17）客观、善于听取各种意见。

（18）能正确地自我评价。

（19）刻苦并具有灵活性。

日本的企业认为，优秀的企业家应该具备"十项品德"和"十项能力"。

十项品德是：

①使命感；②信赖感；③诚实；④忍耐；⑤热情；⑥责任感；⑦积极性；⑧进取性；⑨公平；⑩勇气。

十项能力是：

①思维决策能力；②规划能力；③判断能力；④创造能力；⑤洞察能力；⑥沟通能力；⑦对人的理解能力；⑧解决问题的能力；⑨培养下级的能力；⑩调动积极性的能力。

一、四维领导力

笔者在多年的咨询管理工作实践中，总结构建了四维领导力模型如图3-1所示。

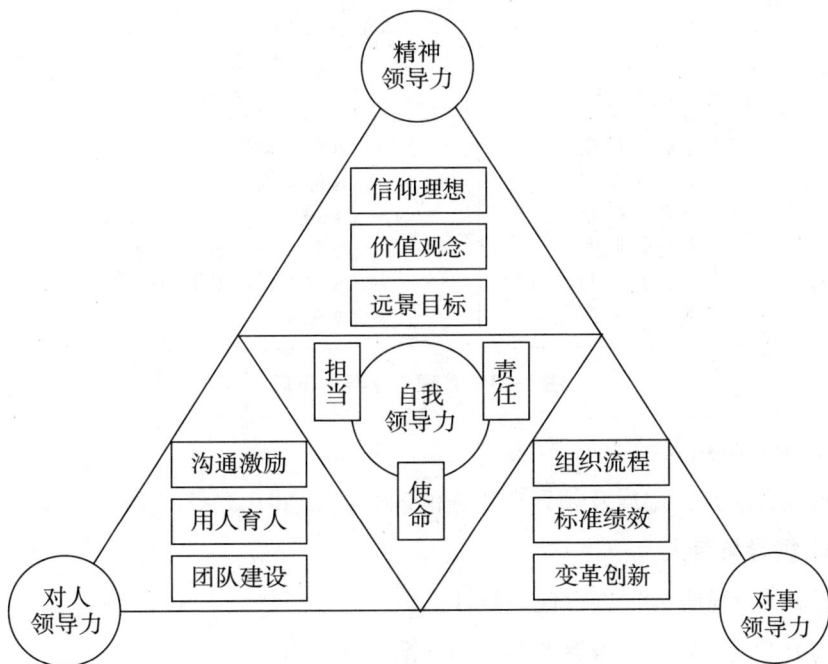

图3-1　四维领导力模型

一个领导的使命感、责任心和担当精神构成了领导的"自我发展力"。

信仰理想、价值观念、远景目标的规划决定了领导的"精神驱动力"。

沟通激励、用人育人和团队建设的能力决定了领导的"对人影响力"。

组织流程、标准绩效、变革创新的制定决定了领导的"对事影响力"。

二、领导之道

1. 领导与管理

管理者试图控制事物，甚至控制人，但领导者努力解放人、释放能量。

管理者的工作是计划与预算、组织及配置人员、控制并解决问题，实现战略目标。

领导者的工作是确定方向、制定战略、激励和鼓舞员工，并带领全体组织成员创造更好的绩效。

管理与领导的不同如图 3 - 2 所示。

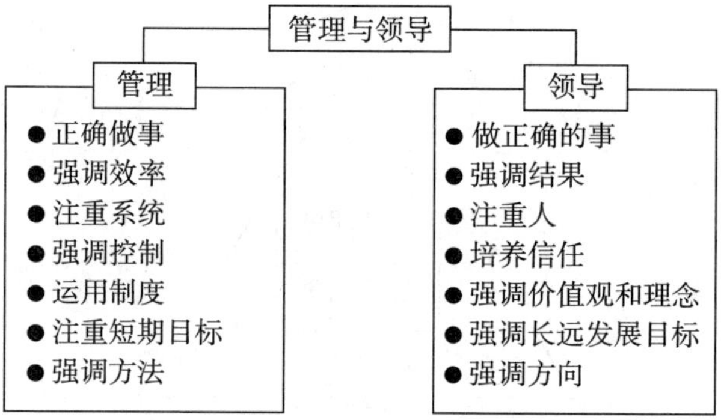

图 3 - 2　管理与领导的不同

2. 领导与用人

领导者的四个层次及领导者用人的四个层级如图 3 - 3 所示。

3. 领导与育人

（1）（明确职责）告诉他该做什么。

（2）（制定标准）告诉他要求的标准是什么。

（3）（培训能力）训练他如何做好。

（4）（授权锻炼）让他去做。

（5）（成就他人）监督修正，直到可以放手。

（6）（创新开拓）让他去做更应该做的事。

（7）（复制团队）让他也学会并实践第（1）～（6）步。

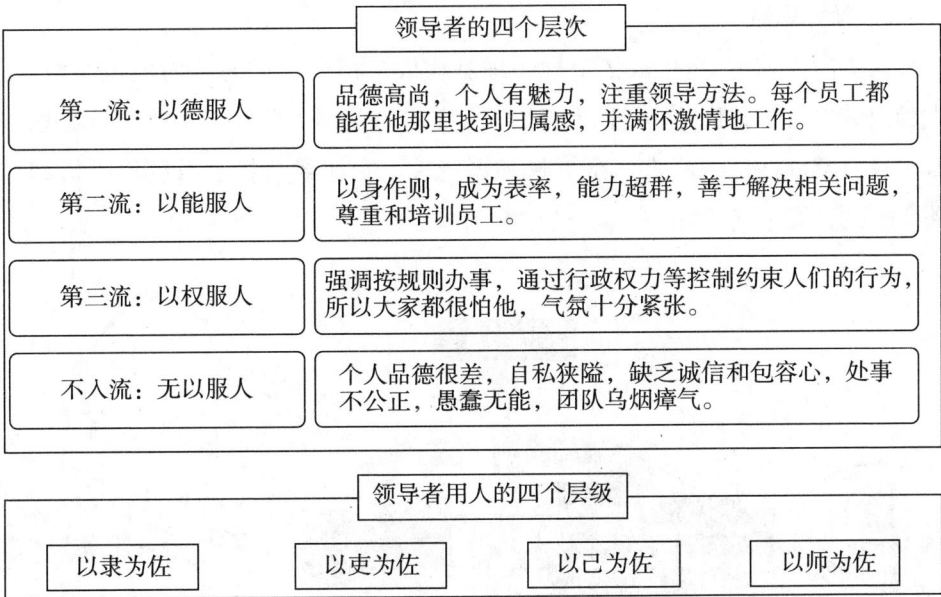

图 3-3　领导者的四个层次及领导者用人的四个层级

4. 领导工作方式

根据领导者在支持性和指挥性两个工作行为特征的不同，领导者的工作方式可以分为教练型、支持型、授权型和指挥型四种，如图 3-4 所示。

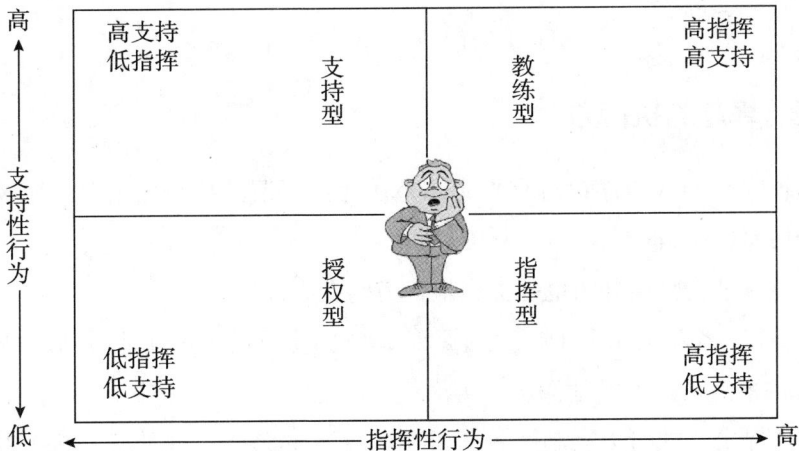

图 3-4　领导的四种工作方式

5. 领导思维

人类的大脑由 1000 多亿个神经细胞构成，相当于银河系内的恒星数量，大脑内的血管总长度达 16 千米。人与人之间的差别主要在于思维。领导思维必须具有辩证性、战略性、全局性和系统性。企业经营管理系统思维模型如图 3 - 5 所示。

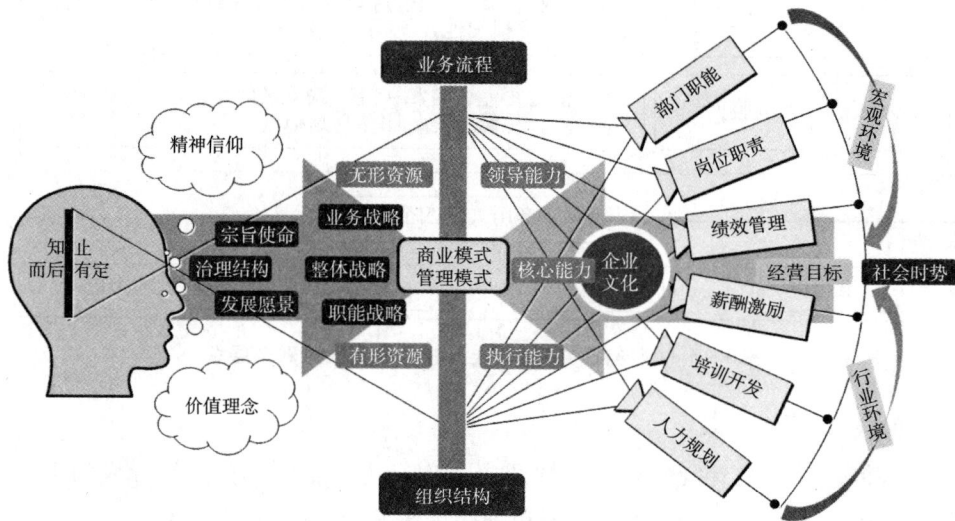

图 3 - 5　企业经营管理系统思维模型

三、卓越的执行力

卓越的 CEO（首席执行官）韦尔奇认为：所谓的执行力就是企业奖惩制度的严格实施。

在企业里，奖惩分明也是提高执行力的有力杠杆。

要做好一个企业并不难，关键是对 20% 的优秀员工不断地激励、再激励，对 10% 的落后员工不断地淘汰、再淘汰。

有人提出"执行力 = 制度 + 监督 + 奖惩"的公式，这的确是提升执行力的有效原则和基本途径。

第四节　创新商业模式

现代管理学之父彼得·德鲁克认为：当今企业之间的竞争，不是产品之间的竞争，而是商业模式之间的竞争。

研究者对失败企业案例中的数百家企业进行统计，得到了以下数据：

因为战略原因而失败的只有23%。

因为执行原因而夭折的也只不过占28%。

因为没有找到正确的商业模式而走上绝路的却高达49%。

企业转型实质上就是"形成新的战略和重构商业模式"，而商业模式创新是企业成功转型的核心和关键。

一、什么是商业模式

1. 商业模式就是企业赚钱的方式

简单地讲，商业模式就是企业或公司以什么样的方式来盈利和赚钱，构成赚钱的这些产品和服务的整个体系即为商业模式。

有个通俗的比喻：1块钱在公司里转了一圈变成了一块一，商业模式就是指这一毛是在什么地方增加的、如何增加的。

2. 商业模式就是企业的存在价值

商业模式是企业赖以生存的业务活动，决定了企业在社会价值链、产业价值链、行业价值链中的位置，是企业通过自身的资源以及与利益相关者的资源整合形成的一种实现价值创造、价值获取、利益分配的组织和机制模式。

3. 商业模式就是一个企业满足消费者需求的系统

这个系统通过组织管理企业的各种资源和能力，提供消费者无法自己满足而必须购买的产品和服务，从而达到社会价值实现和企业价值实现的目的。

4. 商业模式就是对企业活动的概括

商业模式是对一个企业主要活动的提纲挈领的概括，包括公司的产品、服务、客户、市场以及业务流程，还包括企业如何组织以及创收和盈利的方法。

5. 商业模式就是企业和利益相关者的收入、成本及利润结构

商业模式是在相对既定的业务系统中，在各价值链所有权和价值链结构已经确定的前提下，按照利益相关者划分的企业的收入结构、成本结构以及相应的利润结构。

6. 商业模式就是对企业的经营要素进行价值识别和管理

商业模式就是在经营要素中找到盈利机会，即探求企业的利润来源、生成过程以及产出方式的系统方法。

7. 商业模式就是企业在市场竞争中特有的、赖以盈利的经营结构及其相应的管理结构

企业的经营结构主要指企业所选择的外部交易对象、交易内容、交易规模、交易方式、交易渠道、交易环境、交易对手等商务内容及其时空结构。

企业的管理结构主要指为了满足经营需要的、企业内部所从事的科研、采购、生产、储运、营销等业务内容及其时空结构。

经营结构反映的是企业外部资源的整合情况，管理结构反映的是企业内部资源的配置情况。经营结构直接反映的是企业外部资源整合的效益，管理结构直接反映的是企业内部资源配置的效率。

商业模式的定义达几十种，每一种定义都反映了商业模式的某个层面或某个角度的本质，理解和思考商业模式的概念和内涵，可以为我们自己的商业模式创新带来有益的启迪和启发。

概念总是枯燥的，故事却是生动的！下面是一个广为流传的案例，期望通过分析该案例，我们能够增进对商业模式及商业模式创新的感性理解。

🏠 案例

梦露睡衣　4人公司　年赚7000万元

（1）产品：梦露女式睡衣，销售价格188元一件，只有两种款式，吊带的和齐肩的，只有两种颜色，橙色和紫色。

产品定位：市场容量足够大。

（2）销售方式：产品免费送，快递费你出，快递费每件 23 元，支持货到付款，支持退货，消费者的风险是零。

用户思维：客户需求与消费心理，产品免费，增值收费！

（3）要求：如果你穿了感觉很好，就请你帮我们做口碑宣传。

营销思维：解决体验和传播问题。

（4）销售目标：送 1000 万件。

（5）成本分析：1000 万件，每件梦露睡衣的生产成本可以低至 8 元钱。

规模思维：规模生产可以降低成本。

（6）销售价格：睡衣在商场里面可以卖到 188 元，商场收了 27% ~ 33%，营业员分了 12%，还有仓储物流资金成本等。

重构思维：打破原有价值链条，重构价值链。

（7）快递成本：小件至少 10 元，1000 万件可以低至每件 5 元。

规模思维：规模物流可以降低固定成本。

（8）广告成本：产品免费送，许多网站都忙打广告，送出 1 件获得 3 元的提成。

广告思维：变被动为主动。

（9）利润核算：23 - 8 - 3 - 5 = 7，送 1 件睡衣的总成本是 16 元，消费者支付 23 元的快递费，送 1 件睡衣就赚 7 元。一年送 1000 万件就赚 7000 万元。

盈利模式：盈利点转移和隐藏。

（10）合作伙伴：生产睡衣的工厂、快递公司、广告网站。

合作思维：资源整合，企业和利益相关者收入、成本及利润结构再设计。

案例告诉我们，商业模式的本质是围绕顾客和利益相关者创造价值或进行价值重构。

商业模式 = 融资模式 + 运营模式 + 业务模式 + 盈利模式。

融资模式，指企业获得资本的手段和方式。

运营模式，指企业整合其内部或外部可用资源，达到经营高效、成本节约、风险降低之目的的手段和方式。

业务模式，指企业创造客户价值、重构价值或满足客户需求的手段和方式。

盈利模式，指企业获取利润的手段和方式。

商业模式系统如图 3 - 6 所示。

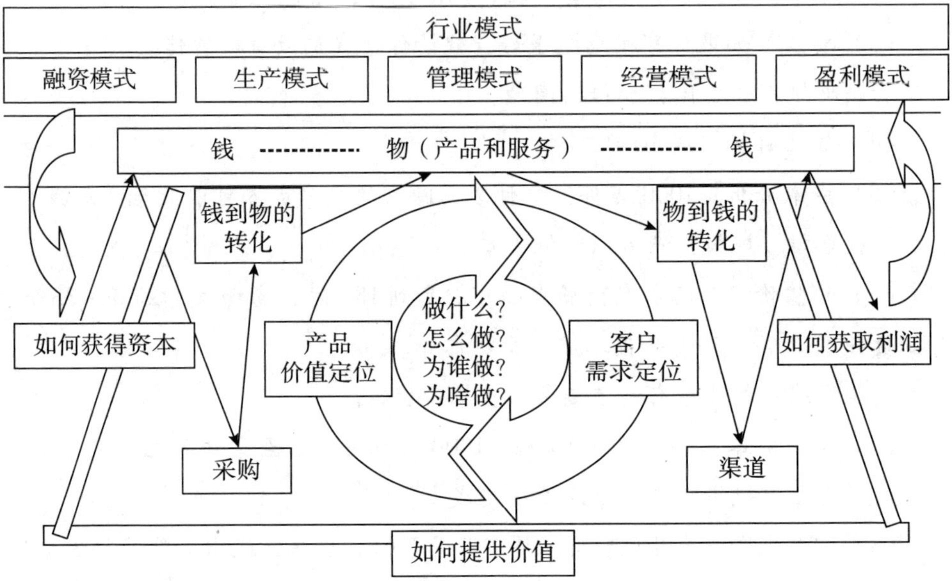

图 3 - 6　商业模式系统

二、构成商业模式的要素

一个商业模式一般包括以下九个方面的要素：

（1）价值主张。（做什么？关键业务是什么？）

（2）客户细分。

（3）分销渠道。

（4）客户关系。

（5）盈利方式。

（6）核心资源。

（7）关键能力。

（8）重要伙伴。

（9）成本结构。

商业模式的要素如图 3 - 7 所示。

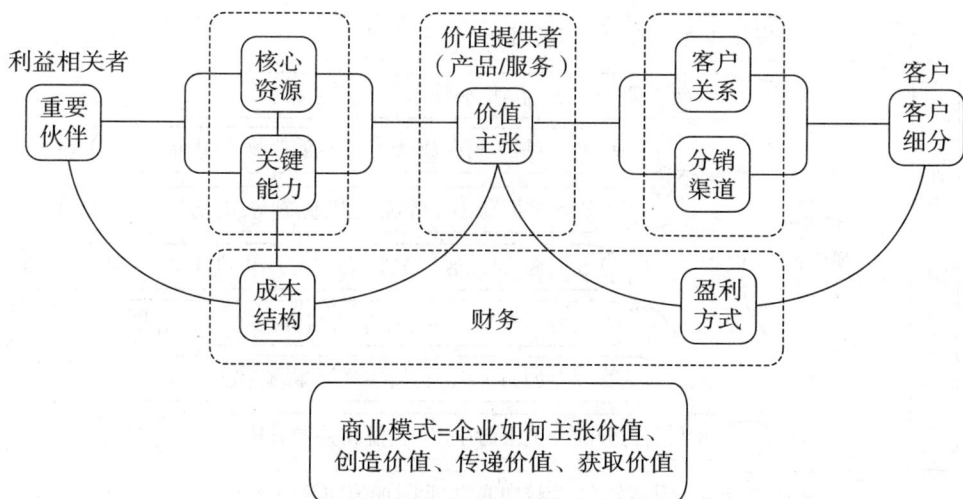

图 3 - 7　商业模式的要素

三、商业模式创新的方法

商业模式的基础是用户（客户），没有用户任何商业模式都是浮云；商业价值的核心是产品，本质是通过产品为用户创造价值。

创新商业模式，必须思考清楚以下四个问题：

（1）用户模式：为谁提供产品和服务。

（2）产品模式：提供什么产品和服务。

（3）推广模式：如何提供产品和服务。

（4）盈利模式：产品服务的成本收益。

商业模式创新的方法如图 3 -8 所示。

四、商业模式创新的调研分析

商业模式创新，必须首先对行业趋势、客户需求、竞争对手、企业资源能力进行调研分析，并做出判断，然后着眼于关键要素进行创新设计策划，如图 3 -9 所示。

商业模式创新十大方法

观念再转变

1.需求再发掘（客户细分、市场细分、蓝海战略）

2.价值再增值（产品/服务/技术等变革创新）

3.成本再控制（财务/采购/生产/营销/物流/仓储）

4.效率再提高（流程优化/机制/领导/文化）

5.资源再整合（渠道/客户/人力/供应商/产融结合创新）

6.能力再提升（核心竞争力培育/核心人才培养）

7.管理再创新（组织/职能/绩效/薪酬/激励）

8.利润再分配（上下游/内部/利益相关者分析）

9.企业再定位（升级转型/低端向高端/低附加值向高附加值）

图 3 - 8　商业模式创新的方法

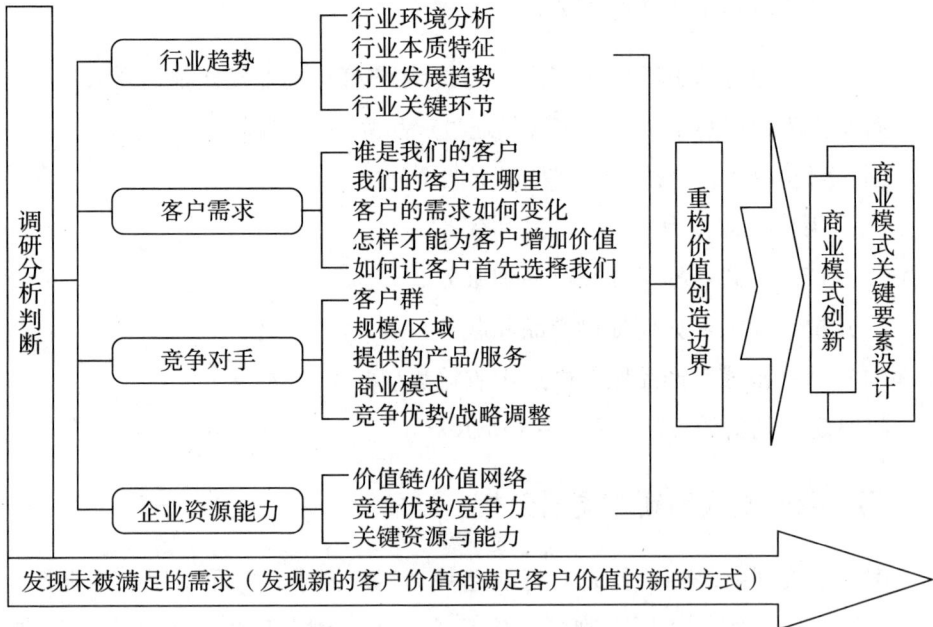

调研分析判断

行业趋势
- 行业环境分析
- 行业本质特征
- 行业发展趋势
- 行业关键环节

客户需求
- 谁是我们的客户
- 我们的客户在哪里
- 客户的需求如何变化
- 怎样才能为客户增加价值
- 如何让客户首先选择我们

竞争对手
- 客户群
- 规模/区域
- 提供的产品/服务
- 商业模式
- 竞争优势/战略调整

企业资源能力
- 价值链/价值网络
- 竞争优势/竞争力
- 关键资源与能力

重构价值创造边界

商业模式创新

商业模式关键要素设计

发现未被满足的需求（发现新的客户价值和满足客户价值的新的方式）

图 3 - 9　商业模式创新的调研分析

五、商业模式创新的原则

商业模式创新的指导原则可以总结为以下几个方面：

（1）以产品创新为灵魂（产品）。

（2）以占领客户为根本（客户）。

（3）以价值联盟为主线（价值）。

（4）以资源整合为中心（资源）。

（5）以能力应变为关键（能力）。

（6）以信息网络为平台（工具）。

（7）以观念转变为先导（思想）。

（8）以力向聚焦为法则（方式）。

（9）以大道至简为准绳（本质）。

六、商业模式创新的路径

商业模式的创新有其内在的规律性和逻辑性，商业模式创新的路径和内容如图 3－10 所示。

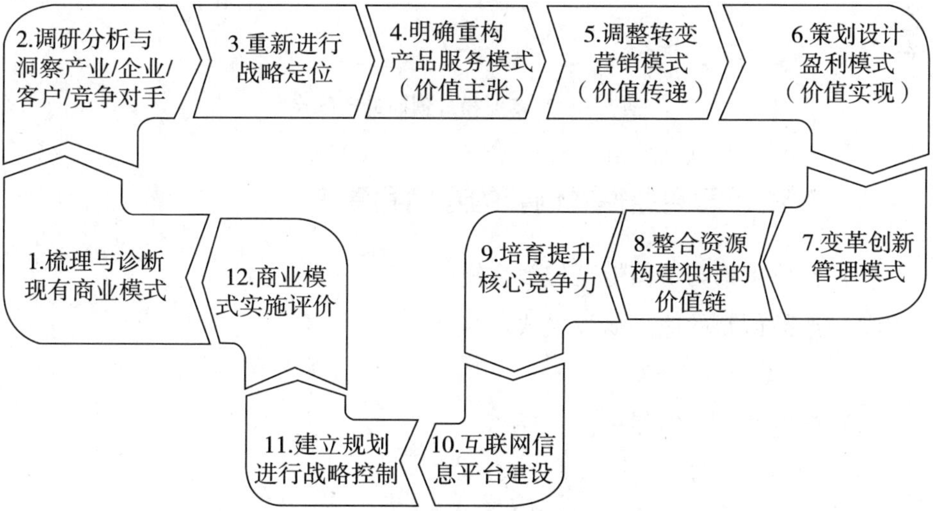

图 3－10　商业模式创新的路径和内容

七、商业模式创新的着眼点

从内部来看，商业模式创新的着眼点主要包括核心能力构建、关键资源配置、产品和服务内容、成本结构、收入等。

从外部来看，商业模式创新的着眼点主要包括全球化、产业政策、信息化、互联网化、价值链管理、行业趋势、客户、市场细分、商业机会、供应商、经销商、竞争者、合作者等。

商业模式创新的着眼点如图3－11所示。

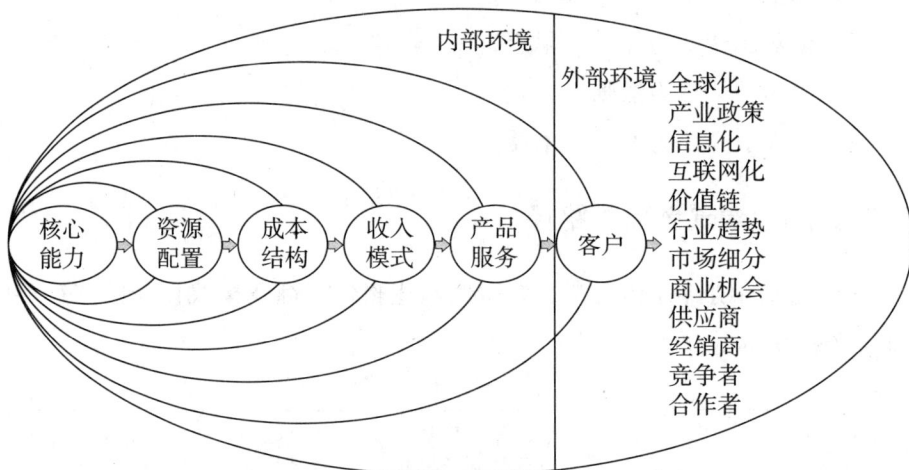

图3－11 商业模式创新的着眼点

八、农资经营商业模式创新的方向和建议

（1）价值重构与价值链延伸整合模式。

（2）产品创新的应用研发模式。

（3）"互联网＋"模式。

（4）问题解决方案模式。

（5）用户销售模式。

（6）经营连锁模式。

九、商业模式创新的全价值链管理模式

价值链分析管理是商业模式创新的核心和突破点。

价值链无处不在，上下游关联的企业与企业之间存在行业价值链，企业内部各业务单元之间的联系构成企业的价值链，企业各业务单元内部也存在着价值链。价值链上的每一项价值活动都会对企业最终的价值创造形成制约和影响。

1. 价值链的五个层面

价值链包括以下五个层面：

第一层面，全球价值链。

第二层面，纵向价值链。

第三层面，横向价值链。

第四层面，内部价值链。

第五层面，作业价值链。

2. 价值链五个层面分析管理的意义

第一层面全球价值链分析管理主要解决未来发展趋势和视野格局问题，如国际竞争、国际分工。企业通过全球价值链层面分析管理，清楚地明白国家及自身企业所处的竞争格局。全球价值链分析管理的意义是"清楚格局、力争上游"。

第二层面纵向价值链分析管理主要解决企业产业定位问题，如行业的进入与退出、纵向整合等。企业通过纵向价值链层面分析管理，来发现行业的利润区和战略控制点。纵向价值链分析管理的意义是"定位决策、价值整合"。

第三层面横向价值链分析管理主要解决企业的竞争问题，如与竞争对手相比，如何获得差别优势。企业通过横向价值链分析管理，清楚自己与竞争对手的差异并努力获得竞争优势。横向价值链分析管理的意义是"清楚差别、获取优势"。

第四层面内部价值链分析管理主要解决企业的能力资源问题，即如何有效整合资源，如何构建提升核心竞争力。企业通过内部价值链分析管理，可以发现核心竞争力并优化配置资源。内部价值链分析管理的意义是"构建能力、配置资源"。

第五层面作业价值链分析管理主要解决提高效率和降低成本的问题，如管理费用、生产成本、储存成本、流程优化等。作业层面价值链分析管理的意义在于"优化流程、降低成本、提高效率"。

价值链分析管理的意义如图 3 – 12 所示。

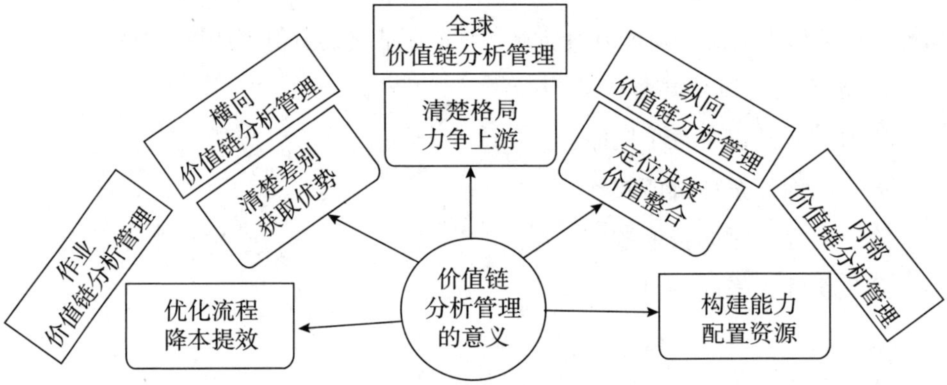

图 3 – 12 价值链分析管理的意义

十、商业模式创新的评价

商业模式创新是否成功，可以从不同方面进行评价判断。成功的商业模式创新具有以下特征：

（1）收入模式突破。

（2）现金流增加。

（3）价值显著增加。

（4）需求爆发性增长。

（5）成本"破坏性"降低。

（6）竞争优势系统锁定。

（7）资源明显优化整合。

（8）具有可复制性、可扩张性。

（9）盈利并可持续。

（10）具有战略控制力。

（11）具有行业引领性。

（12）资本市场的认可度高。

企业的领导决策层必须清醒，商业模式创新并不意味着企业和最终的成功，企业的成功更取决于企业是否拥有与之匹配的、能够支撑企业发展的管理团队。

链接阅读

×××农业有限公司＋互联网 OTO 商业模式创新体系如图 3－13 所示。

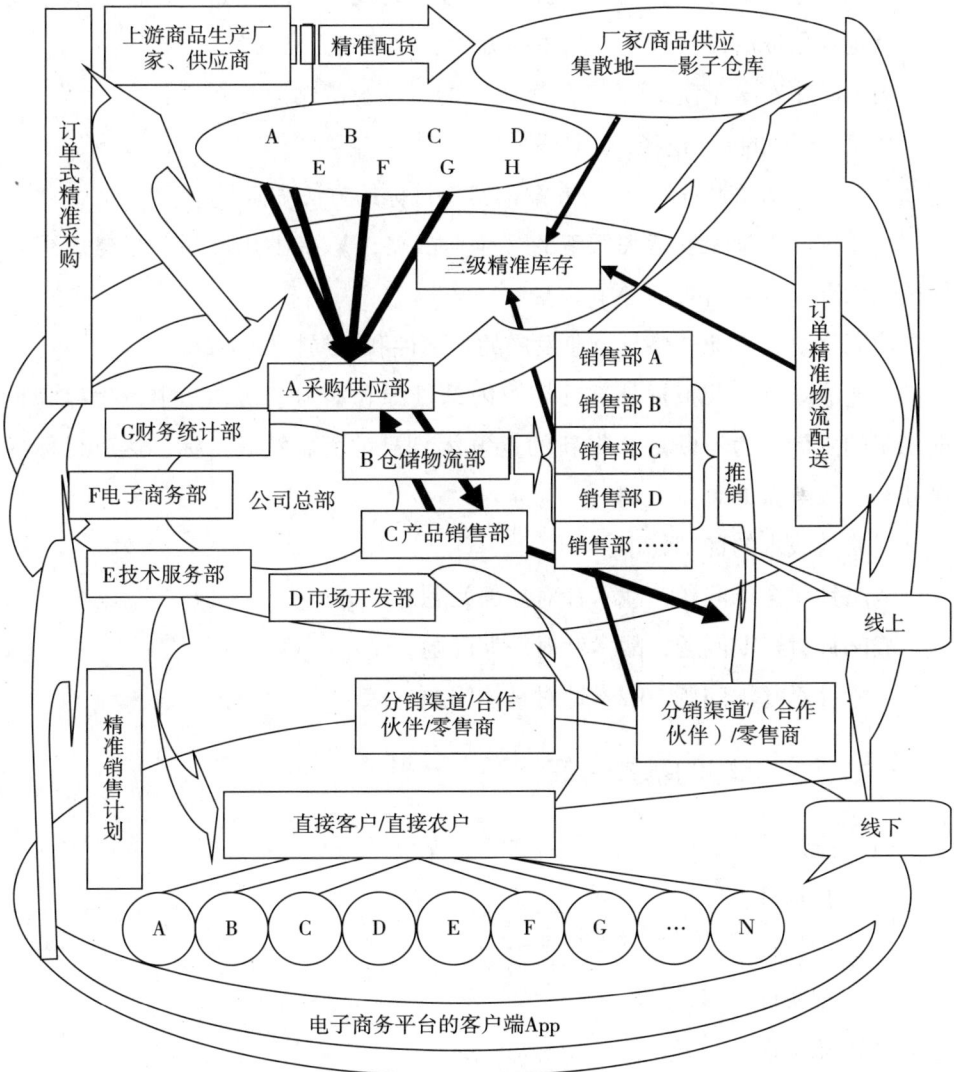

图 3－13 OTO 商业模式创新体系

第五节　调整发展战略

战略，中国古代称之为"韬略"，西方称为"将军指挥军队的艺术"。

战略源于军事用语。《中国大百科全书·军事卷》对战略的定义是：战略是指导战争全局的方略，即战争指导者为达成战争的政治目的，依据战争规律所制定和采取的准备和实施战争的方针、政策和方法。

美国陆军军事学院 1986 年编著出版的《军事战略》中提出：

战略 ＝ 目的 ＋ 途径 ＋ 手段

　　　＝追求的目标＋行动方案＋实现目标的方法和工具

自美国经济学家安索夫所著的《企业战略论》一书出版后，战略思想开始被运用到企业经营管理之中。

简而言之，企业战略是企业发展的长期性和全局性的谋划。

企业战略是企业根据外部环境及内部资源和能力状况，为求得生存和长期稳定的发展，为不断地获得新的竞争优势，对企业发展目标、达成目标的途径和手段等做的总体谋划。

战略与战术的区别如下：

战略针对全局问题，战术针对局部问题。

战略针对长期问题，战术针对短期问题。

战略针对基本问题，战术针对具体问题。

一、企业战略的基本特征

（1）全局性。

（2）长远性。

（3）指导性。

（4）现实性。

（5）竞争性。

（6）风险性。

（7）创新性。

（8）相对稳定性。

（9）必须适应企业管理模式。

（10）适应企业的战术、策略、方法、手段。

二、企业战略管理的内容

企业战略管理的内容主要分为以下三个层面：

一是公司层面的整体战略，主要解决公司的长期性和全局性的发展问题，要回答公司"为了什么、要成为什么、做什么、不做什么"等问题。公司层面的战略选择有：增长（发展）战略、维持（稳定、防守）战略、紧缩（撤退）战略、组合型战略。

二是业务层面的竞争战略，主要解决公司的市场竞争和核心能力问题，要回答公司"如何做"的问题。事业部/业务层面的战略选择有：成本领先战略、差异化战略（别具一格战略）、集中化战略。

三是职能层面的功能战略，主要解决公司的内部管理和资源整合问题，要回答公司"由谁来做"的问题。职能层面的战略选择一般可分为：营销战略、人力资源战略、财务战略、研究与开发战略等。

企业战略管理的内容如图 3-14 所示。

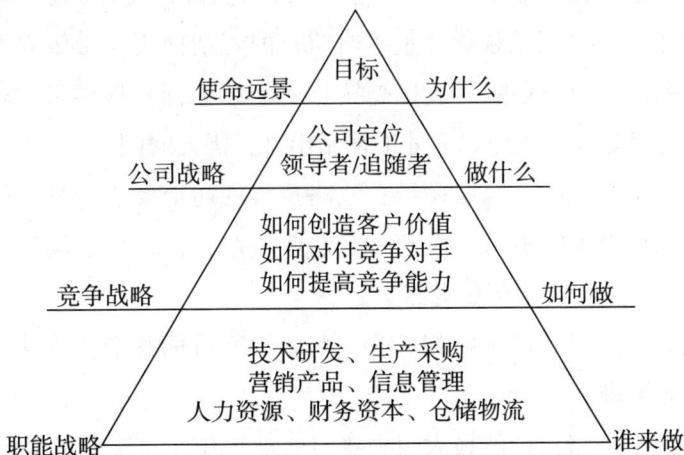

图 3-14　企业战略管理的内容

三、企业战略规划

企业战略规划分为五个步骤：战略分析、战略制定、战略实施、战略控制、战略创新。

第一步，战略分析。

主要包括宏观环境分析、产业行业结构和发展趋势分析、微观环境分析、业务组合矩阵分析、产品组合波士顿矩阵分析、核心竞争力分析、关键资源分析、利益相关者分析、行业关键成功因素分析等内容。企业战略分析必须做到知己知彼。

第二步，战略制定。

主要包括明确公司未来发展远景、规划长期发展目标、策划外部市场竞争策略、制定内部职能策略，最终通过评估选择确定。

第三步，战略实施。

战略实施，主要是制定政策措施，明确重要工作事项、时间进度，构建核心能力，合理配置资源，培养人才队伍。资源整合能力是基础，团队建设及人力资源规划是关键。

战略规划的步骤及内容如图 3－15 所示。

《财富》杂志的一篇文章分析，好的企业战略有 70% 没有获得成功，失败的主要原因是"公司战略执行不到位"。战略执行失败的原因有以下方面：

（1）决策者、中高层领导注重战略执行的短期回报，希望立即看到新战略执行的效果，企业的薪酬发放也是按年度业绩指标考核结果进行的，而战略执行成功与否是要在多年以后才能衡量出来，需要时间。

（2）回到老路上去。高层领导在战略执行的初期要进行管理的变革，会遇到企业内外相当大的阻力，而此时企业业绩还不错，高层领导因此对新战略失去了兴趣，企业又回到了老路上去。

（3）公司内部及外部利益相关者，对新战略目标并未达成共识，使战略执行起来十分困难。

（4）有时，战略执行的最大阻力来自企业中层干部。每一位经理都有自己的利益所在，因此战略执行起来困难重重。

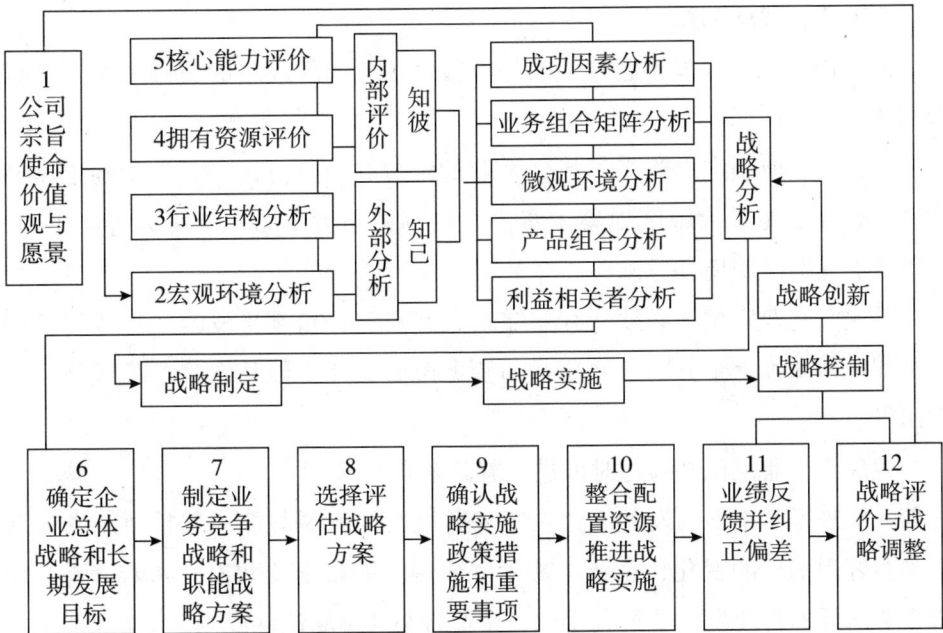

图 3 – 15　战略规划的步骤及内容

（5）企业各部门之间沟通不畅，使战略执行脱节，执行起来困难重重。

（6）阶段性目标不具体，没有量化。如果没有阶段性的量化指标，公司将永远达不到既定战略目标。

（7）急于求成，不能循序渐进。战略执行初期，各种管理措施繁多，各层管理人员难以适应。

（8）激励措施跟不上。公司完成战略阶段性目标任务后，企业高层领导急于求成，不断加码甚至鞭打快牛，忘记及时奖励有功人员，使干部及员工执行战略的积极性降低。

第四步，战略控制。

在战略实施推进过程中，战略控制一是不断通过业绩反馈审视评价既定战略方案，将战略实施的实际结果与预定的战略目标进行比较，检查两者是否有偏差，并采取有效措施纠正重大偏差；二是根据内外部环境变化对既定战略方案及时调整修正，要么坚持，要么舍弃。坚持就是企业要抵御诱惑、坚持不懈地将企业的有限资源与核心能力集中于既定战略目标。

第五步，战略创新。

战略创新，一是调整完善，二是颠覆创新。创新战略的关键是企业的资源和能力。

首先，企业制定战略必须找到企业的定位和前进方向，只有找准定位和方向，企业才能最大限度地集中资源，培育核心竞争力，有所为有所不为，取得发展或突破困境。

其次，企业定位，必须从客户需求或客户服务角度出发，从产业行业的高度和视角来确定企业的扩张路径与资源配置，而不能从自身产品或技术特性出发。

最后，企业定位必须与时俱进，着眼未来。

一般来说，正确的发展之道在于深化既有的发展战略，但是由于内外环境和主客观情况的变化，企业不能墨守成规。战略延续并不意味着静态，如果企业所处的行业发生了很大变化，企业就必须不断调整或制定创新战略。

重要的是，随着企业自身资源的不断积累和能力的不断提升，即使经营环境、行业结构没有重大变化，企业也应当主动、及时地调整发展战略，勇于创新，具体做法如下：

（1）重新确立经营边界。

确立经营边界即确定企业从事什么行业或从事行业价值链的哪一环节，需要通过行业吸引力分析、行业生命周期分析等，找到行业关键成功因素，找出关键性的市场和具有战略意义的产品。

（2）重新确立商业形态。

商业形态是指企业的组织形态，商业形态决定商业模式，任何行业或行业中的特定环节，都存在多种商业模式，如加工、制造、代理、经销和零售等，如表3-1所示。

表3-1　　　　　　　　　主要商业形态对比

商业形态	主要特征	盈利模式
加工商	为品牌厂商配套加工，无市场体系和自主品牌	低成本、高效率

商业形态	主要特征	盈利模式
制造商	制造体系有相当规模，自有市场渠道，以自产自销为主，产品品牌及商业品牌有一定影响力	成本控制 技术创新
提供商	品牌影响大，研发能力强，掌握价值链的关键环节，市场渠道完整，对合作厂商有相当强的控制能力	品牌附加值高 掌握核心技术 资源整合能力强
运营商	商业品牌有相当影响力，掌握价值链关键环节，市场渠道完整	服务创新 市场整合 特许经营权
零售商	商业品牌强势，掌握客户和供应商资源，无制造能力，但有市场渠道	连锁经营 压低采购和物流成本
分销商	无自己的产品和商业品牌，有市场渠道，有服务增值能力	销量差价 返点 能提供增值服务

（3）重新确立竞争地位。

处于行业领先地位的企业，具有制定行业规则、整合行业资源、控制行业重要价值链环节等优势，注意不能给跟随者留下超越自己的机会。

处于跟随地位的企业，应该实施低成本、聚焦、差异化竞争策略。

以市场占有率为依据，主要行业竞争地位排序如表3－2所示。

表3－2　　　　　　　行业竞争地位（综合评分10分制）

排序	行业地位	市场占有率	综合评分（分）	行业作用
1	控制地位	50%以上	10	决定游戏规则
2	主导地位	30%～49%	8～9	决定产品价格
3	领先地位	第一位（15%以上）	7～8	代表行业趋势
4	优势地位	第一梯队（8%以上）	5～6	影响行业格局
5	维持地位		3～4	影响竞争激烈程度
6	跟随地位		1～2	构成行业生态

不同竞争地位对应的竞争策略与策略组合如表3－3所示。

表 3 - 3　　　　　　　　不同竞争地位对应的竞争策略与策略组合

竞争定位		领导型	挑战型	专攻型	跟随型
竞争策略	市场目标	市场份额利润、声誉	市场份额	利润、名声	利润
	基本方针	全方位化	差异化	集中化	模仿化
	竞争领域	事业概念经营理念	市场定位差异化资源差异化	细分市场资源集中化	中低价位主导市场
策略组合	政策准则	周边扩大化同质化非价格对应	差异化	特定市场内的小型领袖	低成本低价格对应
	目标市场	所有市场	选择差异化市场	特定需求焦点市场	低层次市场
	市场策略组合	全面促销全线产品中高价格和品质	差异化市场策略组合	特定需求的市场策略组合	临机应变型策略组合

四、农资企业的竞争战略及职能战略

农资企业在经营边界、商业形态不变的格局下，如果想要改变自己的行业竞争地位，必须扎实做好以下竞争与职能工作：

（1）产品研发。

（2）技术服务。

（3）营销推广。

（4）物流配送。

（5）信息推广。

（6）人力资源。

（7）资本运营。

（8）商业模式。

商业模式解决企业的生存问题，战略规划解决企业的发展问题。

《礼记·大学》有言：知止而后有定，定而后能静，静而后能安，安而后能虑，虑而后能得。

链接阅读

×××农业有限公司20××—20××年发展战略与年度经营计划

企业战略是在特定的外部经营环境下，为实现企业追求的未来目的而对企业拥有的资源和能力实施有效的投入、配置和组合，将企业的主要目标与活动按照科学有效的内在结构整合成一个系统的运行模式。

×××农业有限公司的发展战略如图3-16所示。

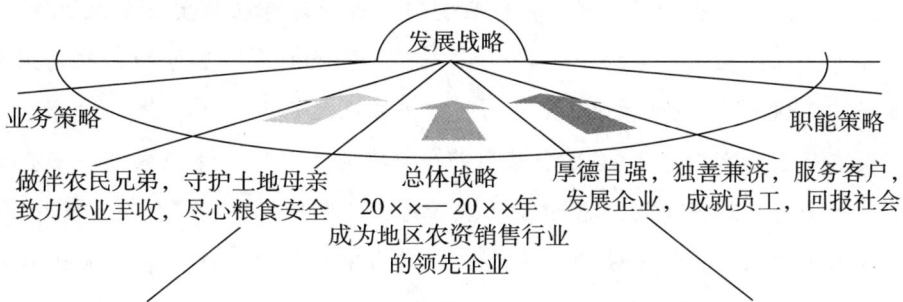

```
                        发展战略
                           ↑
业务策略                                           职能策略

做伴农民兄弟，守护土地母亲      总体战略          厚德自强，独善兼济，服务客户，
致力农业丰收，尽心粮食安全    20××—20××年      发展企业，成就员工，回报社会
                         成为地区农资销售行业
                            的领先企业
```

图3-16　×××农业有限公司的发展战略

第一部分　概要

★农资宏观环境分析及行业变化趋势。

★行业趋势与关键成功因素。

★消费需求分析——农民对农资产品的需求特点。

★公司利益相关者。

★公司资源、能力与竞争。

★公司20××—20××年度发展战略指导思想。

★公司20××—20××年度的业务战略规划。

★公司20××—20××年度的职能战略规划。

★公司20××—20××年度战略实施的重要具体工作事项。

★公司20××—20××年度经营计划。

第二部分　宏观环境分析及行业变化趋势

1. 政治因素

我国政府自始至终高度重视农业和农村发展，把加强农业基础，改善农村生产生活条件，增加农民收入作为整个国民经济工作的首要任务。在农业发展进入新阶段后，政府坚持扩大内需的方针政策，坚持发展农业生产力，实施西部农业大开发，启动农村基础设施建设，扩大和培育农村消费市场，成就了农资行业的高速发展。

国家将从长期战略角度出发切实加大对农业及其相关产业的关注重视和倾斜扶持，要在社会主义市场经济的大前提下，根据市场和产业需求导向加大调整力度，激励研发创新体系，严格行业准入门槛，按照清洁环保农药的标准，淘汰落后产能，进行新一轮行业重组。我国现有农药生产企业2000多家，其中，原药生产厂家约400家，加工企业约1600家。国家规划农药生产企业将从2000多家减少到600家左右，重点农药生产企业将集中到40家，其中大型农药企业有15家。我国农药原药生产将更加集中，重点农药生产企业的原药产量将占总产量的60%以上，农资行业经营的集中度将会大大提升。

人本咨询认为，资金实力、研发技术实力不足的农资企业不适宜进入农药化肥生产领域，但紧盯上游选择生产厂家，以联盟、OEM（原始委托生产）方式实施后向一体化是可行之策。从大环境和国家农业安全角度出发，随着国内农资企业的发展，农资产品大部分依赖进口的局面已经改变，农资经营企业必须关注国内外有实力的知名农资产品企业，与其建立并保持长期合作关系，健全、完善自己的高中低档经营产品线结构，以满足市场不同客户的需求及市场开发维护的需要！

2. 经济因素

我国农资市场规模和市场空间巨大。我国农资市场具有地域性强、季节性明显、交通和信息化落后的特点，同时国家对农资生产行业缺乏规范的管理制度，这使得农资产业进入门槛大幅度降低，加之农资行业有着较高的利润空间，大量的资金流入这一行业，从而使得农资生产企业数量激增、重复建设、产大于需，农资市场总体表现为供大于求，导致农资企业恶性竞争和市场流通秩序混乱，呈现"大行业、小企业"的格局。随着经济的不断发展，农资行业一体化趋势日益明显，渠道的重要性及信息的作用日益凸显，随着这个行业的发展，农资经营必将从单一走向综合，农资行业终端为王的时代已来临。当前，农资市场已全面进入微利化、精细化经营时代，广大农资流通企业走到今天，面临着艰难的选择：不发展就会被淘汰，不是被动淘汰就是自我淘汰。

人本咨询认为，农资连锁经营一直是国家政策支持提倡的一个发展方向，但农资行业连锁经营较成功的案例不是太多，农资连锁经营存在很多风险：第一，农资连锁经营需要整合整个行业价值链，目前一个企业很难完全做到。第二，连锁经营的基础不够成熟稳定。首先，终端消费者农民、上游产品生产厂家、中间经销商都处于不确定和动态的变化阶段；其次，农资市场和国家政策不成熟。第三，目前，农资行业的经营人才队伍构成还不能适应农资连锁经营模式的要求。第四，连锁经营模式要求的信息化管理基础不够成熟。第五，终端物流体系不够成熟。目前的市场阶段，单靠行业中的某个企业或某个环节解决以上所有问题是不现实的。但农资连锁经营模式的条件不成熟，并不是说农资连锁经营不可行，目前的许多轰轰烈烈的连锁经营正说明农资连锁经营是市场经济和社会发展的大势所趋。如果能真正不断地去改善，农资连锁经营模式肯定能真正取得巨大成功。

3. 社会因素

土地流转变革将导致原有的家庭承包被适度集约的农业生产方式取代，农资购买主体转向大户、专业合作社、农业公司，这有利于专业化的农资连锁经营模式的发展。与传统的"批发零售"相比，农资连锁经营通过统一采购和配送可以实现经营规模化和渠道扁平化。优秀的农资连锁经营模式通过打造强大的物流管理系统可以有效降低物流和仓储成本，专业的服务和营销体系对门店的扩张和销售的稳定增长具有促进作用。

人本咨询认为，农资经营的一体化是必然趋势，单一销售农药、种子、化肥的企业未来都缺乏竞争优势，未来的农资经营企业必将是集产品流、信息流、技术流、物流服务于一体的综合服务运营商。

4. 科技因素

新技术是现代农业的先导和发展动力，现代农业依赖现代植保支撑，坚持研发植保新技术、突出捍卫农业生产安全，着力发展资源节约型、环保无公害型农业，加速新产品的开发和应用根本上必须依靠农业科学技术。

随着农业产业化进程的不断发展和完善，农业生产过程中对农资商品的技术含量要求越来越高，对农资商品的品种要求日趋区域化、专用化、优质化。市场竞争日趋激烈，农资市场迫切需要重新形成一个组织规范的服务网络以确保市场稳定、供需平衡，促进新药肥和新技术的推广和应用，打通农业科学技术推向千家万户和各个生产环节的渠道，切实实现农业技术与农民需求的对接，为农业的发展起到进一步的推动作用。

人本咨询认为，未来的农业是现代机械装备化的农业，未来的农业是科技农业，未来的农民是具有一定种植职业技术的职业农民，未来的农资销售也应整合技术营销、服务营销和团队营销。

农资经营企业应该在农资行业的关键成功因素上做文章，在各个关键成功因素方面创造出领先于竞争对手的竞争优势，因此，除了产品、品牌、渠道、技术、营销这些传统基本关键成功因素以外，更需要根据行业变化趋势，积极探索创造新的经营模式、运营管理体制和价值提供方式。

第三部分　行业趋势与关键成功因素分析

我国是农资消费大国，但是由于历史原因，我国农资行业的价值链是最长的，农资经营销售的通路是世界上最长的——由农资制造商到省级代理商，到地级经销商，再到县级经销商，再到乡级经销商，再到村级零售商，最后才到消费者。流通环节多而混乱，流通成本高，农民买到的农资很贵，经常买到假冒伪劣产品。这种传统的"批发分销"经营模式已经明显不适应市场和社会发展需要，未来市场发展的趋势必然是销售渠道的扁平化，产需直供方式将一定是农资行业通路的终极模式。

但是，由于我国人均耕地面积少，农业生产依然采取粗放型的形式，机械化程度较低，政策引导土地流转需要一个过程。农资需求和经营的区域性、季节性、气候性等因素客观存在，因此，农资生产企业直接将农资销售给农业种植者还不太切合实际，我国农资行业的销售依然需要渠道商的参与，但渠道的扁平化是必然，且迅速。对于农资经营企业来说，不能不变，也不能变得太快，不要以现在推算未来，而要站在未来布局现在！

通过对农资行业的调研分析，可以得知农资经营行业的成功关键因素为：产品应用的开发、技术服务、市场推广、物流配送、信息管理、经营团队以及商业模式的创新。

农资经营网络的不断终端化是农资市场发展的必然趋势，高效、有序的农资营销网络已经成为农资经营企业未来生存发展的根本和核心竞争力之一，农资行业的竞争将逐渐演化成农资营销网络的竞争。农资经营企业只有大力发展连锁经营、物流配送、电子商务、联营专卖、农资超市等现代流通方式和经营方式，不断完善农资营销网络，提高市场占有率，才能在竞争中生存下来。

人本咨询认为，企业经营的本质就是通过满足客户的需求盈利，因而企业经营、战略制定的起点和归宿应该基于客户需求以及如何满足客户需求。经营模式、营销渠道的选择也应该动态决定于终端客户对象和需求方式及其变化。农资经营企业必须首先深刻分析了解农资消费者（未来不一定仅仅是农民）的群体特征和实际需求以及消费群体和实际需求的变化趋势，然后制定特定竞争情况下的发展战略。

第四部分　消费需求分析——农民对农资产品的需求特点分析

研究显示，农民的购买行为特点表现在以下几个方面：

1. 学习模仿

大部分农民消费者并没有掌握足够的农业科技知识，缺乏关于特定农作物在不同土壤和天气条件下的农资产品的使用知识及技术，因此在选择农资产品的时候他们会在很大程度上参考"种田能手""种田模范"等有经验农民的意见，选择和他们使用一样的农资产品。

2. 接受推介

由于种种原因，农民对市面上流通的农资产品总体情况了解不多，对这些产品的功能变化以及农作物适应性的特点了解有限。因此在购买的过程中，他们往往根据零售商的介绍来决定选择何种农资产品。数据显示，在农资产品的具体购买中，根据销售人员的介绍选购产品的比例高达88%。

农民消费者对农资产品的需求按照重要性程度从高到低排列如下：

（1）货真价实的好产品。农民首先需要好的效果的产品。用农民自己的话说就是"药要有用，不能是假的。杀虫剂要杀得死虫子，除草剂要除得尽杂草"。同时，价格也要适中，最好能物美价廉。

（2）实在实用的科技服务。农资市场特别是终端市场最缺的是科技，农民最盼的也是科技。为了正确使用农资，对症下药，使农资达到最佳的效果，使庄稼得到最佳的保护，就需要有专业人士对他们进行科技指导。农民希望所有的农资企业都能真正走入农村、走近农民进行科技推广，解答他们在用药、种植方面的难题。

（3）信用声誉良好、有责任心的基层分销商、零售商。基层分销商是代表农资企业或经销商直接和农民打交道的，它们的责任心、信誉度如何直接影响农民的利益。农民到哪一家销售点购买产品，就是因为信任该分销商。基层零售商对农民的消费行为具有较大的引导性和决定性。

（4）品牌知名，有系列产品。农民对农资企业、农资品牌知之较少。农资企业应多到农村宣传，使农民尽可能多地记住企业和产品，与农民建立一种亲密的关系。企业产品的品种也不能单一，而应多开发一些套餐式的组合产品，杀虫、杀螨、杀菌、除草……要应有尽有。

（5）外观包装。农民深受假劣农资之害，农资经营企业要将一些通过看、摸等从包装、外观辨别真伪的方法教给农民。

（6）商品名称通俗易懂。农民长期处在农村，他们是我国最朴素、最实在的群体，因此，农药产品名称要通俗易懂、好记。

第五部分　公司利益相关者分析

产品厂家关心的是：产品的销量和市场占有份额。

公司员工关心的是：企业能够稳定发展，随着公司的发展逐渐提高自己的收入和能力，获得更加广阔的发展平台。

经销商关注的是：公司提供产品的价格、品种、质量能否被消费者接受，公司是否能提供更好的服务，是否能够帮助经销商获得更多的利润和市场份额。

消费者关注的是：公司经营的产品的功能、质量、价格是否能够满足自己的要求，产品能否带来更多的实用价值和经济价值，是否有增值服务。

公司关注的是：企业的长期和可持续发展。

第六部分　公司资源、能力与竞争 SWOT 分析（略）

第七部分　公司 20×× —— 20×× 年度发展战略指导思想

基于当前农资行业的宏观环境及竞争、发展变化趋势，以及上述对公司经营管理现状、经营能力及 SWOT 的分析，结合行业企业的关键成功因素，建议公司20××—20××年度的发展战略指导思想为：

内强管理更新观念，规划人力转变机制，创新模式复制团队；

外布渠网完善品线，拓宽区域下沉终端，推广技术服务营销。

公司20××—20××年度的发展战略具体可概括为：一域、三品、四策、五略。

一域：区域定位为"以××省域市场为主，精耕细作"。

三品：产品定位为"种子、农药、化肥"三品一体化经营，以农药为基础，以种子为突破，实现快速增长目标。

四策：即在业务竞争方面实施纵向一体化战略，具体如下：

（1）产品后向一体化。与厂家进行战略联盟或进行OEM，完善优化产品线结构。

（2）价格品质增值化。提供农业植保综合方案，提供产品组合方案。

（3）渠道前向一体化。不同区域，具体分析，与经销商、零售商、大农户分别实行不同的合作方式——联合、联营、直营。

（4）促销技术化、服务化。以技术试验示范和帮扶合作伙伴作为产品的推广促销方式。

五略：在职能方面强调五大战略规划，具体如下：

（1）人力资源战略。企业的竞争归根结底是人力资源的竞争。因此企业要将人力资源管理提高到战略规划的高度，规划并付诸实施形成结果导向、大胆授权、过程透明的全面目标管理与预算监控机制，通过两年时间，构建"一个平台"（人力资源管理系统平台），实现"两个提升"（公司用人观念的根本提升和组织学习能力的大幅度提升），完善"四套系统"（工作分析、目标管理、绩效管理、薪酬激励四大系统）。

（2）信息管理战略。近年来，电子商务发展迅猛，已经成为获得全球资源配置优势的有效手段，完全可以整合当前农资行业的经销模式，实现经营模式的突破和变革。

公司可根据市场及自身的实际情况，从电子商务的原始功能起步，在内部实行电子化管理，从内到外，从小到大，从简单到复杂，逐步加强电子商务对经营的影响和作用。比如，可以利用自建网站、软件进行库存管理、客户资料管理、配送管理、市场信息管理、财务管理等。电子商务仅仅是一种工具，要避免不顾自身条件走极端。

（3）物流配送战略。物流配送是否有效将是农资行业是否能决胜终端的关键。

（4）技术推广战略。推广技术化将是农资经营企业赢得大客户的关键。

（5）营销服务战略。渠道扁平化是必然趋势，营销工作将更多地转向增值服务方面。销售网络将以与终端直接对接为目标，决胜零售商和大客户。

第八部分　公司20××—20××年度的职能战略规划

随着公司的战略发展和经营管理工作的实际需要，建议增加人力资源管理、营销企划、技术服务、战略发展等部门，加强现有仓储物流部门的职能。

在综合考虑外部市场机会及公司内部资源能力等因素的基础上，实施公司人力资源引进、培养、保留计划，为公司战略发展提供人力资源储备与保障，培养一批具有强大凝聚力和执行力、忠诚度高、归属感强的经营管理人才和技术服务营销人才。

加强公司规范化、制度化建设，为公司的未来战略发展奠定经营管理机制、经营管理模式的基础。

完善信息化管理平台，加强、规范财务、营销与仓储物流的信息化管理，实现财务、营销与仓储物流数据的集中管理控制和同步共享，防范和化解公司经营过程中的风险，为公司的经营管理和绩效管理提供决策支持和及时依据；尝试电子商务业务，把利用电子商务实现对行业和公司价值链的高效整合作为一种战略行动进行实践、试验和突破。

加强营销企划管理职能，把公司促销活动策划、营销政策制定、销售信息及数据管控、销售队伍培训、对经销商与合作伙伴的经营支持等各项工作日常化、规范化，搞好市场开发规划的管理和销售的督促监控工作。

搞好技术试验示范规划和技术试验示范管理工作，把技术服务作为公司产品推广、渠道开发、决胜终端的一种根本方式。

第九部分　公司20××—20××年度战略实施的重要具体工作事项

公司发展战略的制定、实施、调整是一项系统工程，工作任务纷繁复杂，需要用较长的时间有条不紊地逐步推进。

人本咨询建议先从以下重要具体工作事项开始实施：①人力规划；②渠道规划；③技术试验示范工作规划；④营销推广活动规划；⑤车辆配置改革；⑥经营团队持股激励；⑦费用管控标准；⑧组织架构、职能部门完善；⑨制度建设；⑩信息管理；等等。

第十部分　公司20××—20××年度经营计划

一、经营方针

管理推动，降低经营成本与经营风险；

规划人力，实现渠网拓展和模式变革。

二、经营目标

（1）20××年度实现销售收入×××××万元，实现利润×××万元。详见《20××年度销售目标一览表》（略）。

（2）公司产品在××省域市场渠道网络覆盖率争取达到100%。

（3）销售目标计划及分解。公司整体销售目标按产品及区域、渠道进行系统分解，再细化分解到客户及门店，并落实到责任人。

（4）费用预算与控制。详见《20××年度经营预算及管理控制框架》（略）。

三、实现经营目标的保障措施

（一）商品资源保障

公司生产采供部要准确把握市场和客户需求，想客户所想，急客户所急，紧盯厂家，保证销售产品资源的及时供应、适销对路。

（二）人力资源保障

20××年度行政人力部的主要工作任务是构建体系、理顺管理，指导核心部门改善人力资源管理，努力从以下四个方面做好人力资源管理工作：

1. 加快人才引进

以《××年度人力资源规划》为基础，加快关键职位的人才引进和流失人力的补充，确保公司各部门用人需求得到满足；建立人员淘汰和人才储备机制及计划，将应淘汰人员全部淘汰，将应储备人才引进到位。

2. 加强教育训练

建立培训体系，以产品知识和员工职业素质培训为核心，对公司员工和经销商进行系统的培训，提升员工职业素质及合作伙伴的经营素质。

3. 建立合理的分配体系

建立起对外具有竞争性、对内具有公平性、对员工具有激励性的、包括员工薪资、福利、红利在内的分配体系；并在实施运行中不断地加以检讨和完善。

4. 建立合理的绩效管理体系

按照"有计划、分步骤、可量化、可持续"的原则，由行政人力资源部牵头，以目标管理为基础，建立起公司工作绩效管理体系。按照分级管理、分层考核的原则，总经理对公司经营团队实施考核，各部门对员工进行考核；绩效管理必须与分配激励体系联动推行，从而推动经营管理目标的实现。

（三）财务资源保障

20××年度，公司将在市场渠道网络开发、区域人力资源规划等方面予以倾斜、支持和集中管控，加大职能管理方面的建设投入，以全面提升公司的经营管理水平。

（四）组织管理保障

（1）总经理负责与经营团队签订《经营目标责任书》，明确各部门的目标、责任和相应的权利。

（2）各部门负责人，对各项目标进行层层分解，制定每个员工的《岗位职责说明书》，逐级明确目标、责任、奖惩等。

（3）财务部门负责制定《财务预算和费用成本控制标准及办法》，明确各级人员的成本费用控制项目、控制目标和责任奖惩事项，并每月组织经营分析和绩效考核等工作。

（4）营销企划部门负责组织每月或每季的"营销工作分析总结会"，总结成果经验，检讨差距，研拟对策进行改进，跟踪结果。

四、总体要求

公司的发展战略及经营目标，是在全面权衡和全面分析的基础上制定的，是一个充满机遇和机会的规划，也具有一定的挑战性和风险，要将理想变为现实，需要全体员工共同努力。

（一）更新观念，创新管理

为达成公司的经营目标和发展战略，首先要更新观念，全体员工必须彻底摈弃"因循守旧、得过且过、小步观望、守成经营"的思想观念，创新经营思维、创新管理模式。

（二）切实负责，重在行动

行动，是一切计划得以实现的根本；执行，是一切目标得以达成的关键。没有行动和执行，一切都是空谈。全体员工要以负责任的态度做好各项工作，特别是经营管理团队，必须以"责任在我"的立场开展各项工作，不得抱有"功在我、责在他"等遇事推诿的恶习和恶行。

（三）业绩优先，奖惩落实

任何企业的首要责任，都是赢得市场、扩大经营、收获利润。销售是公司经营指标的核心，"业绩定酬，指标量化，逐级捆绑，分层考核"是公司的基本价值取向与政策取向，经营团队以销售为核心指标与公司实施紧密捆绑，员工以工作业绩为核心指标与经营管理团队实施紧密捆绑，采用自上而下逐级考核的办法，充分调动全体员工的工作积极性。

✏️ 思考与讨论

1. 企业经营转型应该先转什么？
2. 结合自己企业的实际，谈谈自己的企业该如何转型。
3. 如何结合企业自身进行商业模式创新？
4. 你的企业是如何做年度经营计划的？
5. 如何协调领导、战略与执行？

第四章
发展战略之核心能力构建

使命

战略

组织　　流程

员工

技术服务　　市场推广

信息管理　　物流配送

营销

产品　　客户

第一节　核心能力概述

　　企业高速发展，选择一个有吸引力的、高于平均利润水平的行业很重要；企业持续发展，有赖于企业的战略规划；企业战略规划的成功实施取决于企业核心能力的构建、关键资源的整合和团队人才的建设这三大基础。如果企业不具备成功实施战略所需要的资源条件与核心能力，那么企业的战略规划只能是纸上画画、墙上挂挂的"空中楼阁"。

　　企业的发展战略分为以外部环境为导向和以内部资源与能力为导向的两种战略模式。

　　就像哲学上的"内因决定外因"论断一样，企业竞争应更多地依赖企业自身，在关键资源和核心能力的基础上形成企业自身的竞争优势，企业才能"以不变应万变"。同时，企业要根据外在环境的不断变化，不断努力去掌握关键资源、发展和加强自身核心能力，以期"以万变求发展"。企业资源与核心能力结构如图4－1所示。

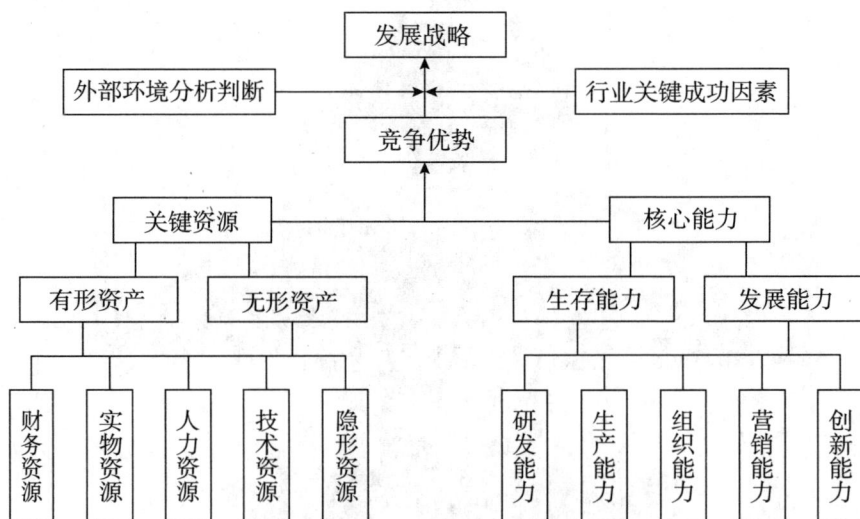

图4－1　企业资源与核心能力结构

核心能力是企业在长期发展中逐渐积累形成的、独特的、竞争对手无法模仿的综合能力，核心能力的载体是企业整体，而不是企业的某个部门或某个人。企业必须从内部寻求有价值的、稀缺的、模仿成本高的资源和能力，形成企业自己的核心竞争力。

核心能力的判断标准是：从客户的角度出发，是有价值并不可替代的；从竞争者的角度出发，是独特并不可模仿的。

笔者认为，农资企业的核心能力是：技术服务能力、市场营销能力、信息管理能力、物流配送能力。

农资企业关键资源与核心能力构建如图 4 - 2 所示。

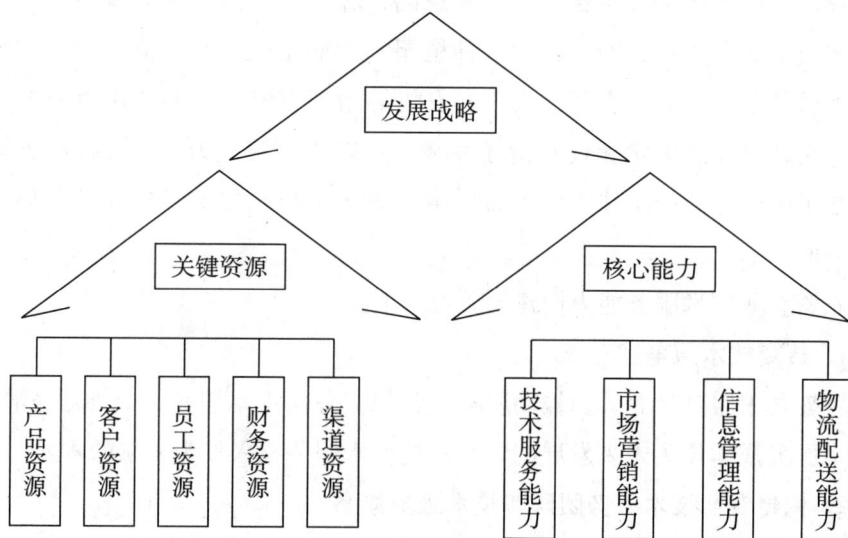

图 4 - 2　农资企业关键资源与核心能力构建

第二节　技术服务能力

农资营销，无论是种子、化肥还是农药，在 4P[①] 层面上的竞争几乎已经

---

① 4P，即 Product（产品）、Price（价格）、Place（渠道）、Promotion（推广），由美国学者提出。

没有差异了，技术服务能力将是未来农资营销的唯一差异化竞争策略和核心能力，技术服务能力将成为农资行业的主要竞争优势。

农资企业首先要做到"手上有产品"，还要做到"手中有技术"，更要帮助农民解决"用什么农资""什么时间用农资""怎样用农资"等问题。

农资企业不能舍本逐末，必须清楚认识到自己的客户永远是作物、土地和农户。

土地的趋势是"集约化、规模化"，作物种植的趋势是"产业化、机械化"，农户的趋势是"专业化、职业化"。

客户在变化，需求在变化！经营的根本在于满足客户需求！

农资企业必须及时转变农资经营思路，客户对象由原来的零售网点、夫妻店转向专业合作社、种植大户、种植园和农业企业，经营范围由单一经营转向提供种子、化肥、农药、农膜、农机等系列农资，服务方式由简单商品流通买卖转向商品买卖和技术指导并举，且以技术服务为主。农技服务的内容也必须由单纯的产品技术服务转向解决方案提供、技术指导和理念倡导等更多方面。

农资企业技术服务能力构建的关键如下：

1. 转变技术服务理念

转变技术服务理念，由被动服务、常规服务向主动服务、个性服务转变，把技术服务成本作为未来发展的资本，把技术服务投入作为未来的收入。

2. 构建专业技术服务团队和技术服务体系

一定要构建一支专业的技术服务团队，构建公司的技术服务体系，坚持做好各种个性化的专项技术服务和综合性信息服务工作。

3. 坚持做好产品知识培训工作

具体内容如下：

（1）各类农业、农资、农药、植保通用常识培训指导。

（2）公司经营销售产品的性能、使用技术、知识培训。

（3）对农业合作社、家庭农场、种田大户及农民群体进行技术培训，为农民群体提供农作物病虫草害防治技术方案，提高农民病虫草害的防治知识水平，通过技术服务实现公司与农民的更紧密合作。

4. 做好产品技术试验示范管理工作

具体内容如下：

（1）配合公司产品推广和市场开发的需要，负责公司各种产品在各区域的试验示范工作规划和布局。

（2）负责试验示范费用及用品的预算管理工作。

（3）负责试验示范户的建档与跟踪管理、后期业务的开发推广工作。

（4）负责试验示范的过程管理、试验示范的数据分析、试验示范结果报告、试验示范档案管理等系列工作。

（5）负责试验示范观摩活动的规划。

农资经营的技术服务能力体系构建如图4-3所示。

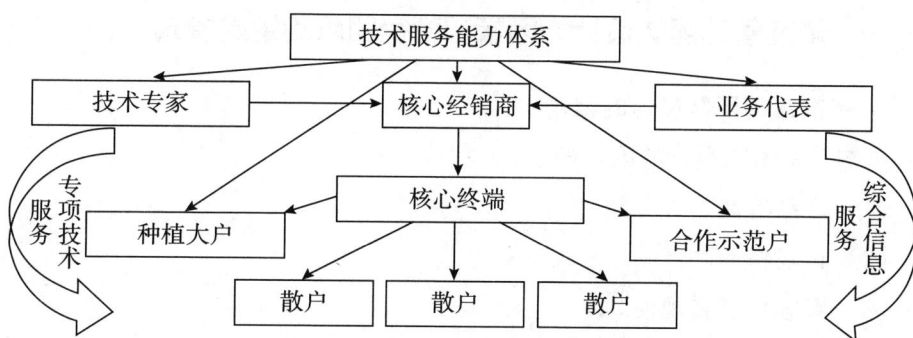

图4-3 农资经营的技术服务能力体系构建

5. 做好售前售中售后技术服务管理工作

具体内容如下：

（1）农作物实时病虫害情况的监控调研，重点、热点、难点技术问题的研究与新配方、新方法等解决方案的提供。

（2）市场上同类产品的研究分析比较。

（3）售后技术咨询、技术服务、问题解决。

6. 创新服务方式，构建服务平台

一定要充分运用互联网、移动通信等现代信息技术，以笔记本、平板电脑、智能手机等移动终端为载体，围绕农业生产和农资应用，通过资源整合、模式创新，构建形成线上信息管理、线下交易的一体化综合服务平台。

技术服务能力是农资经营企业的核心竞争能力之一，要充分发挥专业技术人才优势，构建完善的技术服务体系，包括农资产品的应用研发，应用技术研究，试验示范基地设立，试验示范项目的设计、实施和总结，技术数据库的建立等。

第三节　市场营销能力

农资企业构建市场营销能力的关键，是实现由个人营销向团队营销、由产品营销向技术服务营销的转变，打造一支专业高效的农资营销团队。

一、影响营销团队设计的因素和营销团队的组建模式

1. 影响营销团队设计的因素

影响营销团队设计的因素如下：

（1）产品特性。

（2）市场特性。

（3）顾客特点和规模。

（4）产品销售的范围。

（5）销售策略。

（6）外部环境。

（7）销售人员的素质。

这些因素会组合成不同的销售情形，从而影响营销团队的设计和组建。

2. 营销团队的组建模式

营销团队的组建模式如下：

（1）地域型营销团队。

（2）产品型营销团队。

（3）顾客型营销团队。

（4）职能型营销团队。

（5）复合型营销团队。

二、营销团队的组建方法

组建营销团队，必须做好以下四项工作：

1. 建立目标责任体系

目标责任体系是让每名业务员、区域经理都清楚地知道自己的工作内容、目标和责任。建立目标责任体系看似简单，但很多企业都做不好。很多员工都是按照上级的指挥行动，不清楚自己的目标和责任，盲目应对。

2. 建立计划预算体系

建立目标责任体系后，就要确定企业的市场目标、策略、预算经费和统筹费用。

计划预算管理和授权是一致的。如果没有计划预算管理，就不存在授权问题，领导也就无法授权；如果计划预算管理做不到位，授权肯定也做不好。

3. 建立绩效管理体系

绩效管理体系是企业管理的内容，是绩效评估和员工评价的标准。

4. 建立薪酬激励体系

第一，让员工知道自己的责任。

第二，让员工知道如何工作以及工作的成本。

第三，让员工知道工作的标准。

第四，让员工知道奖惩措施。

营销团队的建设方法和成长路径如图4-4所示。

三、营销团队管理的四大原则

1. 控制过程比控制结果更重要

营销管理重在过程管理，控制了过程就控制了结果。结果只能由过程产生，什么样的过程产生什么样的结果。

企业营销管理中最可怕的现象是"黑箱操作"和"过程管理不透明"，这些可能导致过程管理失控，过程管理失控最终必然表现为结果失控。

企业采取结果导向还是过程导向的营销管理方式，在很大程度上决定了

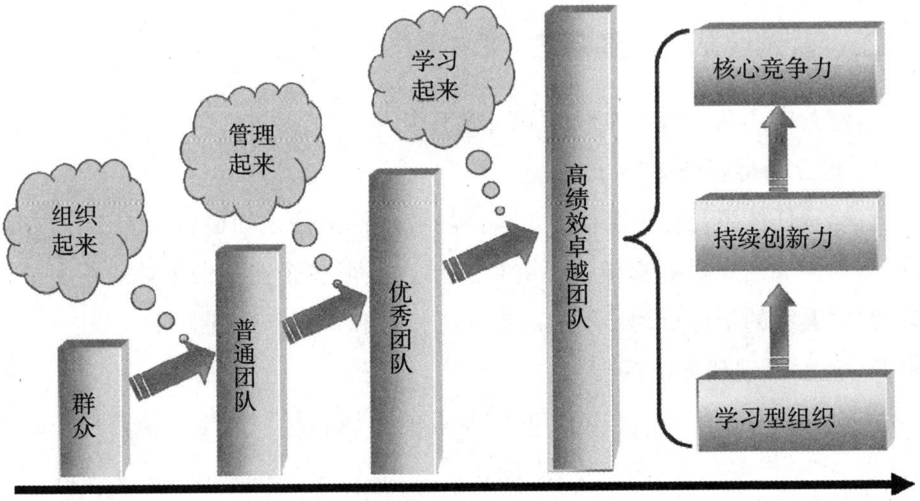

图 4 - 4　营销团队的建设方法和成长路径

营销管理最终的成败。我们不完全反对依靠结果进行营销管理，但结果导向的控制只能达到亡羊补牢的效果，因为结果具有滞后性。对营销人员的过程管理，最基本的要求是管理到每个营销人员（Everyone）每一天（Everyday）的每件事（Everything），即"3E 管理"。

2. 该说的要说到，说到的要做到，做到的要见到

"该说的要说到"的内涵就是营销管理必须制度化、规范化、程序化，对营销管理对象、管理内容、管理程序都必须以文件和制度的形式予以规范，避免营销管理过程的随意性，要实行法治而不是人治。

"说到的要做到"的内涵在于，制度化的内容，都必须不折不扣地执行。企业管理最可怕的不是没有制度，而是制度没有权威性。有制度而不有效执行或有制度而不执行，比没有制度对企业管理的危害更大。

"做到的要见到"的内涵就是所有已经发生的营销行为都必须留下记录，没有记录就等于没有发生。营销人员每天的工作要通过"营销日记"留下记录，拜访客户要通过"客户档案"留下记录，发生营销费用要通过"费用明细"留下记录，客户考察要通过"客户评估表"留下记录，营销人员每月（季、年）的工作要通过"月（季、年）度绩效考核报告"留下记录，客户的来电要通过"电话记录"留下记录。

3. 事前预防控制比事后解决问题更重要

销售非常重要的工作就是做目标规划、阶段分析、掌控过程、预测结果、把握主动权。营销管理通常有两种典型的方式：一种是"问题管理"，另一种是"预防管理"。

问题管理的特点是哪里发生问题，就在哪里解决问题，属于事后纠错式的管理。这种管理只能解决已经发生的问题，而不能预防问题的发生。

预防管理的特点是在问题发生之前就分析、预料问题是否可能发生，并采取相应的措施预防。

一个企业的营销管理，不可能没有事后的问题管理，但问题管理太多，只能说明管理的失败。优秀的管理者总是具有远见和洞察力，尽量把问题消灭在萌芽状态。问题永远在销售一线，只有深入一线才能提前发现问题、发现真正的问题，才能预防和及时解决问题。

优秀的管理者不只会解决问题，还会进一步思考问题是意外问题还是常规问题。意外问题是偶然发生的问题，而常规问题是重复发生的问题。优秀的管理者解决常规问题后，会建立一种制度、一种规则、一种政策、一种原则，之后发生类似的问题，根据制度、规则、政策、原则处理就行了。

4. 营销能力团队化

世界优秀企业的营销管理有一个重要的管理理念：让平凡的人做出不平凡的业绩，也更重视企业的团队营销能力而不是个人营销能力。如何才能让平凡的人做出不平凡的业绩？最好的方法就是规范化。优秀企业都有自己的规范化营销手册，规范化的营销程序通常是借鉴优秀企业和优秀营销人员的经验而制定的，其最大优点就是避免营销人员反复"交学费"。

📎 **链接阅读**

×××农业有限公司新进业务人员能力素质考核标准

为全面提升公司业务人员的综合能力素质，严格规范控制新进员工转正考核标准，公司研究决定，将新进业务人员能力素质考核标准制定如下：

一、产品知识要求

随机抽查考核公司的五个产品的相关知识（如产品的有效成分、含量、用法、用量、注意事项、价格政策等）达标。

二、市场开发要求

A. 一个月以内申请转正，拜访分析客户不少于 10 个，有效开发客户不少于 2 个。

B. 两个月以内申请转正，拜访分析客户不少于 20 个，有效开发客户不少于 3 个。

C. 三个月以内申请转正，拜访分析客户不少于 50 个，有效开发客户不少于 5 个。

三、营销推广要求

A. 一个月以内申请转正，组织召开营销推广活动（会议）不少于 3 场，包括农民会、观摩会、订货会等。

B. 两个月以内申请转正，组织召开营销推广活动（会议）不少于 5 场，包括农民会、观摩会、订货会等。

C. 三个月以内申请转正，组织召开营销推广活动（会议）不少于 8 场，包括农民会、观摩会、订货会等。

四、销售目标要求

A. 一个月以内申请转正，实现销售额不少于 0.5 万元。

B. 两个月以内申请转正，实现销售额不少于 1.0 万元。

C. 三个月以内申请转正，实现销售额不少于 2.0 万元。

五、技术素质要求

A. 能够掌握经营区域内常规作物的基本情况（必须结合当地当季情况，提交区域种植作物情况报告一份）。

B. 能够掌握经营区域内常规作物的基本病虫草害、肥情况，并将公司产品与之对接（必须结合当地当季情况，提交区域作物病虫草害、肥情况及产品对接报告一份）。

C. 能够按照试验示范方案流程规范独立地实施试验示范，会做试验示范工作项目的 PPT（演示文稿）总结报告。（一个月以内申请转正，须独立完成试验示范 1 个；两个月以内申请转正，须独立完成试验示范 2 个；三个月以内申请转正，须独立完成试验示范 3 个。）

六、工作稳定性要求

有较好的职业生涯规划，工作稳定性较强。

七、个人品德与职业素养要求

个人品德与职业素养优良。

第四节　信息管理能力

信息技术的飞速发展正改变着整个社会的秩序和传统经济结构。目前，企业所处的不仅是以往的物质环境，更是以网络为媒介，以客户为中心，将企业组织结构、技术研发、生产制造、市场营销、售后服务紧密相连在一起的信息环境。

企业的信息管理能力和水平决定和制约企业的经营管理水平。

企业管理信息化，核心要素是数据平台的建设和数据的深度挖掘应用，通过信息管理系统把企业的研发、采购、生产、制造、物流、财务、营销、人力资源等各个环节协同起来，共享信息和资源，有效地支撑企业的决策系统，达到开发管理客户、减少库存、提高效能、快速应变、增强企业市场竞争力的目的。

企业信息化管理体系如图 4-5 所示。

ERP、OA、CRM、电子商务等已经成为企业管理信息化过程中不可或缺的应用系统。

一、企业 ERP 系统

企业资源计划（Enterprise Resource Planning，ERP）是 20 世纪 90 年代初提出的面向企业的综合的现代管理思想和方法，是企业信息化的重要组成部分。

企业 ERP 管理体系框架如图 4-6 所示。

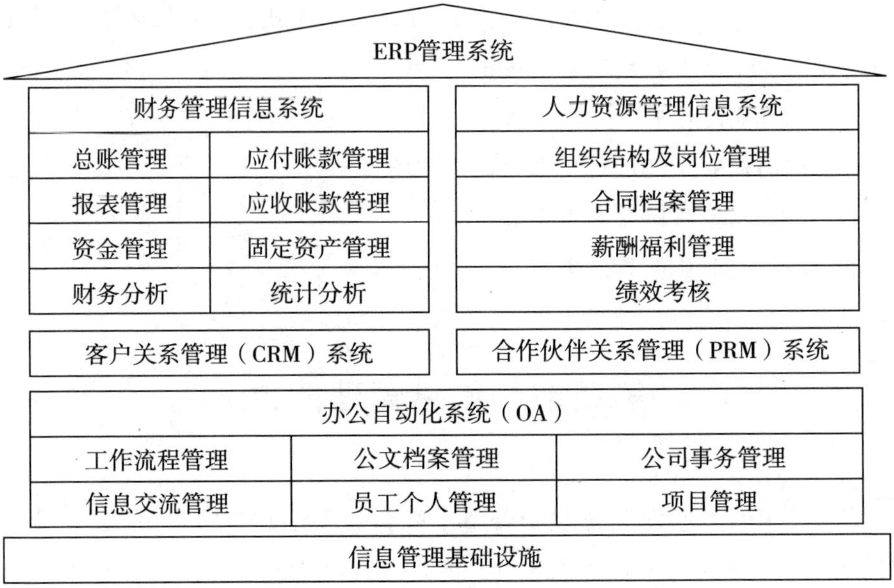

图 4-5　企业信息化管理体系

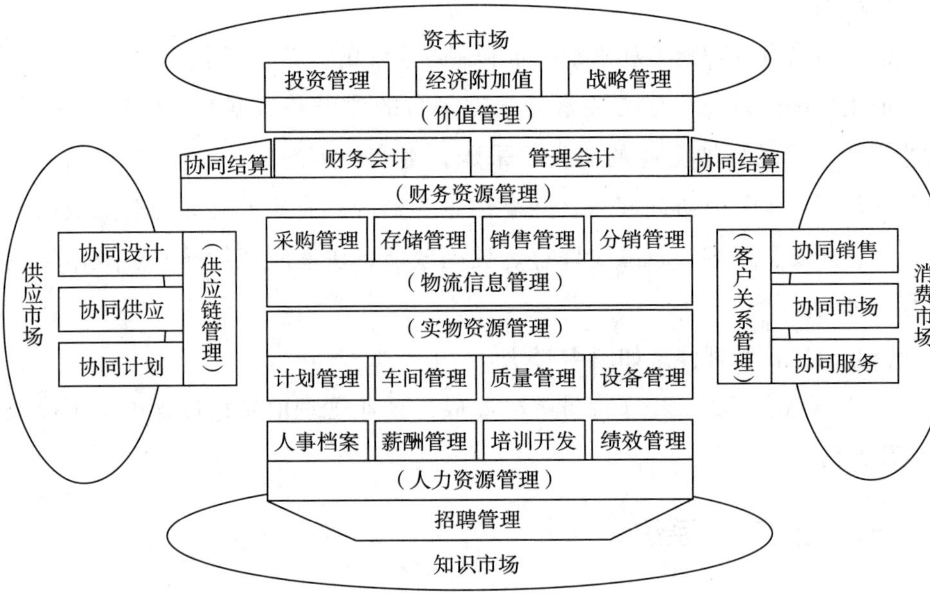

图 4-6　企业 ERP 管理体系框架

企业资源计划是以市场和客户需求为导向，以实现企业内外资源的优化配置，将企业信息流、物流、资金流、价值流有机集成，以提高客户满意度为目标，以计划与控制为主线，以网络和信息技术为平台，集客户、市场、采购、生产、销售、计划、财务、质量、服务等功能为一体的企业现代化管理手段。

二、企业 OA 系统

办公自动化（Office Automobile，OA），就是采用互联网技术，基于工作流程，使企业内部人员方便快捷地共享信息，高效协同工作；改变过去复杂、低效的办公方式，实现迅速、全方位的信息采集、处理，为企业管理和决策提供科学依据。企业办公自动化程度是衡量企业管理现代化水平的一个重要标准。办公自动化不仅提升办公效率，更实现组织的工作协同，凭借网络，信息的交流和工作的协调几乎瞬间同步完成。OA 系统对企业管理具有以下重要的意义和作用：

第一，提升企业办公效率，同时极大提升执行力。

第二，提供企业战略和管理决策支持。ERP 系统以结果和精细化管理为导向，而 OA 系统的管理思想是以人为核心，通过过程管控、通过管人来实现整个企业的规范运营，从而为公司的管理提供决策支持。

第三，规范公司的管理，避免人为主观因素。OA 系统能够规范执行企业长期梳理、沉淀、优化形成的关键流程和制度。

第四，实现部门与部门、员工与员工之间信息的沟通和共享。企业的很多工作需要跨部门运作，借助 OA 平台，可以将跨地区、跨组织、跨部门的员工紧密地联系在一起，实现信息的及时沟通与共享。

第五，实现知识的沉淀和痕迹的保留。对于企业来说，员工的流失等同于资源的流失。企业通过 OA 平台来记录员工日常的核心工作和他掌握的公司的核心资源，这可以方便后续员工快速跟进工作、沉淀知识和工作经验，避免给企业造成损失。同时，企业通过 OA 系统把相同岗位的员工所从事的工作的轨迹和经验共享给新员工，可大大缩短新员工的培训时间，节省公司的培训费用。

第六，加强对员工日常行为的考核。OA 不仅是一个无纸化的办公软件，更是一个管理工具。企业通过 OA 可以贯彻和执行企业的管理制度，规范流程，促进企业员工与组织的和谐发展，可以对员工的日常工作情况进行动态、实时、全面、客观的绩效考核。

三、企业 CRM 系统

CRM（Customer Relation Management）系统即客户关系管理系统，它以客户数据管理为核心，利用信息科学技术实现市场营销、服务等活动的自动化，并建立客户信息的收集、管理、分析、利用系统，目标是维护老客户、吸引新客户，提高客户满意度，培养维持客户忠诚度，巩固和增加市场份额，帮助企业实现以客户为中心的管理模式。

客户关系管理系统的内容如图 4－7 所示。

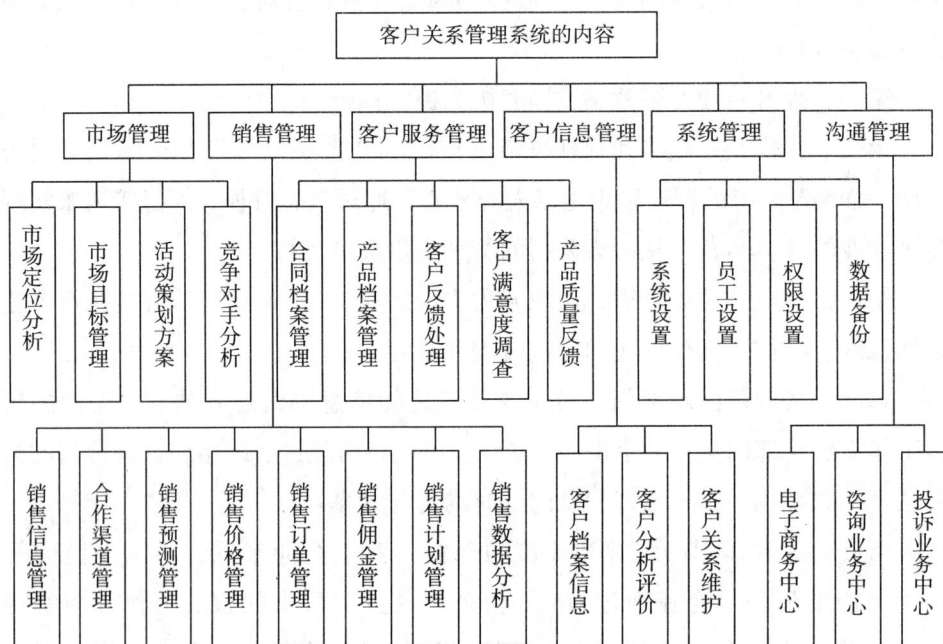

图 4－7　客户关系管理系统的内容

1. 客户关系管理系统的主要内容

客户关系管理系统的内容设置要以客户管理的目的及策略为出发点，主要内容一般包括"市场管理、销售管理、客户服务管理、客户信息管理、系统管理、沟通管理"六个方面。

2. 客户关系管理系统的总体框架

客户关系管理系统的总体框架是围绕业务设计的，分为"端口、业务模块、数据"三个层面和"产品、人员、客户、服务"四大基础模块，如图4-8所示。

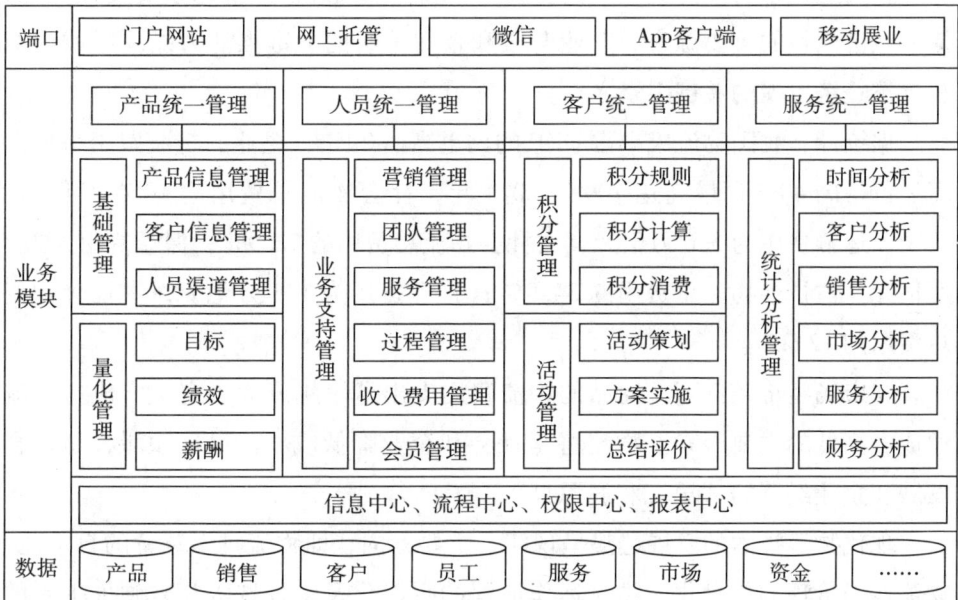

端口	门户网站		网上托管		微信		App客户端		移动展业

图4-8　客户关系管理系统的总体框架

四、农资企业的产品及客户信息管理

《农药管理条例》明确规定，农药标签要标注可追溯电子信息码等内容，农药经营者要建立采购和销售台账。

农资企业应以此为契机，适应要求，变被动为主动，搞好企业自身的信息化管理体系建设，提升信息管理能力和水平，重点做好产品及客户信息管理工作，加强与供应商、客户的信息交流，做好农药产业相关的信息收集、贮存加工、对外发布等，实现信息管理工作体系的科学化、流程化、规范化、制度化，并尽量将信息转化为资源，提高信息资源的利用率，使信息管理在公司战略决策、经营决策、管理决策、市场竞争和企业品牌创建等方面发挥显著作用。

第五节　物流配送能力

在信息技术的支持下，现代物流已经成为国民经济发展的重要支柱产业、提高经济效益的重要源泉、产业升级和企业重组的关键推动力以及区域创新和支撑经济发展的关键因素之一。

据统计，我国物流成本占 GDP 的比重高达 20%，企业的物流费用平均占商品价格的 40%，最高达 70%。2014 年，社会物流总费用为 10.6 万亿元，其中，运输费用为 5.6 万亿元，占社会物流总费用的 52.9%；保管费用为 3.7 万亿元，占社会物流总费用的 34.9%；管理费用为 1.3 万亿元，占社会物流总费用的 12.2%。

在市场经济条件下，商品的物流费用支出越来越成为决定生产成本和流通成本高低的主要因素。物流将是社会和企业降低成本的最后领域，是社会发展和企业经营的"第三利润源泉"。

现代物流技术的发展趋势呈现四个主要方向，即物流技术装备的自动化、物流运作管理的信息化、物流运作流程的智能化及多种技术和软硬件平台的集成化。

一、物流与配送

物流与配送的不同之处在于，物流是商、物分离的产物，而配送则是商物合一，是物流的最后一个主要环节。

配送是指在经济合理区域范围内，根据客户要求，对物品进行拣选、加工、包装、分割、组配等作业，并按时送达指定地点的物流活动。配送是接近客户的那一段流通领域的资源配置的全过程。

配送的实质是送货，但送货是偶然行为，而配送是固定形态，是有确定组织、确定渠道及完整的管理体制的送货形式。配送以客户要求为出发点，以客户为中心。

二、农资物流配送的特征与矛盾

我国农资物流配送的特征与矛盾是"空间的广阔性和分散性、时间的集中性和季节性",现状及存在的主要问题如下:

1. 运营主体分散,市场运作混乱

经过多年的改革发展,物流配送运营主体除原有的交通运输企业、国有商业企业、农资物流企业外,还产生了专门为农业提供服务的小件运输企业和个体运输散户等。农村物流配送运营主体数量多、发展迅速,但规模小、层次低、离散性强、组织化程度低。

2. 运营成本偏高,效率低下

农业生产基本以农户为单位,农资流转层次多、分散区域广,物流配送运作组织难度大,再加上整体规划管理和信息化管理的缺失,造成了农资物流运输集成化、规模化层次低,导致农资物流配送成本偏高、社会效益和经济效益低下。

农资物流配送体系如图 4-9 所示。

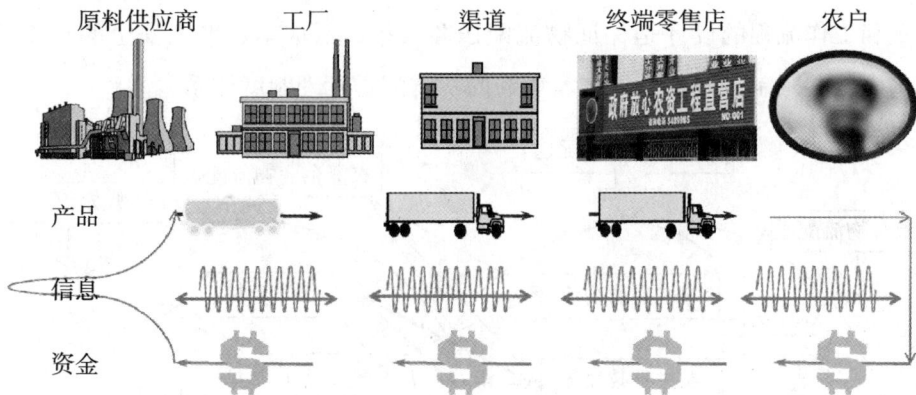

图 4-9 农资物流配送体系

三、农资企业物流配送能力构建

物流配送的主体是在物资交易过程中或交易后确定的。物流配送的主体决定了物流配送的内容、方式、手段、环节、时间、规模流量、流向及流程。

农资物流配送的主体是农资企业，农资物流配送成本高、管理链条长、市场规范程度低，无论是生产企业还是经销企业，都无法独自建设物流配送系统，自建网络既不现实也不经济。因此，农资企业应当与社会物流配送资源整合，利用自身的品牌、管理、信息和资源优势，采取参股、联营、合建、合作等形式成立新型物流运营组织，解决农资企业的产品物流问题和物流能力构建问题，进而为社会物流做贡献。

物流体系建设是农资经营最重要的基础能力建设，建立便利、快捷、高效、经济的物流体系是提高经营效率、效益和客户价值的重要保证。农资企业物流配送能力体系构建（见图 4 - 10）建议如下：

一是根据需要在部分区域设立区域物流配送中心或物流配送中转站。

二是借助第三方，利用专业物流配送公司或配货站等社会物流配送体系完成对大部分区域客户及区域物流配送中心及中转站的货物配送业务。

三是租用客户基础设施或借用客户资源完成对客户的货物配送。

四是利用客户和员工资源完成终端物流配送能力的构建。

物流配送能力体系构建后，物流配送相关工作环节的控制、工作岗位的设置和工作流程的设计是保证物流配送高效率、低成本、准确安全的必要条件，因此必须制订规范、标准、集约的货物配送管理制度体系。

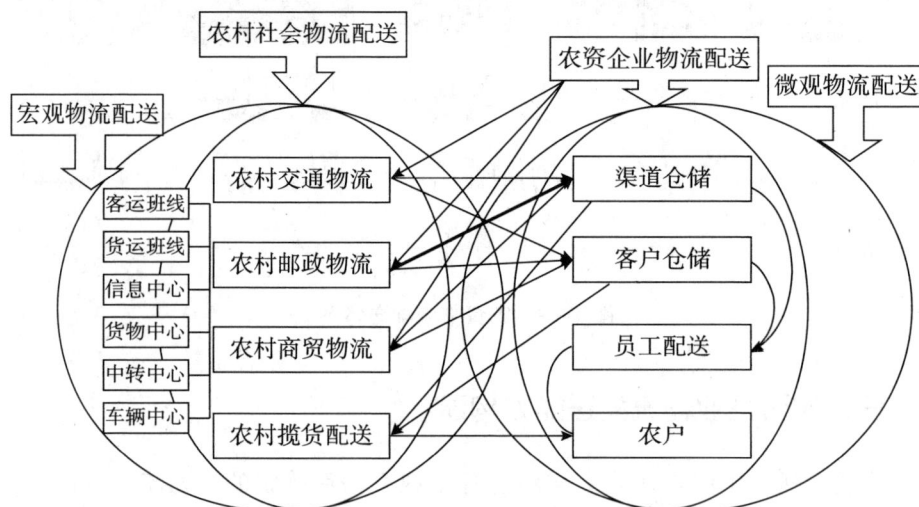

图 4 - 10　农资企业物流配送能力体系构建

解决问题的方法往往来自问题本身！农资企业物流配送能力建设的总体思路是："宏观物流配送"整合社会资源，"微观物流配送"整合客户资源和员工资源。

关键和突破在于企业如何整合利用自己拥有的渠道、客户和员工网络资源，构建企业自己的产品配送能力，并将产品配送能力构建作为企业市场开发与管控、客户维护与管理的一种战略。

✏️ 思考与讨论

1. 结合公司所处行业和公司自身情况，着眼未来，公司应该构建哪些核心能力？

2. 自己公司具备哪些核心能力？能力的短板和瓶颈在哪里？

3. 如何构建自己公司的核心能力？

第五章

发展战略之关键资源整合

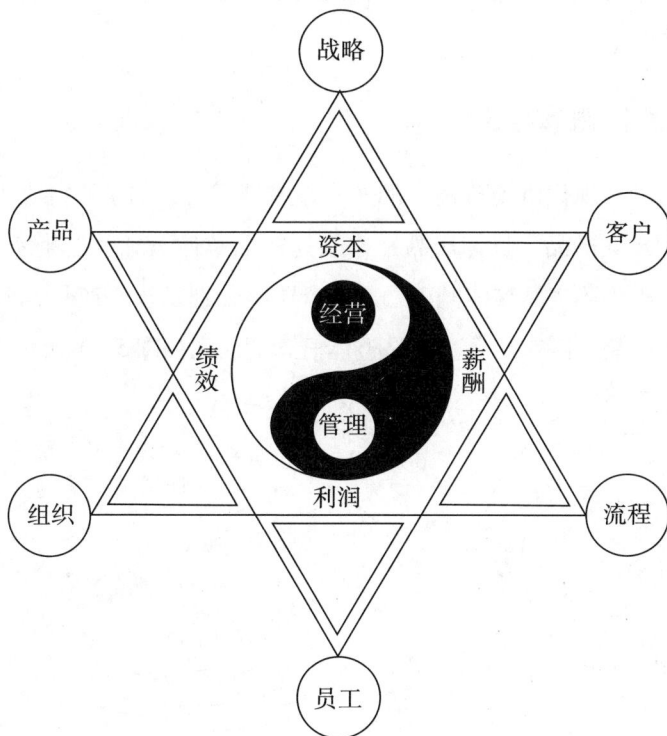

第一节　产品资源策划

企业的资源和能力是企业发展战略实现和年度经营计划执行的保证。企业的资源可概括为财务资源、实物资源、人力资源、技术资源和隐形资源等。

企业的本质就是"资本加上人才，创造产品和服务，通过满足市场和客户需求，获得利润和发展"；企业的关键资源归根结底、简而言之就是"资本、人才、产品、客户和利润"；企业经营过程就是整合资源创造价值的过程。

企业存在的价值就是通过持续不断地为消费者提供所需的产品而实现企业的发展目标。企业的一切生产经营活动都是围绕着产品进行的，企业的根本资源是产品资源。

一、产品整体概念与设计

产品整体概念是现代市场营销学的一个重要理论。以往，学术界用三个层次（核心产品、形式产品、延伸产品）来表述产品整体概念。近年来，学术界更多用五个层次来表述产品整体概念。这五个层次分别是核心产品、形式产品、期望产品、延伸产品、潜在产品。产品整体概念的层次如图5-1所示。

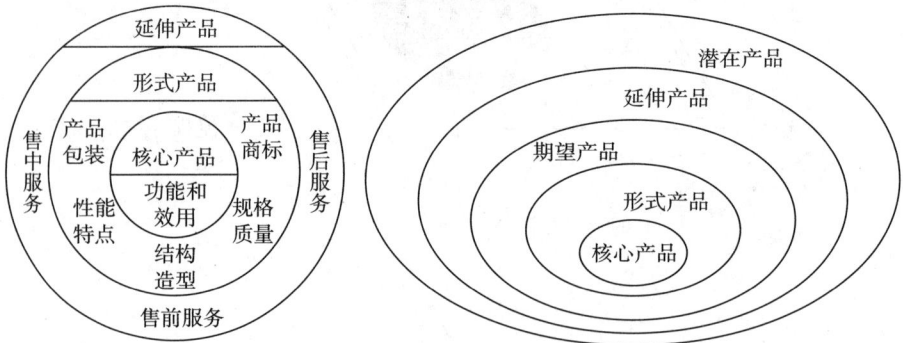

图5-1　产品整体概念的层次

（1）核心产品是指向顾客提供的产品的基本效用和利益。核心产品需要通过形式产品体现出来。

（2）形式产品是指顾客的目的和利益得以实现的形式或方式。形式产品一般有五个特征，即品质、式样、特征、商标及包装。

（3）期望产品是指购买者在购买产品时期望得到的与产品密切相关的一整套属性和条件。一旦企业提供的产品或服务低于顾客的期望值，会导致顾客不满；高于顾客的期望值，会让顾客感到惊喜，从而非常满意。在对产品满意的顾客中，感到惊喜的顾客更有可能成为忠实顾客。

（4）延伸产品是指顾客购买形式产品和期望产品时所能得到的附加利益和服务，包括说明书、承诺、安装、维修、送货、技术培训、售后服务等。

（5）潜在产品是指现有产品，包括所有附加产品在内，可能发展成为未来最终产品的潜在状态的产品。

充分认识、理解产品的整体概念，可以结合产品的五个层次有针对性地开展产品设计和营销活动，可以合理有效地控制产品的综合成本，同时为顾客提供更高的让渡价值，赢得顾客忠诚，实现企业产品的可持续经营。

开发核心产品时要满足不同细分市场的利益需求。对消费者进行市场细分，根据不同细分市场消费者需求存在的差异，开发不同的产品，在产品成功定位的基础上有效地满足不同消费者对产品利益的需求。

设计形式产品时要体现产品的核心利益并尽可能降低形式产品的成本。

要准确把握顾客的产品期望，提升顾客满意度。顾客是否满意主要取决于顾客感知价值和顾客期望值之间的对比关系，企业应在准确把握顾客产品期望的同时，通过提高顾客的感知价值来提高顾客满意度，进一步培养顾客忠诚。

要拓展产品的外延，增加顾客感知价值。企业可以通过增加产品的外延，给顾客以惊喜，从而提高顾客的满意度。

二、产品策划

产品策划的主要内容有：产品定位策划、产品组合策划、新产品开发与推广策划、产品价格策划、产品不同生命周期的营销策划、产品品牌策划、产品包装策划、产品服务策划等。

1. 产品组合策划

产品组合策略是企业为面向市场，对所生产经营的多种产品进行最佳组合的谋略。其目的是使产品组合的广度、深度及关联性处于最佳结构，以提高企业竞争能力和取得最好经济效益。

（1）产品线。产品线是指一群相关的产品，这类产品可能功能相似，销售给同一顾客群，经过相同的销售途径，或者在同一价格范围内。如果能够确定产品线的最佳长度，就能为企业带来最大的利润。

产品组合，就是若干产品线的组成状态。企业如果没有合理的产品规划，就会造成市场与企业资源的各种错位和浪费。

企业的产品线结构如图 5 - 2 所示。

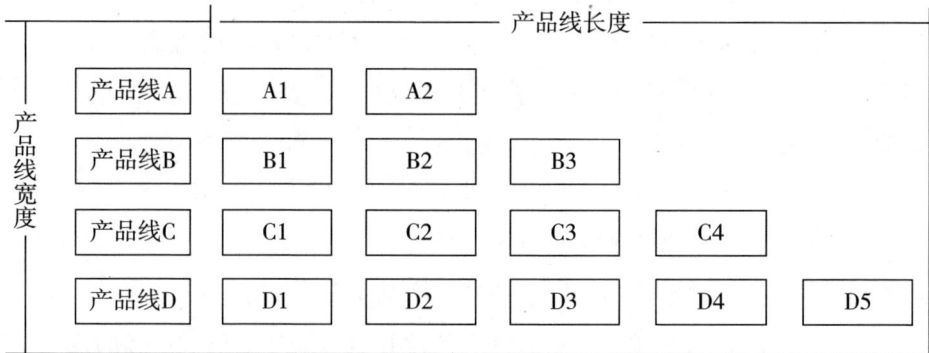

图 5 - 2　企业的产品线结构

（2）产品定位与组合策略。

企业产品的定位一般有以下五种：

①防火墙类产品。这类产品属于低端大众产品，价格低，但品质稳定，主要定位就是占领市场和狙击其他市场进入者。

②杀手类产品。这类产品主要用于打击竞争对手，价格和价值均具有竞争力，并针对竞争对手的相关产品进行市场竞争。

产品的定位与组合策略如图 5 - 3 所示。

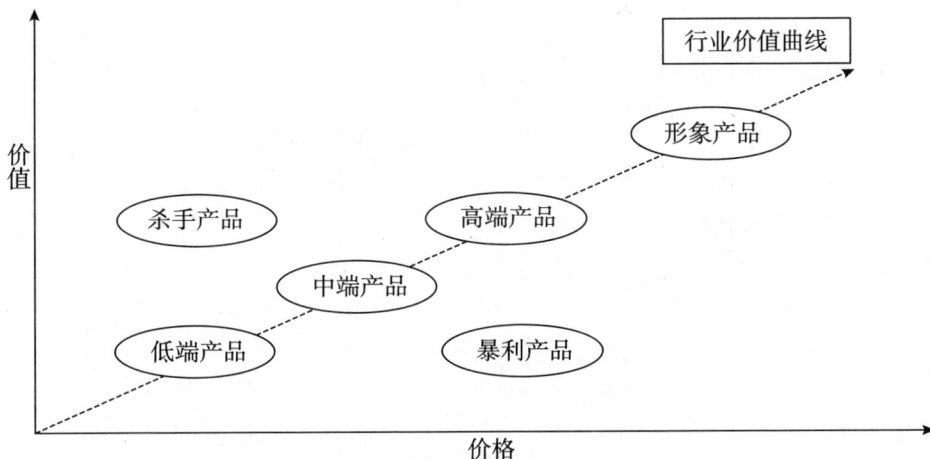

图 5 - 3　产品的定位与组合策略

③大众类产品。这类产品的功能、价格都比较符合市场主流消费群体的需求，利润合理，销量较大。

④利润类产品。这类产品的功效显著、价格较高、利润较高，是企业的引导和主推产品。

⑤形象类产品。这类产品的功效最强、价格最高、利润丰厚，是企业大力推广的产品，能够代表和提升公司的产品形象及地位。

（3）产品分析梳理与规划。如果企业是一棵大树，那么产品就是枝条，企业梳理产品的目的就是持续保持最优产品组合，满足企业发展战略和企业效益最大化的要求。

产品分析梳理与规划的方法如图 5 - 4 所示。

2. 产品价格策划

在市场竞争日益激烈的环境下，企业为了求得生存和发展，有时必须主动采取价格手段来提高企业竞争力，有时必须对竞争者的价格变动做出相应的反应。

企业产品的定价策划的主要步骤包括：选择定价目标；确定需求；核算成本；分析竞争者的产品及其价格；选择定价方法；确定最终价格。

（1）定价目标。企业的定价目标从属于企业的经营目标，以满足市场需要和实现企业盈利为基础。它是实现企业经营总目标的保证和手段；同时，

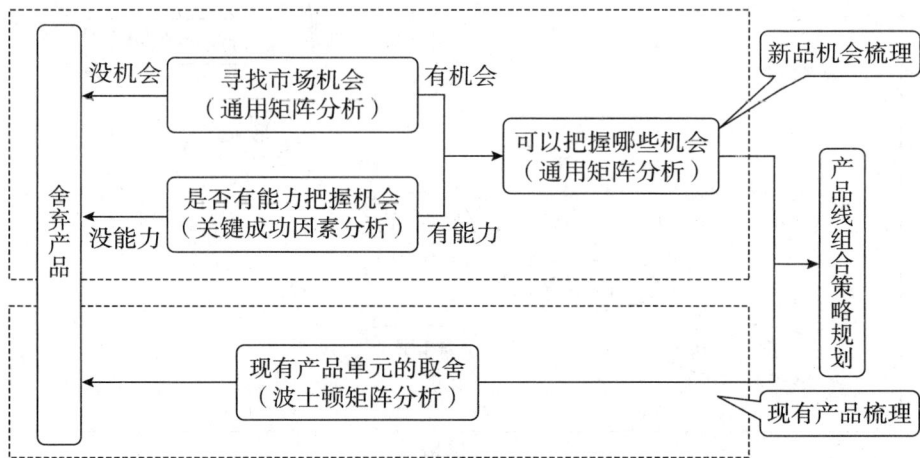

图5-4 产品分析梳理与规划的方法

又是企业选择定价策略和定价方法的依据。不同的企业有不同的目标，同一企业在不同时期也有不同的定价目标。

（2）确定需求。市场需求决定了产品价格的上限，不同产品的需求弹性不同，同一产品在不同价格水平上的需求弹性也不同。当需求富有弹性时，应该降低价格以刺激需求，从而扩大销售，增加收益；当需求缺乏弹性时，企业可以适当提高产品售价，从而增加企业的总收益。

（3）核算成本。成本决定了价格的下限。价格应包括生产、分销和推销该产品的所有成本，还应包括合理的资金风险回报。

（4）分析竞争者的产品及其价格。企业为产品定价时必须分析竞争者的产品和价格，并将竞争者的产品及其价格作为企业产品定价的参考。

（5）分析影响产品定价的因素。

影响产品定价的因素如表5-1所示。

表5-1 影响产品定价的因素

影响因素	具体内容
产品成本	固定成本/可变成本/营销成本/合理利润/风险回报
产品需求	需求弹性大/需求弹性小
产品环境	成熟市场/空白市场/萎缩市场/潜力市场

影响因素	具体内容
产品定价权	生产商/代理商/经销商/零售商
产品区域	消费习惯/消费水平/运费/是否进行区域保护/是否统一定价
产品定位	敲门产品/销量产品/利润产品/杀手产品/防火墙产品/形象产品
产品渠道	直销渠道/二级渠道/三级渠道/
产品顾客	质量敏感/价格敏感/利润敏感/需求强度/知识信息/价值观念
付款方式	先货后款/现款现货/先款后货/预付货款
时间因素	淡季/旺季/产品上市时点及先后/不同生命周期
竞争对手	必须针对和参考竞争者的产品及其价格

（6）确定定价策略导向。企业为产品确定具体的价格，可以采取三种策略导向：成本导向定价法、竞争导向定价法、需求导向定价法。此外，消费者心理因素也会对定价造成影响，因此企业为产品进行定价时往往还采取心理导向定价法。

3. 产品不同生命周期的营销策划

在产品生命周期的不同阶段，产品的市场占有率、销售额、利润额是不一样的。导入期产品销售量增长较慢，利润额多为负数。当销售量迅速增长，利润由负变正并迅速上升时，产品就进入了成长期。经过快速增长后的销售量逐渐趋于稳定，利润增长停滞，说明产品成熟期来临。在成熟期的后段，产品销售量缓慢下降，利润开始下滑，当销售量加速递减，利润也较快下降时，产品便步入了衰退期。根据产品生命周期规律制定不同的营销策略至关重要。产品生命周期营销策略如表 5-2 所示。

表 5-2　　　　　　　　　　产品生命周期营销策略

产品生命周期	特征	营销策略
投入期	销售量小，消费者对新产品缺乏了解； 单位成本高； 广告及营销费用开支大； 产品技术、质量不稳定； 市场风险大，市场竞争激烈； 企业利润少，易亏损	快速获利策略； 慢速获利策略； 快速渗透策略； 慢速渗透策略

产品生命周期	特征	营销策略
成长期	销售量增加，产品被消费者普遍接受； 产品技术、性能逐步完善，成本下降； 利润增加； 大批竞争者加入； 产品销售渠道畅通	提高产品品质； 开辟新市场； 树立产品形象； 调整产品价格
成熟期	产品销售增长率开始减缓； 市场上同类产品增多，竞争激烈； 企业利润开始下降； 潜在消费者开始减少	产品改善策略：改善产品的品质、性能和服务； 市场改善策略：开发产品的新用途，刺激现有客户，重新定位产品
衰退期	产品销售量急剧下降； 产品积压； 价格下跌，利润剧减； 市场上出现了更好的替代产品； 竞争者相继退出市场	集中策略； 持续策略； 撤退策略

三、农资产品合作伙伴的选择

农资经销商未来成功的关键是要选对合作伙伴，产品合作伙伴的选择要注意以下三点：

1. 产品定位

选对产品，聚焦于产品，聚焦于服务，选择经销产品的标准：一是要符合国家规定标准，效果好，质量始终稳定；二是要有卖点，要符合市场和国家政策的要求，符合未来的发展方向；三是要有经营利润空间；四是要有后续替代、迭代产品，能实现可持续发展；五是要有合作政策支持；六是要有市场管理。

好的产品才能帮助经销商树立商誉、稳定客源，并带来稳定的利润。

2. 产品思路

思路比政策重要！一个好的厂家、品牌和产品，能够带动经销商成长，使经销商更新经营理念和提升经营能力。经销商一定要选择有先进营销理念与市场运作模式的品牌厂家和产品，不能选经营理念和思路跟不上市场变化的产品，有先进营销理念和市场运作模式的产品，才能有好市场。只有一流的产品加上一流的营销理念再加上创新的商业模式才能做出超一流的市场和业绩。

3. 产品前景

不是每一个经销商都有战略意识和慧眼，上游品牌在迅速整合。

经销商选择产品时一定要注重企业的发展前景、品牌的发展前景和产品的研发能力与持续创新能力。

四、农资产品的应用研发

农资产品的应用至关重要，特别是农药产品，绝大多数企业停留在研究和生产上，而真正的应用开发环节薄弱。农资产品应用研发需要依托大量的示范试验和结果验证，需要长期在一线实践和观察、总结，如何更好地使用生产出来的产品，如何使生产出来的产品在作物上发挥出更好的效果，如何研究和提供农作物的问题解决方案，肯定是农资经销商未来的一个经营方向和突破口。

五、农资产品的品牌打造

品牌是企业重要的无形资产，是通过长期努力经营得来的，竞争对手可以复制产品、品质、技术、管理手段、渠道、服务以及流程，但是它们无法复制卓越的品牌。

品牌是消费者对产品的全部体验，也是企业与竞争者争夺消费者的手段，经营品牌的关键在于建立良好的企业形象，品牌的建立一定是消费者认可的结果。也是一个企业经营活动的综合表现，既是企业进入市场的通行证，也是和消费者之间的桥梁。品牌不在卖场，不在媒体，而在消费者的心里。

现在，农资市场竞争已经进入品牌竞争的时代，国内农业结构，农民用肥、用药意识以及种植结构和经营模式都在发生巨变，打造一个产品品牌很难，难就难在不能把简单的原则和事情坚持到底。图5－5是产品品牌打造的五点定位法。

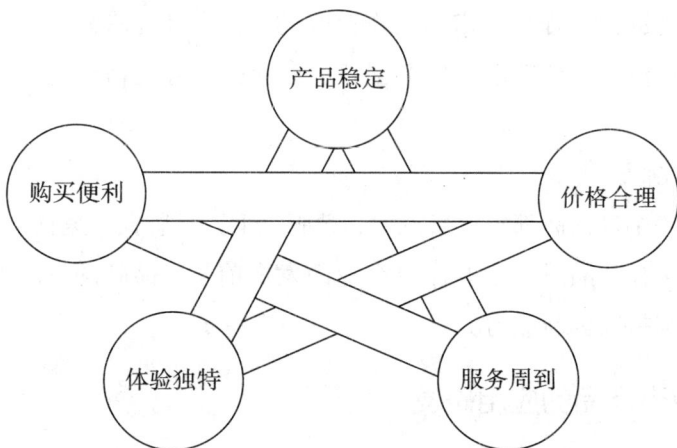

图5－5　产品品牌打造的五点定位法

一个企业的产品根据"产品稳定、价格合理、购买便利、体验独特、服务周到"五项要素，将其中一项做到卓越，一项做到优秀，其他三项达到行业平均水平，企业就能在用户心中树立自己的产品品牌地位。

第二节　客户资源开发

客户是企业利润的源泉，如何更好地满足客户需求成为企业成功的关键。

随着整个社会供求关系的变化和市场竞争的加剧，众多企业的商业模式都在从"以产品为中心"向"以客户为中心"进行转变，它们将客户视为企业的重要资产，对企业来说，首要的任务就是吸引和开发客户。企业开发客户的策略可分为营销导向的开发策略和推销导向的开发策略。

营销导向的开发策略，就是企业通过有吸引力的产品、价格、分销渠道、促销手段，吸引目标客户和潜在客户产生购买欲望并付诸行动。营销导向的客户开发策略是客户开发的最高境界。

推销导向的开发策略，就是企业在自己的产品、价格、分销渠道和促销手段没有明显特色或者缺乏吸引力的情况下，通过人员推销的形式，引导或者劝说客户购买，从而将目标客户开发为现实客户。

企业使用推销导向的开发策略时，不仅要找到目标客户，而且要想办法说服目标客户采取行动购买产品。寻找客户的方法有：逐户访问、会议寻找、俱乐部寻找、在亲戚朋友中寻找、资料查询、咨询寻找、"猎犬"式、关系介绍、中心开发、电话寻找、信函寻找、短信寻找、网络寻找、抢夺对手的客户等。

一、农资客户群体与关系

农资企业的用户就是土地、作物和农户。土地耕种的趋势是集约化、规模化；作物种植的趋势是产业化、机械化；农户的趋势是专业化、职业化。

三个农民可以改变一个零售商，三个零售商可以改变一个经销商，三个经销商可以改变一个市场，三个市场可以改变一家农资企业。以产品为主线，生产企业、经销商、零售商形成一个个客户群体和生态系统。

农资客户群体与关系如图 5-6 所示。

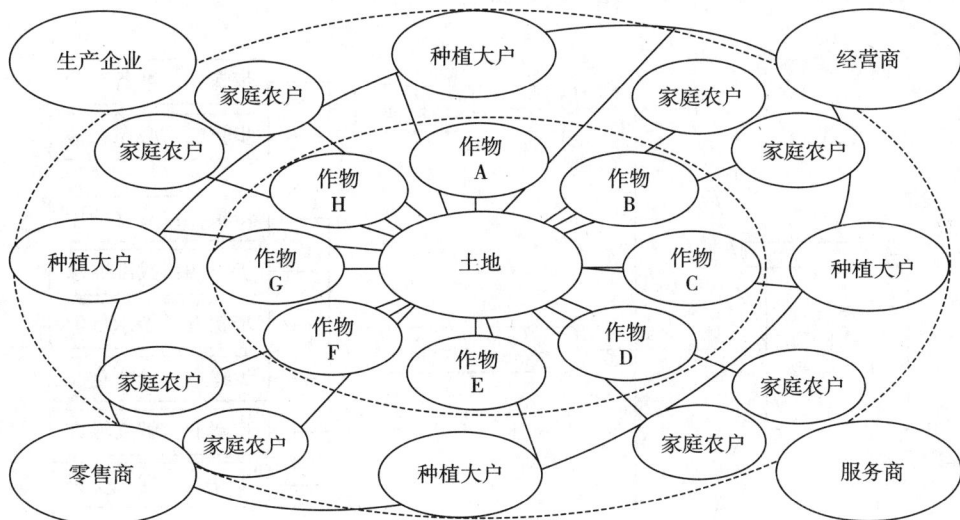

图 5-6　农资客户群体与关系

农资企业必须及时转变经营思路，明确定位，将客户对象从原来的零售网点、夫妻店转向专业合作社、种植大户、种植园和农业企业，将经营范围从单一经营转向提供种子、化肥、农药、农膜、农机等系列农资，将服务方式从简单商品流通买卖转向商品买卖和技术指导并举、以技术服务为主。农技服务内容也必须从单纯的产品技术服务向解决方案提供、技术指导、信息引导和理念倡导等更深层次转变。

二、客户开发的内容

1. 企业的客户开发工作，必须围绕五个方面展开

（1）谁是我们的客户？

（2）我们的客户的需求是什么？

（3）我们用什么来满足客户的需求？

（4）我们如何满足客户的需求？

（5）我们提高客户满意度和忠诚度的措施有哪些？

2. 从过程角度来看，客户开发工作分为售前客户开发、售中客户开发和售后客户开发

客户开发的三个阶段十大步骤如图5-7所示。

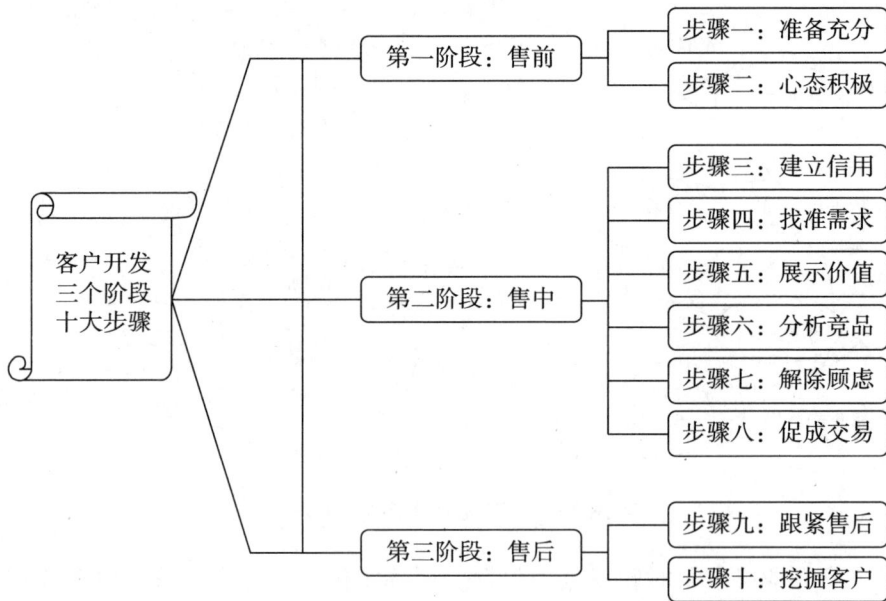

图5-7 客户开发的三个阶段十大步骤

3. 从内容角度来看，客户开发工作有六个方面的内容

（1）进行客户分类。

（2）优化客户结构。

（3）根据客户分类制定差异化的客户管理政策：既注重对客户的保护与激励，又注重客户的个性化需求。

（4）针对不同客户采取不同的营销策略。

（5）客户的优胜劣汰，"抓大放小"，把主要精力和资源向优质客户倾斜。

（6）客户关系的维护。

客户开发就是一个持续不断"获取、保持和增加"可获利客户的过程。企业要通过最大限度地提高客户满意度及忠诚度，保留现有的客户，不断发展新的客户。

第三节　人力资源规划

管理大师彼得·德鲁克说：资本、人力和时间是企业的三大资源，但真正的资源只有一个，那就是人力。知识经济时代，人力资本是最重要的资本，企业的核心资源就是员工，企业之间的竞争也就是人才的竞争。

一、战略人力资源管理体系

人力资源管理就是指人力资源的获取、整合、激励及控制调整的过程。

人力资源管理的目的，就是着眼于企业总体发展战略，为企业当前及未来发展提供人力资源保障。人力资源管理的工作内容通常概括为"选人、育人、用人及留人"四个方面。

战略人力资源管理体系主要包括以下八大模块：

（1）战略人力规划体系，主要解决人力资源管理的"需不需要"问题。

（2）岗位素质模型体系，主要解决人力资源管理的"能不能"问题。

（3）员工招聘甄选体系，主要解决人力资源管理的"准不准"问题。

（4）企业薪酬福利体系，主要解决人力资源管理的"忠不忠"问题。

（5）企业绩效管理体系，主要解决人力资源管理的"干不干"问题。

（6）员工培训开发体系，主要解决人力资源管理的"专不专"问题。

（7）职业生涯管理体系，主要解决人力资源管理的"留不留"问题。

（8）组织职位设置体系，主要解决人力资源管理的"有没有"问题。

人本咨询的战略人力资源管理体系模型如图 5-8 所示。

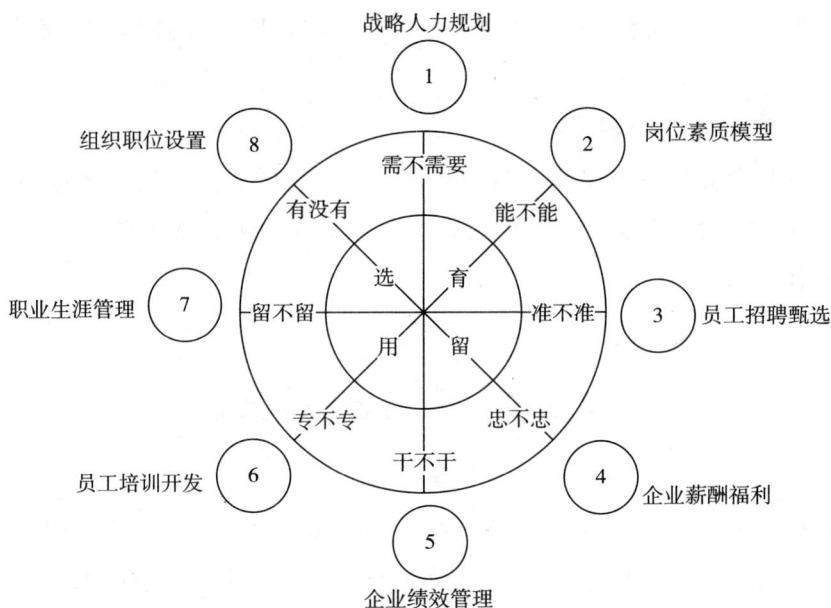

图 5-8 人本咨询的战略人力资源管理体系模型

二、人力资源规划

随着企业的员工招聘、使用、离职成本不断攀升，企业人力资源规划至关重要。

1. 人力资源规划的意义和作用

（1）满足企业发展战略与业务发展的需要。

（2）合理配置、使用、开发现有人力资源。

（3）降低人力资源使用成本，最大限度地提升人力资源及组织效能。

（4）满足员工职业生涯发展的需求。

2. 人力资源规划的项目和内容

人力资源规划的项目和内容如表 5 - 3 所示。

表 5 - 3 人力资源规划的项目和内容

规划项目	主要内容
总体规划	人力资源管理的总体目标和配套政策
配备计划	中、长期内不同职务、部门和工作类型的人员分布状况
离职计划	因各种原因离职或裁撤人员情况及其所在岗位情况
补充计划	需补充人员的岗位、数量和对人员的要求
使用计划	人员晋升及晋升时间，轮换工作的岗位、人员情况和轮换时间
职业计划	骨干的使用和培养方案
劳动关系计划	预防和减少劳动争议，改进劳动关系的目标和措施
培训开发计划	确定培训对象、目的、内容、时间、地点和讲师等

三、人力资源开发

人力资源管理的重要理念就是将人作为企业最重要的资源和资产进行最大限度的开发运用，以期达到企业运营效率和经济及社会效益的最大化。

人力资源开发的四个维度包括：品德、能力、意愿、绩效。

该不该做，由目标决定！

想不想做，由态度决定！

能不能做，由能力决定！

《礼记·学记》有言"建国君民，教学为先"，培训是企业人力资源开发、人才培养、激发员工积极性、保留和吸引人才、构建核心竞争力、推动企业和个人能力不断提升、持续成长的重要保障。

四、农资销售人员培训

"夫军无习练，百不当一；习而用之，一可当百。"这是三国军事家诸葛亮的名言，可以引用来强调企业员工培训的重要意义。

对于销售人员来说，心态比能力重要，能力比知识重要，知识比学历重要!

1. 心态第一

销售人员每天的 12 点自我勉励如下:

①嘴巴甜一点;②脑筋活一点;③行动快一点;④微笑多一点;

⑤说话轻一点;⑥理由少一点;⑦脸皮厚一点;⑧脾气小一点;

⑨做事多一点;⑩效率高一点;⑪目标高一点;⑫方法多一点。

2. 农资销售人员的基本知识技能

作为一名农资销售人员,必须掌握基本的与种子、化肥和农药相关的法律法规知识,必须具备基本的植保技术、营销技能和公关能力。

3. 销售人员必须坚守的职业道德底线

(1) 业务飞单:把公司业务转给对手。

(2) 假公济私:代销竞争对手的产品或兼做自己的生意。

(3) 虚报费用:多开发票,多报费用。

(4) 偷干私活:上班时间干与工作无关的事。

(5) 化公为私:把促销品卖了,钱归自己。

(6) 兼职其他工作:利用销售不坐班的特点,同时兼职做其他公司的工作。

(7) 不能抗压:稍微遇到困难,思想情绪便大幅波动。

(8) 做"老油条":抱残守缺,不思进取,不积极开拓新业务。

(9) 一味抱怨:总是消极埋怨,不从自身找原因。

(10) 割据自立:把持销售渠道,将渠道占为私有。

4. 员工的基本职业意识

必须培养职业化精神,个人层面要具有基本的"敬业意识、学习意识、诚信意识、竞争意识",工作层面要具有基本的"目标意识、责任意识、团队意识",公司层面要具有基本的"客户意识、效率意识、效益意识",如图 5-9所示。

5. 销售人员工作的基本要求

销售人员工作的基本要求是必须做到六个到位——目标到位、方法到位、激励到位、行动到位、心态到位、能力到位,如图 5-10所示。

个人层面　敬业意识　学习意识　诚信意识　竞争意识

工作层面　目标意识　责任意识　团队意识

公司层面　客户意识　效率意识　效益意识

职业化精神

图 5 − 9　员工的职业化精神

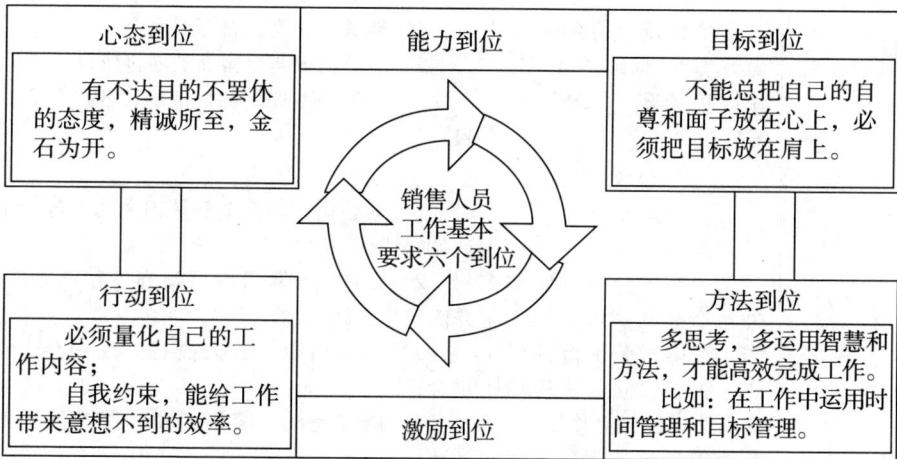

心态到位
有不达目的不罢休的态度，精诚所至，金石为开。

能力到位

目标到位
不能总把自己的自尊和面子放在心上，必须把目标放在肩上。

销售人员工作基本要求六个到位

行动到位
必须量化自己的工作内容；
自我约束，能给工作带来意想不到的效率。

激励到位

方法到位
多思考，多运用智慧和方法，才能高效完成工作。
比如：在工作中运用时间管理和目标管理。

图 5 − 10　销售人员工作的基本要求

五、农资销售人员的能力素质要求

农资销售人员的能力素质要求如表 5 − 4 所示。

表 5 - 4 　　　　　　　　　　　　农资销售人员的能力素质要求

销售岗位	岗位工作内容描述	岗位任职资格要求
初级主管	掌握需要推广产品的知识点，了解竞争产品的概况，能够顺利与农民、零售商沟通，通过学习会召开农民会，主要负责产品的基础推广工作	（1）全面掌握产品特点，熟练掌握产品的应用方法； （2）能认真完成宣传推广工作； （3）能够认真完成产品促销活动； （4）帮助主管、经理召开零售商会议； （5）学习、掌握召开农民会； （6）学习、掌握召开现场观摩会； （7）学习、熟悉如何与农民沟通； （8）学习、熟悉如何与零售商沟通； （9）学习和参与试验示范活动
中级主管	主要带领促销人员做好分管区域的公司产品的基础推广工作，对公司的全线产品有深刻认知，熟悉竞争对手同类产品的情况，协助主管做好零售商维护工作，做好市场客户调查，开好农民会	（1）对公司产品线有全面认识，熟悉产品的突出优点，熟练掌握产品的应用技术； （2）对产品的市场适应性及覆盖面有清晰认识； （3）能够独立完成试验示范跟踪回访； （4）能够顺利完成召开农民会； （5）能够完成与零售商的零售协议签订； （6）能够完整提交各种市场、客户调查的内容
高级主管	主要负责分管区域的公司产品的销售推广工作，安排试验示范的回访。能够独立与零售商沟通达成销售合作协议，在销售经理的指导下完成与经销商的沟通并达成销售合作协议，熟悉公司同类产品的分布推广情况，并针对出现的竞争做出及时合理的应对	（1）对公司产品有全面认识，熟悉各竞争产品的特征； （2）对产品市场开发有清晰思路和方法，并能逐步实施； （3）能够组织各方人员召开现场会、农民会； （4）能够完成与零售商和经销商的销售沟通； （5）能够全面调查、客观反映市场、客户情况及竞争对手的产品情况； （6）能够进行销售预测并制订县级市场的销售目标和工作计划； （7）能够提供或制订产品市场推广方案、建议及操作实施计划； （8）协助销售经理做好主管区域的费用使用控制

续　表

销售岗位	岗位工作内容描述	岗位任职资格要求
销售经理	主要负责空白区域市场的开发及推广工作、对成熟区域市场主管的指导培训工作，制订所辖区域的整体业务规划及业务策略，销售计划及市场操作计划的实施	（1）负责多个县级区域性工作； （2）完成公司产品在空白区域的推广开发规划及合作渠道谈判，指导成熟区域市场的主管做好县级销售商销售合作谈判； （3）根据公司年度产品规划，做好本区域的目标计划和产品规划； （4）制订产品及市场操作建议和方案； （5）监督、指导、帮扶区域人员的销售工作； （6）负责跟踪销售过程、督促销售目标及进度； （7）负责本区域经销商和重点零售商的关系维护工作

六、岗位任职资格分析评价

岗位任职资格分析评价如表 5 - 5 所示。

表 5 - 5　　　　　　　岗位任职资格分析评价

岗位名称			＊＊＊		任职员工		＊＊＊
岗位任职资格分析评价							
序号	岗位素质 要素及权重			岗位素质 目标分值	任职资格 实际分值	岗位胜 任度（%）	员工培训 需求分析
1	学历教育	硕博研究生	20.00				
		本科	15.00				
		大专及以下	10.00				
2	专业资格	高级	20.00				
		中级	15.00				
		初级	10.00				
3	性别	男	1.00				
		女	1.00				

续 表

序号	岗位素质要素及权重			岗位素质目标分值	任职资格实际分值	岗位胜任度（％）	员工培训需求分析
4	年龄	45 岁以上	1.00				
		30 ~ 45 岁	1.00				
		18 ~ 29 岁	1.00				
5	工作经验	10 年以上	20.00				
		3 ~ 10 年	15.00				
		3 年以下	10.00				
6	办公技能	较强	10.00				
		一般	8.00				
		较弱	5.00				
7	专业知识	较强	1.50				
		一般	1.00				
		较弱	0.50				
	管理知识	较强	1.50				
		一般	1.00				
		较弱	0.50				
	市场营销知识	较强	1.50				
		一般	1.00				
		较弱	0.50				
	财务知识	较强	1.50				
		一般	1.00				
		较弱	0.50				
8	计划能力	较强	1.50				
		一般	1.00				
		较弱	0.50				

序号	岗位素质 要素及权重			岗位素质 目标分值	任职资格 实际分值	岗位胜 任度（％）	员工培训 需求分析
8	组织能力	较强	1.50				
		一般	1.00				
		较弱	0.50				
	决策能力	较强	1.50				
		一般	1.00				
		较弱	0.50				
	问题 分析能力	较强	1.50				
		一般	1.00				
		较弱	0.50				
	指导 控制能力	较强	1.50				
		一般	1.00				
		较弱	0.50				
	沟通能力	较强	1.50				
		一般	1.00				
		较弱	0.50				
	变革能力	较强	1.50				
		一般	1.00				
		较弱	0.50				
	团队 合作能力	较强	1.50				
		一般	1.00				
		较弱	0.50				
9	其他要素	较强	10.00				
		一般	8.00				
		较弱	5.00				

第四节　财务资源预算

财务资源是企业物质要素和非物质要素的体现，具体表现为已经发生的能用会计方式记录在账的、能以法定货币计量的各种经济资源，包括资金、债权和其他权利。企业财务资源中，最主要的是资金，资金是企业的"血液"，加强资金管理，提高资金的营运效益是财务管理的首要任务。

反映企业财务资源状况的形式就是企业的一系列财务报表。

财务管理就是在一定的整体目标下，关于融资、投资和现金流量以及利润分配的过程。

财务管理目标是企业一切财务活动的出发点和归宿，是企业进行财务活动所要达到的根本目的，它决定着企业财务管理的基本方向。具有代表性的财务管理目标有以下几种：

（1）利润最大化。

（2）股东财富最大化。

（3）企业价值最大化。

（4）相关者利益最大化。

企业财务管理的目标具有以下四个特征：

（1）层次性。

（2）多元性。

（3）相对稳定性。

（4）可操作性。

一、财务预算

全面预算管理，是以企业战略目标为指引，以市场需求为导向，以经营计划为前提，以绩效考核与薪酬激励体系为保障，以实现企业的目标利润为目的，以销售预测为起点，对企业资源和能力进行整合配置，并编制企业在未来某一特定期间的预算损益表、预算现金流量表和预算资产负债表，由公司全员参与，集计划、控制为一体，努力把控和实现企业在未来某一特定期间预期的财务状况及经营成果的方法和过程。

全面预算管理是一种把企业的所有关键问题融合于一个体系之中，为确保实现公司战略目标和年度经营目标而制定的管理控制方法。

1. 财务预算是企业全面经营预算的重要和核心组成部分

财务预算与全面经营预算内容及流程如图 5 - 11 所示。

2. 财务预算必须以企业战略发展规划为指引，以年度经营计划为前提

战略规划、经营目标、经营计划与财务预算之间的关系如图 5 - 12 所示。

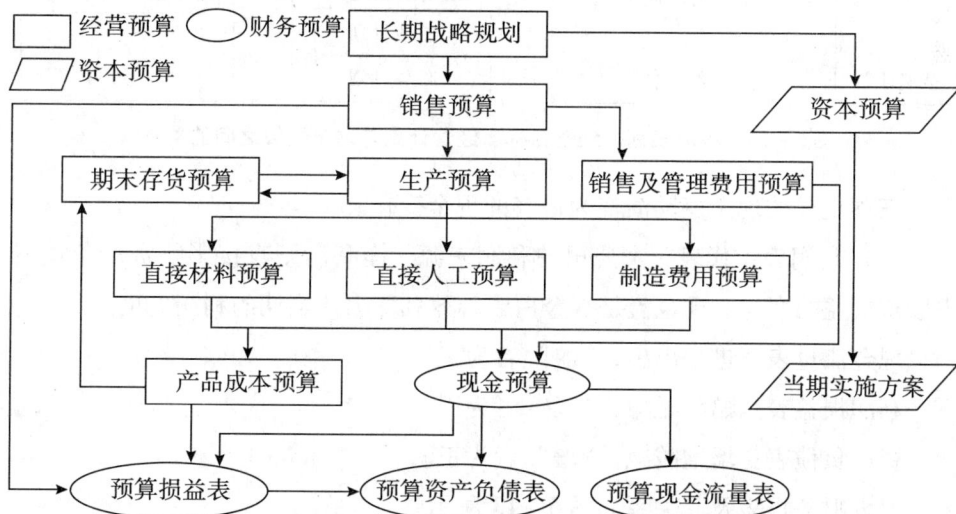

图 5 - 11　财务预算与全面经营预算内容及流程

二、财务报表

（1）资产负债表：代表一个公司的资产与负债及股东权益。资产负债表是公司盈利的基础和利润的来源，体现了公司的商业模式。

（2）现金流量表：代表一个公司的现金流量，更代表资产负债的变化，是对资产负债表变化的解释。现金的变化最终反映到资产负债表的现金及等价物一项。而现金的变化来源则是净利润。净利润经过"经营""投资""筹

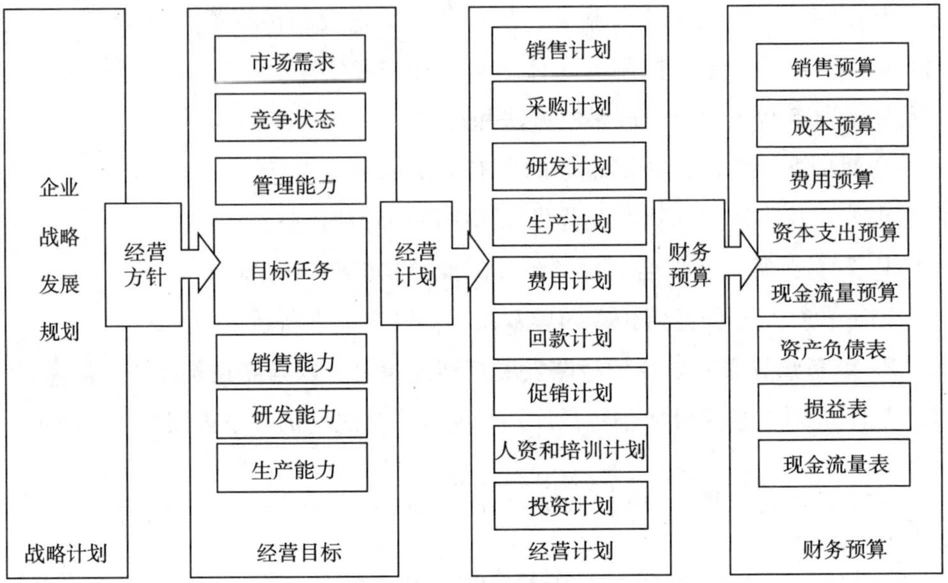

图 5-12　战略规划、经营目标、经营计划与财务预算之间的关系

资"三项重要的现金变动演变为最终的现金变化。

（3）利润表：代表一个公司的利润来源。净利润则直接影响资产负债表中股东权益的变化。现金流是真金白银，盈利能力比当期的利润更重要。

现金流量表：进进出出，"盈"者为王。

利润损益表：赔赔赚赚，"正"者为王。

资产负债表：增增减减，"增"者为王。

三大财务报表及其关系如图 5-13 所示。

三、财务分析

1. 企业盈亏平衡分析

盈亏平衡分析（量本利分析）研究如何确定盈亏临界点（保本点）及有关因素的变动对盈亏临界点的影响等问题。盈亏临界点是指企业收入和成本相等的经营状态，即企业处于既不盈利又不亏损的状态，通常用一定的业务量来表示这种状态。

盈亏平衡分析示意如图 5-14 所示。

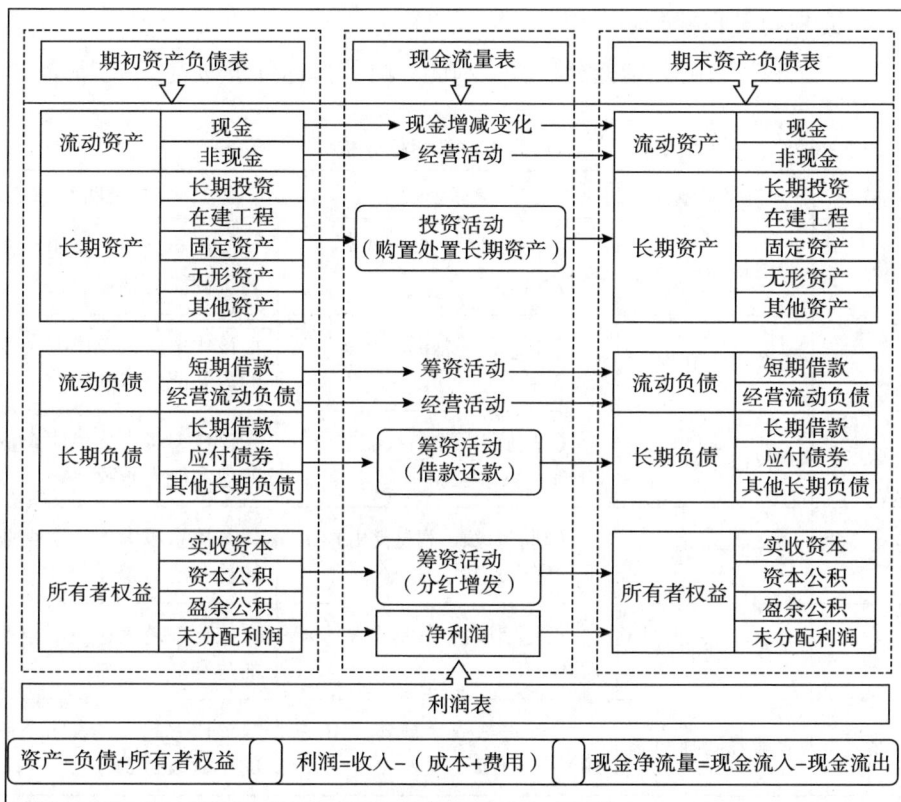

图 5 – 13　三大财务报表及其关系

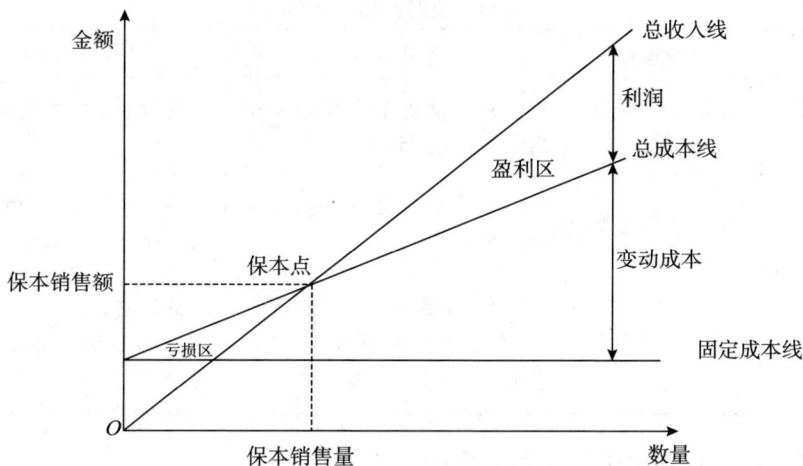

图 5 – 14　盈亏平衡分析示意

2. 企业财务指标分析

（1）盈利能力财务指标分析。盈利能力财务指标分析如表5-6所示。

表5-6　　　　　　　　　盈利能力财务指标分析

序号	财务指标	计算公式	分析说明
1	销售净利率	（净利润÷销售收入）×100%	该比率越大，说明企业的盈利能力越强
2	资产净利率	（净利润÷总资产）×100%	该比率越大，说明企业的盈利能力越强
3	权益净利率	（净利润÷股东权益）×100%	该比率越大，说明企业的盈利能力越强
4	总资产报酬率	（利润总额＋利息支出）÷平均资产总额×100%	该比率越大，说明企业的盈利能力越强
5	营业利润率	（营业利润÷营业收入）×100%	该比率越大，说明企业的盈利能力越强
6	成本费用利润率	（利润总额÷成本费用总额）×100%	该比率越大，说明企业的经营效益越好

（2）盈利质量财务指标分析。盈利质量财务指标分析如表5-7所示。

表5-7　　　　　　　　　盈利质量财务指标分析

序号	财务指标	计算公式	分析说明
1	全部资产现金回收率	经营活动现金净流量÷平均资产总额×100%	与行业平均水平相比进行分析
2	盈利现金比率	经营活动现金净流量÷净利润×100%	该比率越大，说明盈利质量越强，一般应大于1
3	销售收现比率	销售商品或提供劳务收到的现金÷主营业务收入净额×100%	数值越大，说明销售收现能力越强，销售质量越高

（3）企业偿债能力财务指标分析。

（4）企业发展能力财务指标分析。发展能力财务指标分析如表5-8所示。

表 5 - 8　　　　　　　　　　　　发展能力财务指标分析

序号	财务指标	计算公式	分析说明
1	股东权益增长率	本期股东权益增加额÷股东权益期初余额×100%	对比企业连续多期的值,分析发展趋势
2	资产增长率	本期资产增加额÷资产期初余额×100%	对比企业连续多期的值,分析发展趋势
3	销售增长率	本期营业收入增加额÷上期营业收入×100%	对比企业连续多期的值,分析发展趋势
4	净利润增长率	本期净利润增加额÷上期净利润×100%	对比企业连续多期的值,分析发展趋势
5	营业利润增长率	本期营业利润增加额÷上期营业利润×100%	对比企业连续多期的值,分析发展趋势

（5）企业营运能力财务指标分析。营运能力财务指标分析如表 5 - 9 所示。

表 5 - 9　　　　　　　　　营运能力财务指标分析

序号	财务指标	计算公式	分析说明
1	应收账款周转率	应收账款周转率=销售收入÷应收账款 应收账款周转天数=365÷（销售收入÷应收账款） 应收账款与收入比=应收账款÷销售收入	与行业平均水平相比进行分析
2	存货周转率	存货周转率=主营业务成本÷存货 存货周转天数=365÷（主营业务成本÷存货） 存货与收入比=存货÷销售收入	与行业平均水平相比进行分析
3	流动资产周转率	流动资产周转率=销售收入÷流动资产 流动资产周转天数=365÷（销售收入÷流动资产） 流动资产与收入比=流动资产÷销售收入	与行业平均水平相比进行分析
4	净营运资本周转率	净营运资本周转率=销售收入÷净营运资本 净营运资本周转天数=365÷（销售收入÷净营运资本） 净营运资本与收入比=净营运资本÷销售收入	与行业平均水平相比进行分析

续　表

序号	财务指标	计算公式	分析说明
5	非流动资产周转率	非流动资产周转率＝销售收入÷非流动资产 非流动资产周转天数＝365÷（销售收入÷非流动资产） 非流动资产与收入比＝非流动资产÷销售收入	与行业平均水平相比进行分析
6	总资产周转率	总资产周转率＝销售收入÷总资产 总资产周转天数＝365÷（销售收入÷总资产） 总资产与收入比＝总资产÷销售收入	与行业平均水平相比进行分析

思考与讨论

1. 公司具有哪些关键资源？资源的短板和瓶颈在哪方面？

2. 如何进行公司的产品结构规划？

3. 如何进行公司的战略人力资源规划？

4. 结合行业和公司自身情况，谈谈如何整合、利用和发挥资源优势。

5. 公司如何进行现有资源的挖潜和增效？

第六章
农资企业的管理变革

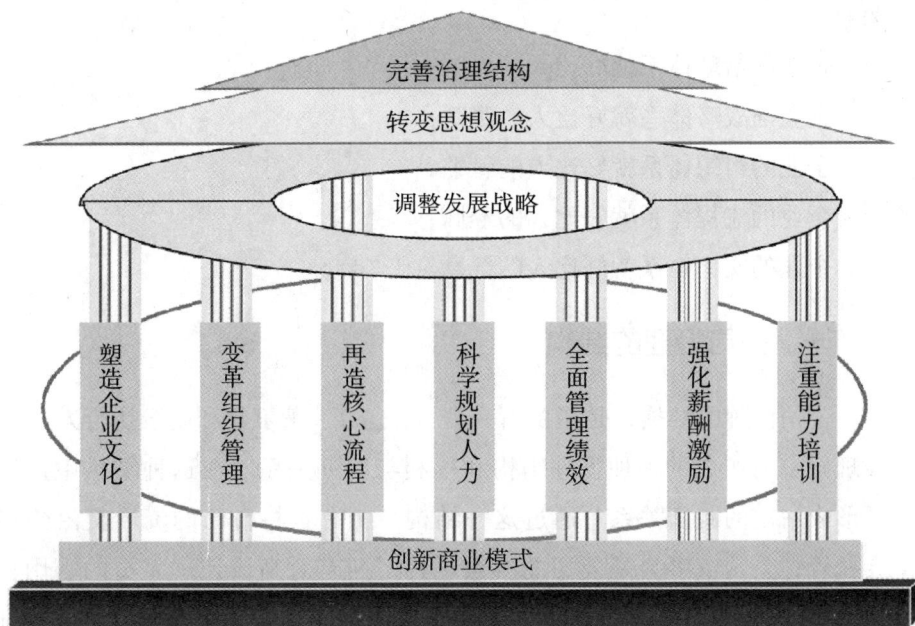

完善治理结构

转变思想观念

调整发展战略

塑造企业文化　变革组织管理　再造核心流程　科学规划人力　全面管理绩效　强化薪酬激励　注重能力培训

创新商业模式

第一节　完善治理结构

企业管理变革，是指当外部环境、内部资源及结构发生变化，企业谋求经营转型，或进行商业模式创新、调整发展战略时，企业重塑运行机制、重新选择与之相适应的管理模式或管理体系的过程。

企业管理变革，变什么？

在企业管理变革，完善公司治理结构的过程中，构建科学合理的决策、执行和监督体系是基础和根本，变革组织是核心和关键。虽然企业的组织变革、流程变革应以总体经营战略为导向，但战略的实施和流程的运作都必须以组织为平台，组织结构搭建好后，战略实施和流程运行才有了落脚点和保障。

企业的治理体系就好比人的大脑；

企业的战略体系就好比人的眼睛；

企业的组织体系就好比人的骨骼；

企业的流程体系就好比人的经脉；

企业的文化体系就好比人的气息。

一、公司治理的结构

公司治理的结构，是指由所有者（股东）、董事会和高级执行人员（高级经理）三者组成的一种管理结构和权利与责任关系。在这种结构中，三者之间形成一定的制衡关系。通过这一结构，所有者将自己的资产交由公司董事会托管；公司董事会是公司的决策机构，拥有对高级经理人员的聘用、奖惩和解雇权；高级经理人员受雇于董事会，组成在董事会领导下的执行机构，在董事会的授权范围内经营企业。

公司治理结构体系如图 6-1 所示。

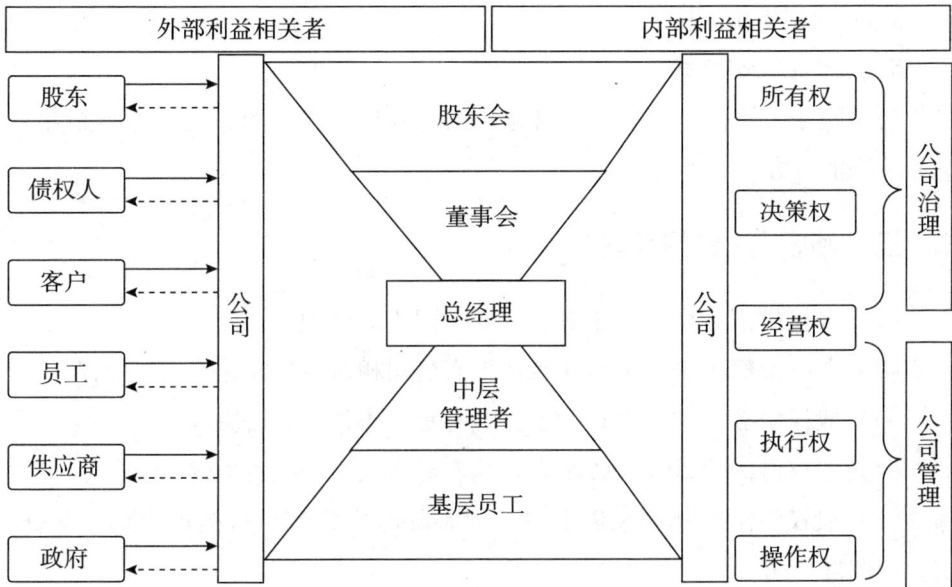

图6-1 公司治理结构体系

二、公司治理的五种模式

1. 股东导向模式

以股东利益为基础，以盈利为导向，从20世纪90年代开始流行，美国大多数公司采用这种模式。随着资本市场的进一步全球化，公司治理模式的发展呈现出重视资本作用的强烈趋同趋势，股东导向的公司治理模式，更适应经济全球化和市场化的发展要求。

2. 经理人员导向模式

只对经理负责，经理对企业实行强有力的控制。由于经理人员的频繁更换，经理人员导向模式不够稳定。另外，经理人员掌握企业经营管理权，可能把追求自己的利益作为企业的经营导向，可能不利于企业的长远发展。

3. 劳工导向模式

这一治理模式是德国模式。德国的公司法要求董事会中要有一半的员工担任董事，德国公司治理结构没有监事。

4. 国家导向模式

企业高级经理人员主要对政府负责，服从政府利益需要。世界上采用这一模式的以法国为代表。

5. 利益相关者模式

公司服务于债权人、员工、当地居民、客户、供应商、政府等与企业有利益关联的各方。

三、股权与公司治理权

（1）股权份额达 67% 以上者，拥有公司绝对治理权。

（2）股权份额达 51% ~67% 者，拥有公司相对控制权和公司控股权。

（3）股权份额达 34% 及以上者，拥有重大事件一票否决权。

（4）股权份额达 20% 及以上者，拥有界定同行同业竞争权。

（5）股权份额达 10% 及以上者，拥有临时会议权，可提出质询、调查、清算、解散公司。

完善公司治理结构具有根本性意义，公司治理就是要构建科学合理的决策、执行和监督体系，公司的经营系统和管理系统都基于公司治理模式。

第二节　变革组织管理

对于企业而言，推动改变的最有力方式之一就是：组织变革！

企业组织结构，是企业全体员工为实现企业目标分工协作，在业务范围、职能、责任、权力等方面的结构体系。

企业组织结构体系包括业务结构、层次结构、部门结构和职权结构。

企业为适应不同的战略、技术和竞争条件，必须设计或选择不同的组织结构，并根据企业的外部竞争环境和内部资源与能力的变化，对组织结构进行实时的调整和管理。

组织结构的本质是分工合作的关系，关键是科学合理的管理层次，核心是权责利的界定，出发点是目标、效率和效益。

一、企业组织结构的重要作用

（1）支撑战略目标的实现。适时、有效地调整组织结构，可以为企业战略的实施提供组织保障，确保企业经营发展战略顺利实施。

（2）可以合理配置企业的各种资源，提高企业资源的利用率。

（3）组织结构是应对市场环境变化、满足客户需求、坚持市场导向的保证。

（4）组织结构可以明确企业活动中各职能的划分、定位，界定责权关系，提高运行的效率。

（5）组织结构可以与企业流程动态适应匹配。

（6）有利于分工与授权。

二、影响企业组织结构设计的因素

影响企业组织结构设计的因素有环境变化、企业规模、企业生命周期、经营战略、业务类型、企业文化、管理风格、信息沟通、人力资源等诸多方面，如图6-2所示。

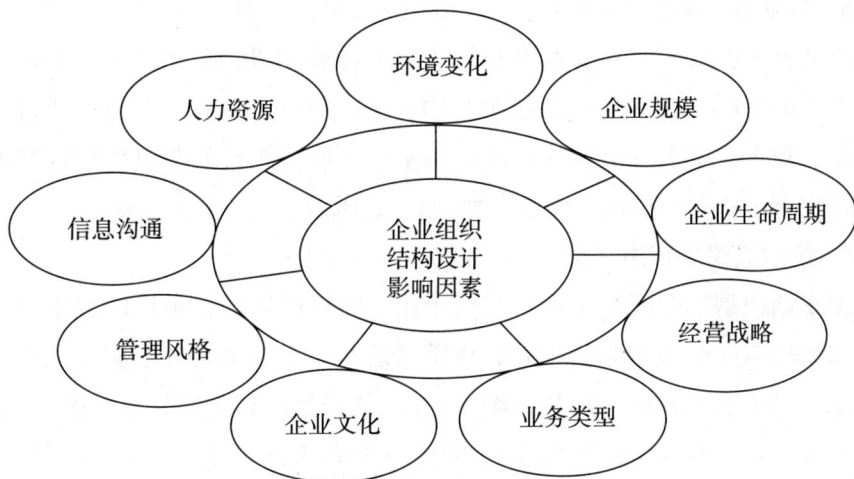

图6-2 影响企业组织结构设计的因素

1. 环境对组织结构的影响

环境是影响组织结构设计的主要因素。当企业内外部环境相对稳定时，机械式组织结构更有效；当企业内外部环境发生巨变或不确定时，往往适宜有机式组织结构。

2. 企业规模对组织结构影响明显

大型组织比小型组织更专业，横向及纵向的分化更复杂，企业规模对组织结构的影响如表6-1所示。

表6-1　　　　　　　　　　企业规模对组织结构的影响

组织结构要素	小型组织	大型组织
管理层次（纵向复杂性）	少	多
部门和职务的数量（横向复杂性）	少	多
分权程度	低	高
技术和职能的专业化程度	低	高
规范化程度	低	高
书面沟通和文件数量	少	多
专业人员比率	小	大
中高层管理人员比率	大	小

3. 企业在不同生命周期需要不同的组织结构

企业首先必须明确和界定自身处于哪个发展阶段，存在着何种危机，并采取相应的手段，建立相应的组织结构，解决危机，并不断地突破经营管理的瓶颈，把企业带入一个新的阶段。企业的可持续成长需要组织结构在不同的生命周期进行不断变革与演进，如表6-2所示。

4. 经营战略决定组织结构

组织结构是帮助组织实现目标的手段，而目标体现在组织的战略中，因此组织结构与战略应当紧密配合，更重要的是，组织结构应当服从战略，如果对战略做了重大调整，就需要调整组织结构以适应和支持战略调整。

专家学者曾对美国100家大公司进行了追踪考察，分析它们50年的发展资料，得出的结论是：公司战略的变化先行于并且导致了组织结构的变化，战略具有前导性，组织结构具有滞后性。

表 6 - 2　　　　　　　企业在不同生命周期阶段对组织结构的要求

发展阶段	I 创业阶段	II 成长阶段	III 正规阶段	IV 精细阶段
重点目标	生存	发展	获得良好声望，稳定地扩大市场	拥有独特性，有完善的组织结构
正规化程度	非正规化	初步正规化	正规化	正规化
组织结构	直线制	职能制	职能制或事业部制	职能制加矩阵结构
集权程度	个人集权	上层集权	有控制的分权	有控制的分权
高层领导风格	家长式	有权威的指令	分权	参与
奖励方式	个人印象和感情	个人印象+制度	规范的考核和奖励制度（不靠个人印象和感情）	系统考核，按小组奖励

不同的战略类型需要不同的组织结构来支持。

追求进攻战略的组织：以创新求生存，往往采取有机式组织结构形式，以提高组织的灵活性和适应性。

采取防御战略的组织：寻求稳定性和高效率，需要机械式组织形式才能更好地取得成功。

不同的战略阶段，适用不同的组织结构。

（1）数量扩大战略阶段适用简单的组织结构。

（2）地区扩散战略阶段适用总部与分部式组织结构。

（3）纵向一体化战略阶段适用中心与部门式组织结构。

（4）多元化战略阶段适用总公司与事业部式组织结构。

（5）在单一行业领域经营的公司适用职能型组织结构。

（6）相关多样化经营的公司适用事业部型组织结构。

（7）非相关多样化经营的公司适用控股公司组织结构。

组织结构对公司战略的实施具有抑制作用，组织结构与公司战略不匹配将会限制战略实施、阻碍战略成功。一个企业如果对组织结构没有进行重大的变革，很少能从实质上实现经营转型。

三、组织结构的管理幅度与层次

管理幅度：一个主管能够直接有效指挥下属成员的数量。

管理层次：一个组织设立的行政等级的数量。

管理幅度、管理层次与管理规模的关系如下：

（1）组织规模一定，管理层次与管理幅度成反比。

（2）管理幅度一定，管理层次与组织规模成正比。

（3）管理层次一定，管理幅度与组织规模成正比。

企业的管理幅度与管理层次如图6－3所示。

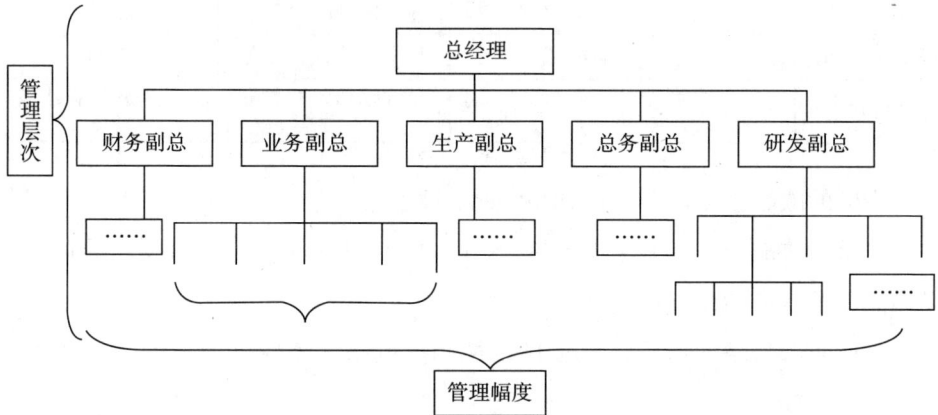

图6－3　企业的管理幅度与管理层次

四、组织结构设计的内容

组织结构设计的内容主要有以下几个方面：

（1）公司组织结构。

（2）部门职能定位。

（3）岗位及定编定员。

（4）岗位工作说明书（职责权限体系）。

（5）核心业务流程及管理流程。

组织结构设计的内容如图6－4所示。

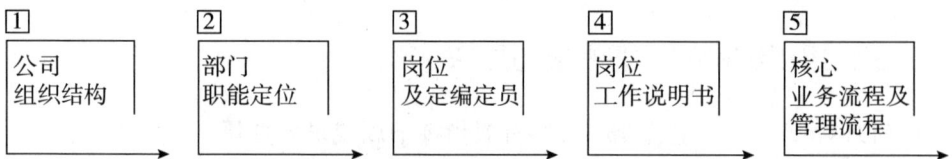

图6－4　组织结构设计的内容

五、组织结构设计的分析

企业组织结构设计的程序一般是：首先，对企业的经营环境和影响组织结构设计的因素进行分析，权衡利弊，进行决策取舍；其次，进行组织结构再设计；最后，处理好"业务与职能、集权与分权、层级与幅度、分工与协作、个人与组织"之间的矛盾。

组织结构设计分析如图 6-5 所示。

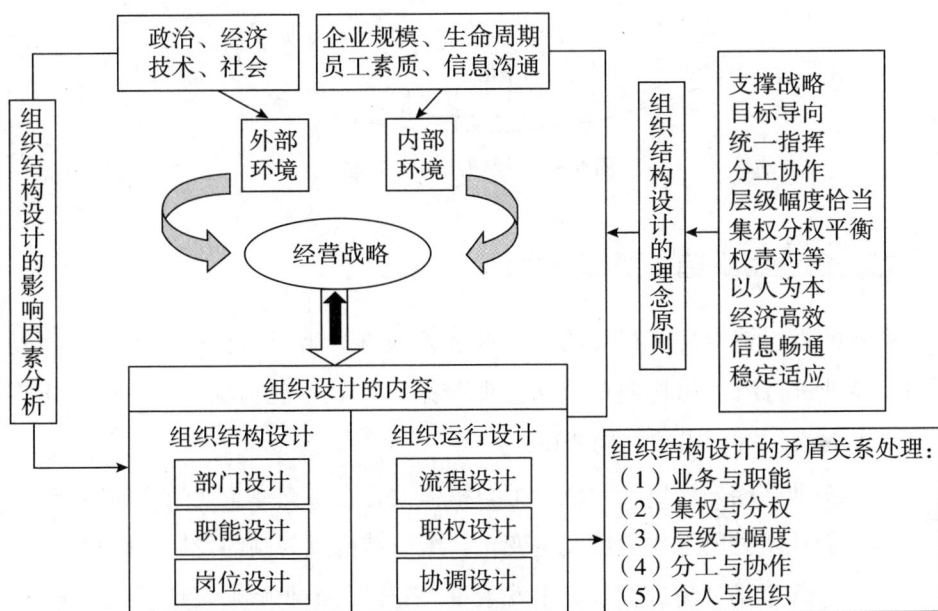

图 6-5　组织结构设计分析

六、组织结构的类型

经典的组织结构类型分为直线制、职能制、直线职能制、事业部制、矩阵制。后来为有效应对环境变化，出现了网络型、虚拟型、委员会或工作小组等类型的组织结构，具有极强的灵活性和适应性。

组织结构的类型如图 6-6 所示。

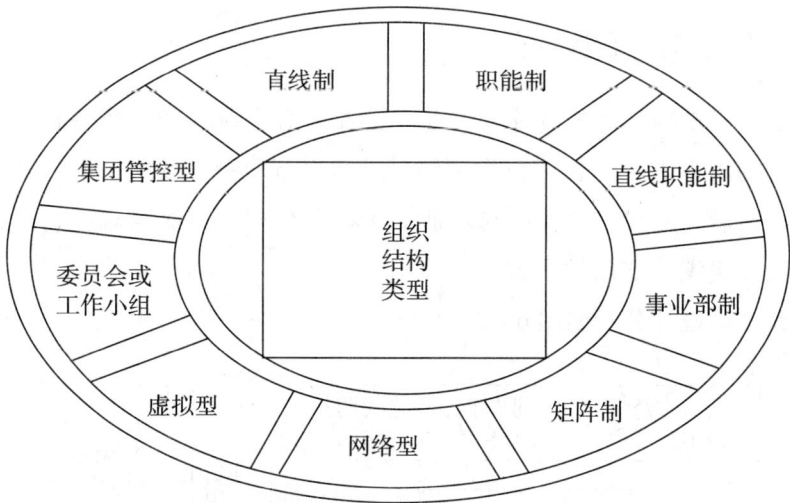

图 6-6 组织结构的类型

七、企业组织结构变革的时机

企业的组织结构具有相对的稳定性和适应性。组织结构变革牵一发而动全身，企业进行组织结构变革会给企业带来风险。一般情况下，当企业出现以下情况时必须进行组织结构变革：

（1）企业战略发生巨变，现行组织结构设置很难支撑企业战略的实施。

（2）企业所处的发展阶段发生变化，组织结构成为制约发展的因素。

（3）外部市场环境或竞争对手发生重大变化，企业亟须调整组织结构。

（4）人事或管理模式发生变化，急需对组织结构做出调整。

（5）存在官僚作风，人浮于事，因人设岗，管理费用居高，行动迟缓，贻误时机。

（6）部门之间信息孤立，信息沟通不畅，决策执行走样。

（7）分工不合理，授权不当，权责不对等，导致职位系统不清晰，工作相互干扰。

（8）部门设置随意，组织结构臃肿，决策缓慢，多头领导，不能形成统一的指挥系统，本位主义严重，部门间协调困难，无法有效协作。

（9）产品、技术、生产有所创新。

（10）企业效益低下，出现了发展瓶颈。

（11）商业模式进行了创新。

八、组织结构变革的三种基本策略

组织结构变革有三种基本策略，依次是局部调整策略、整体调整策略、重新设计，如图 6 - 7 所示。

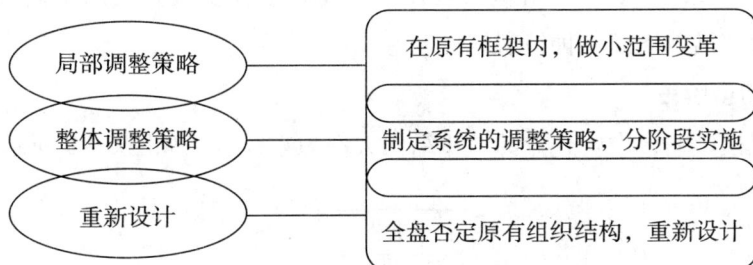

图 6 - 7　组织结构变革的三种基本策略

九、组织结构变革的两种趋向

组织结构的变革一般呈现两种趋向，一是组织结构扩张壮大，二是组织结构收缩瘦身，如图 6 - 8 所示。

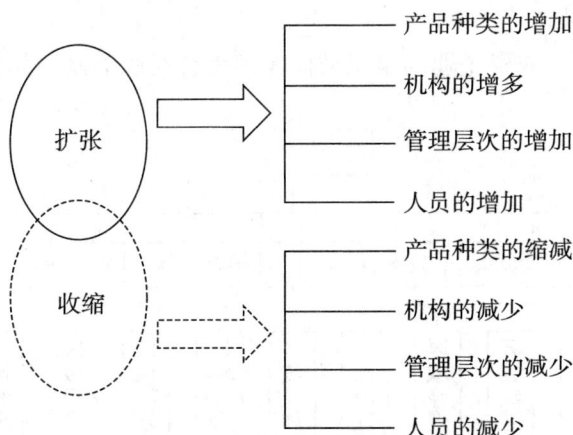

图 6 - 8　组织结构变革的两种趋向

无论是组织结构的扩张还是组织结构的收缩，都体现在产品范围、业务范围、机构数量、管理层次及人员数量四个方面。

十、农资企业的组织结构演变

没有两家企业的组织结构是完全一样的，企业的组织结构也不可能一成不变。农资企业的组织结构普遍受企业规模、发展阶段、发展战略的影响。农资企业一般以下面三种组织结构存在，随着企业发展阶段的不同及战略要求的变化，循着下面三种组织结构演变。

1. 初创阶段

受规模影响，农资企业的组织结构大都为直线制，如图 6 - 9 所示。

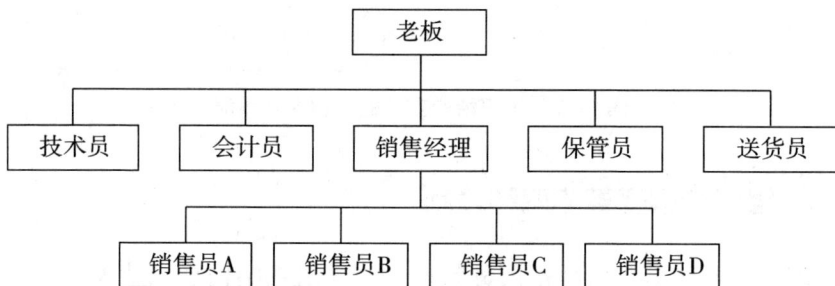

图 6 - 9　直线制组织结构

2. 成长阶段

因业务需要，农资企业的组织结构大都为直线职能制，如图 6 - 10 所示。

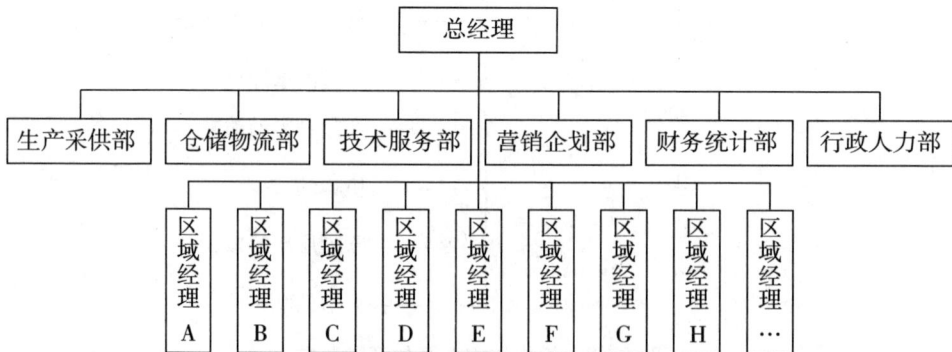

图 6 - 10　直线职能制组织结构

3. 发展阶段

由战略牵引，农资企业的组织结构大都为事业部制，如图 6 – 11 所示。

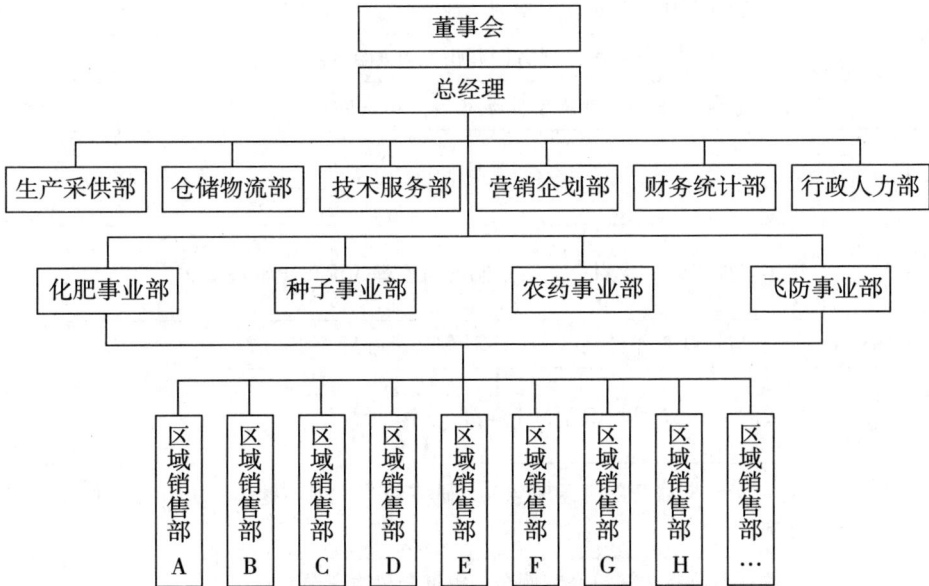

图 6 – 11　事业部制组织结构

🐦 **链接阅读**

×××农业有限公司总经理岗位说明书如表 6 – 3 所示。

表 6 – 3　　　　　×××农业有限公司总经理岗位说明书

岗位名称	总经理	岗位编号	ZJB0001
所在部门	总经办	岗位定员	1 人
直接上级	无	直接下级	7 人

职责概述：确定和实施公司总体战略与年度经营计划；建立和健全公司的管理体系与组织结构；主持公司的日常工作，实现公司经营管理目标和发展目标

		职责与工作要求
职责 1	职责描述：制定公司发展战略，全面负责公司的经营管理工作	
	工作要求	每5年组织制定一次发展规划与战略
		每3年组织确定公司发展方向及市场开拓策略
		每年的11—12月，组织制定下年度公司发展规划
职责 2	职责描述：负责组织制定和完善各项管理制度以及管理流程，并推动实施	
	工作要求	每年至少组织一次对公司重要制度与流程的优化、整编工作
职责 3	职责描述：参与年度工作计划的制订，计划经批准后组织实施	
	工作要求	每年的11—12月组织制订下年度公司发展规划
职责 4	职责描述：负责定期召开部门经理会议，研究经营管理难题的解决方法，并做出决策，推动实施	
	工作要求	每月底主导一次部门经营例会，审批会议决议
		参与相关专题会议，审批会议决议
职责 5	职责描述：主持公司的基本团队建设，规范内部管理确定内部管理机构的设置方案	
	工作要求	每年1次审批公司及部门组织机构的设定方案
职责 6	职责描述：审定公司的具体规章、奖罚条例，审定公司工资、奖金分配方案，审定经济责任挂钩办法并组织实施；审核签发以公司名义发出的文件	
	工作要求	根据公司运营情况进行审批和指示
职责 7	职责描述：审定整体销售战略，组织实施完整的市场营销方案和销售预算，审定销售额、市场占有率等各项评价指标并做好销售业绩评估工作	
	工作要求	审定营销策略和市场规划
		年底审批下年度的营销计划，对各季度的营销计划和策略进行审批

续　表

职责与工作要求		
职责 8	职责描述：负责面向行业大客户的拓展及维护工作，进行客户分析、建立客户关系、挖掘客户需求，与之保持良好的合作关系，动态掌握行业发展趋势和竞争对手的相关信息	
	工作要求	每年主导三次大客户的拓展及维护工作、客户分析会议，并批示会议决议
职责 9	职责描述：负责寻找和遴选优秀的品牌供应商，通过提供有价值的专业服务，建立稳固的合作关系	
	工作要求	领导建立公司与客户、供应商、合作伙伴等机构的顺畅沟通渠道
		批示供应商、合作伙伴关系的建立
职责 10	职责描述：处理公司重大突发事件	
	工作要求	批示重大突发事件的处理意见
职责 11	职责描述：推进公司企业文化的建设工作	
	工作要求	确立公司价值观、企业精神、经营理念和员工行为规范

职权
1. 审批公司级文件、制度、流程、费用、计划、人员变动等
2. 公司部门设立批准及人员任免
3. 决定公司战略、发展规划、经营方向

工作协作关系	
内部协调关系	协调与公司副总经理、总经理助理、顾问的关系
外部协调关系	协调与政府相关部门、行业机构、金融机构、大的供应商等客户的关系

任职资格	
受教育水平	全日制本科以上学历
专业	营销、管理或行业相关技术专业
工作经验	3 年以上公司团队管理经验

续 表

任职资格	
知识/技能	成熟的管理风格、丰富的销售团队管理经验，擅长指导基层管理人员提升其管理能力；具有先进的管理理念，较强的领导力、沟通协调能力与执行能力；性格外向，销售特质突出，目的性强，对商机敏感，擅长关系型营销；具备较好的语言表达能力及商务谈判能力

关键绩效指标（KPI）

1. 主营业务增长率

2. 年度利润率

3. 成本费用利润率

4. 总资产周转率

5. 客户满意度

6. 市场占有率

任职者		审核		批准	
日期		日期		日期	

第三节　优化流程设计

无论生活还是工作，都有一个"先做什么、再做什么、最后做什么"的顺序，这就是流程，流程就是做事的程序和方法。

流程是指一个或一系列的行动，这些行动以确定的方式发生，导致特定的结果。同一件事件，小到用电饭煲煮饭，不同的流程，会产生不同的结果。

用电饭煲煮饭的流程如图6-12所示。

流程不仅包括先后顺序，还包括对做事所需资源的运用，如对资金、信息、人力、设施、技术等进行配备、调整、组合和疏导。

战略调整、组织结构变革必然要求业务流程和管理流程进行科学优化，并对流程的效率提出要求。

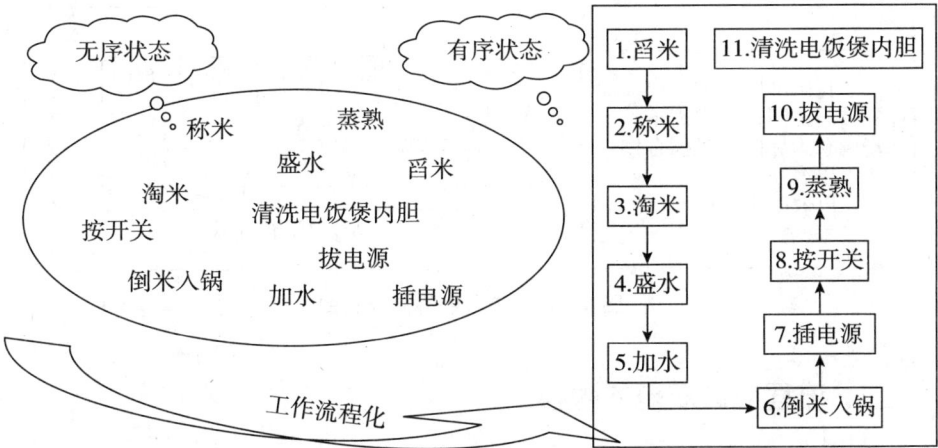

图6-12　用电饭煲煮饭的流程

　　流程优化的基本目的是降低成本、确保质量、加快速度、提高服务水平、增强转换能力。其基本内容是对生产、服务、管理过程的革新和重新设计，通常是在既定组织结构的基础上提高流程的效率。

一、流程优化的导向和目的

流程优化的导向和目的如下：

（1）提升管理规范化、标准化水平。

（2）积累经验将其固化，作为能力提升、培训的依据。

（3）提高组织运作效率，降低整体运营成本，建立高效的团队。

（4）打破部门间的壁垒，增强横向、纵向协作。

（5）清晰界定部门职能、责权，确保正确地做事，最大限度地减少"扯皮"的现象，降低运作成本。

（6）整合组织的有限资源，优化企业内部的价值链，支撑企业战略的实施。

（7）能够有效地监督和控制企业的整体运作。

（8）快速满足内外部客户需求。

流程的导向和目的如图6-13所示。

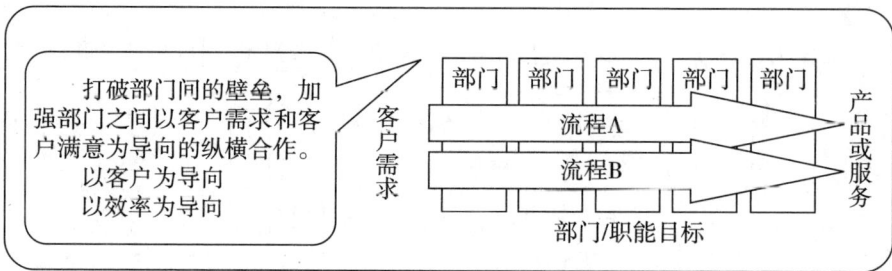

图 6 – 13 流程的导向和目的

二、流程应该规范的内容

流程应该规范以下内容：

（1）责任部门，即流程的主要职责由谁负责推动完成。

（2）目的，即为什么要做这件事情，这件事情能够带来什么价值。

（3）范围，即这个流程的起点和终点是什么，适用于哪些业务类型。

（4）角色，即流程中涉及哪些部门，这些部门的工作内容是什么。

（5）逻辑关系，即流程之间的逻辑关系。

（6）输入输出物，即流程中涉及哪些信息的传递。

（7）流程客户，即流程最终的产出对象是谁。

三、流程的分类与管理

企业的流程分为控制流程、核心流程和支持流程三类，如图 6 – 14 所示。

四、流程优化设计的导向和原则

流程优化设计的导向和原则如下：

（1）以客户为导向。

（2）以效率为导向。

（3）以结果为导向。

（4）以价值为导向。

（5）以闭环为原则。

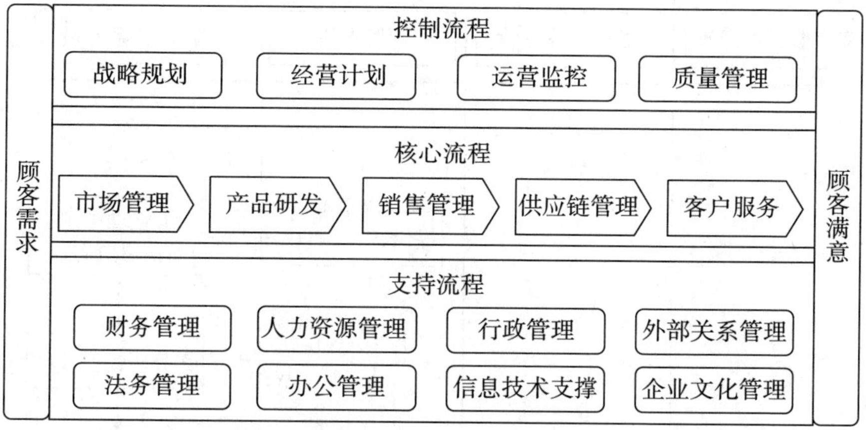

图 6 – 14　流程的分类与管理

五、流程变革的三个层次

第一个层次，业务流程建立。建立规范化的流程，使工作程序化，减少不必要的活动。

第二个层次，业务流程优化。评估现有流程的绩效并进行优化，提高流程效率，降低流程成本。

第三个层次，业务流程重组。全面评估流程，根据战略重新整合和设计流程。

客户关系维护管理流程如图 6 – 15 所示。

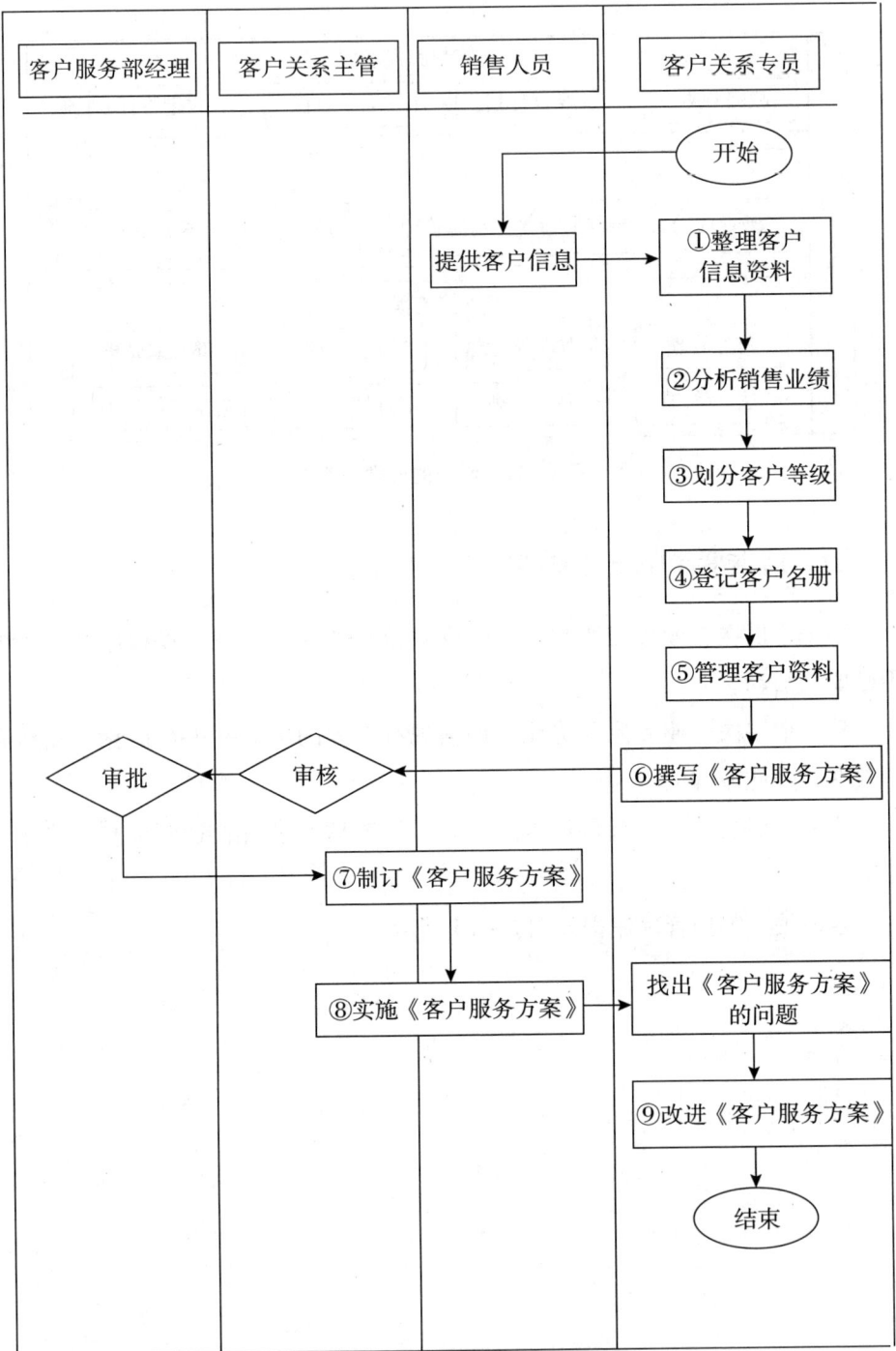

图 6—15　客户关系维护管理流程

第四节　塑造企业文化

文以载道。

普遍认为企业文化是在一定的社会历史条件下，为解决生存和发展的问题，在企业生产、经营和管理活动中逐渐形成的具有企业特色的精神形态和物质形态的总和。它包括价值观念、企业精神、道德规范、行为准则、历史传统、企业制度、物质环境、企业产品等。其中，价值观念是企业文化的核心。

企业文化管理是企业管理发展的必然趋势之一，因为企业文化管理比以往的管理方式更加注重和强调"人"这一要素。

一、企业文化的形成

企业文化的形成受诸多因素影响，如地域文化、商业环境、企业所有制结构和性质、企业发展阶段、业务特征、领导与管理风格、员工群体素质、制度因素、历史因素、工作环境等。

企业文化是企业内外环境交互影响的产物，企业文化不仅受外部环境的影响，还受企业内部因素的影响，特别是企业创始人（企业家）对企业文化的形成具有决定性影响，所以有"企业文化就是企业家的文化"的说法。

企业文化有自发形成和自觉形成两种方式：自发形成即企业文化是自然而然形成的；自觉形成即企业文化是有意识地倡导塑造形成的。

科特和赫斯克特在他们合著的《企业文化与经营业绩》一书中说：通常，公司中只有那么一两个人在推动企业文化变革中具有极为关键的基础作用。

几乎所有企业文化建设成功的案例都表明，企业文化的重新塑造只能自上而下地、有意识地倡导形成。

二、企业文化的内容

企业文化由精神层、制度层、物质层三个层面共同形成，是一个完整的体系，这三个层面的内容对企业文化建设缺一不可。

一般而言，企业文化建设物质层的问题相对容易解决，制度层的工作难度明显较大，而精神层的构造和改变最为不易。

制度层文化是企业文化与企业实际运作结合最紧密的部分，具有将精神层文化转化为物质层文化的功能，制度层文化又被称为行为层文化。

企业文化的内容如表6-4所示。

表6-4 企业文化的内容

企业文化的四个层次	企业文化三个层面的内容	CIS（企业识别系统）
心态文化	精神层	MI（理念识别）
行为文化	制度层 （员工行为——规范）	BI（行为识别）
制度文化	制度层 （组织行为——制度）	BI（行为识别）
物态文化	物质层	VI（视觉识别）

三、企业文化的六大功能

1. 导向功能

企业的愿景、使命、价值观与企业精神，能够为企业提供具有长远意义的、更大范围的正确方向，为企业在市场竞争中基本竞争战略和政策的制定提供依据。

2. 凝聚功能

企业文化是企业的黏合剂，可以把员工紧紧地团结在一起，从而能够形成强大的凝聚力，也就是我们常说的"拧成一股绳""劲儿往一处使"。

3. 激励功能

员工认同的企业文化所形成的企业内部氛围和价值导向能够起到精神激励的作用，将员工的积极性、主动性和创造性调动与激发出来。

4. 约束功能

企业文化对那些不利于企业长远发展的不该做、不能做的行为，常常具有"软约束"的作用，为企业提供"免疫"功能，具有持久的约束力和控制力。

5. 传播功能

企业文化会通过各种渠道对社会产生影响。企业文化的传播将帮助企业树立良好的公众形象，提升企业的社会知名度和美誉度。优秀的企业文化将对社会文化的发展产生良好的影响。

6. 品牌功能

企业在公众心目中的品牌形象，是一个由以产品及服务为主的"硬件"和以企业文化为主的"软件"组成的复合体。优秀的企业文化，对提升企业形象、地位和打造品牌发挥着巨大作用。

四、企业文化的重要意义和作用

优秀的企业文化对企业经营管理具有现实的重要意义，如图 6 – 16 所示。

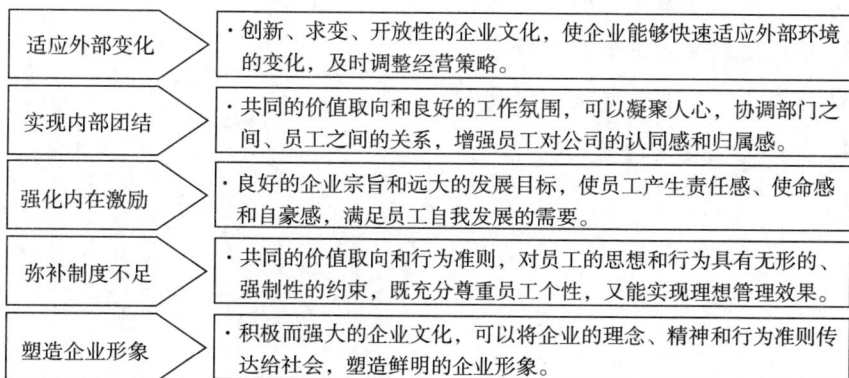

适应外部变化	·创新、求变、开放性的企业文化，使企业能够快速适应外部环境的变化，及时调整经营策略。
实现内部团结	·共同的价值取向和良好的工作氛围，可以凝聚人心，协调部门之间、员工之间的关系，增强员工对公司的认同感和归属感。
强化内在激励	·良好的企业宗旨和远大的发展目标，使员工产生责任感、使命感和自豪感，满足员工自我发展的需要。
弥补制度不足	·共同的价值取向和行为准则，对员工的思想和行为具有无形的、强制性的约束，既充分尊重员工个性，又能实现理想管理效果。
塑造企业形象	·积极而强大的企业文化，可以将企业的理念、精神和行为准则传达给社会，塑造鲜明的企业形象。

图 6 – 16　企业文化的重要意义

五、企业文化建设的五个简易方法

企业文化的建设方法如下：

（1）口号化，让复杂的理念变得简约。

（2）故事化，让枯燥的传播变得生动。

（3）制度化，让群体的行为变得规范。

（4）物质化，让抽象的文化变得具体。

（5）视觉化，让平淡的文化变得鲜活。

制度是企业文化建设的基础、底线和保障，没有制度这一高压线，任何文化都只是空泛的口号。

制度建设是一个动态和持续的过程，必须随着宏观形势的变化和企业自身的发展而不断进行修改和完善。

美国著名管理学家、《基业长青》一书的作者詹姆斯·柯林斯指出，伟大CEO 的伟大之处在于：

他们建立了在自己卸任之后，公司依然能够长久兴旺发达的企业机制；

他们专心致志地构建一种系统而持久的制度，并不刻意成为伟大的领袖；

他们奠定了企业长盛不衰的基础，使企业能够持续发展。

✏️ 思考与讨论

1. 治理结构完善的核心是什么？

2. 组织结构变革的时机有哪些？

3. 流程设计优化的导向有哪些？

4. 企业文化建设的基础是什么？

下篇

管控有术——激励管控与营销策划

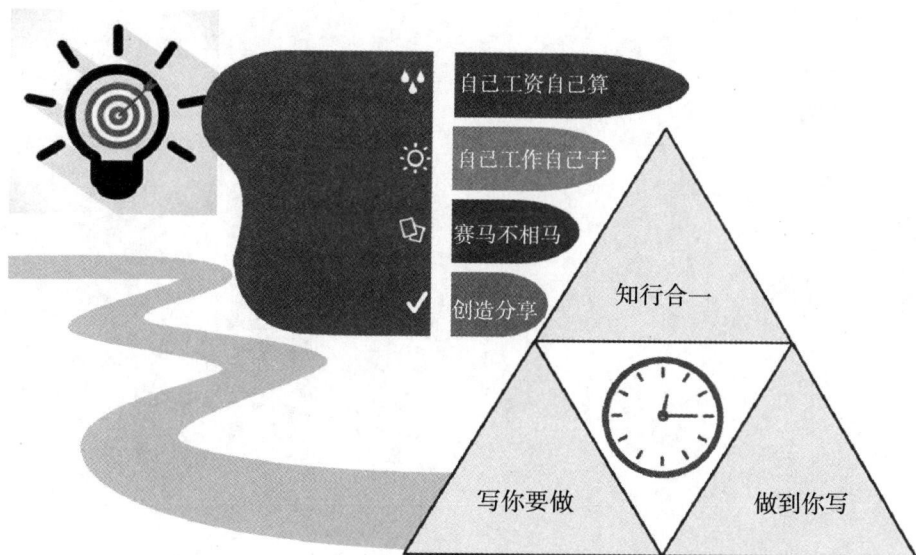

自己工资自己算

自己工作自己干

赛马不相马

创造分享

知行合一

写你要做

做到你写

第七章

农资企业的激励与管控

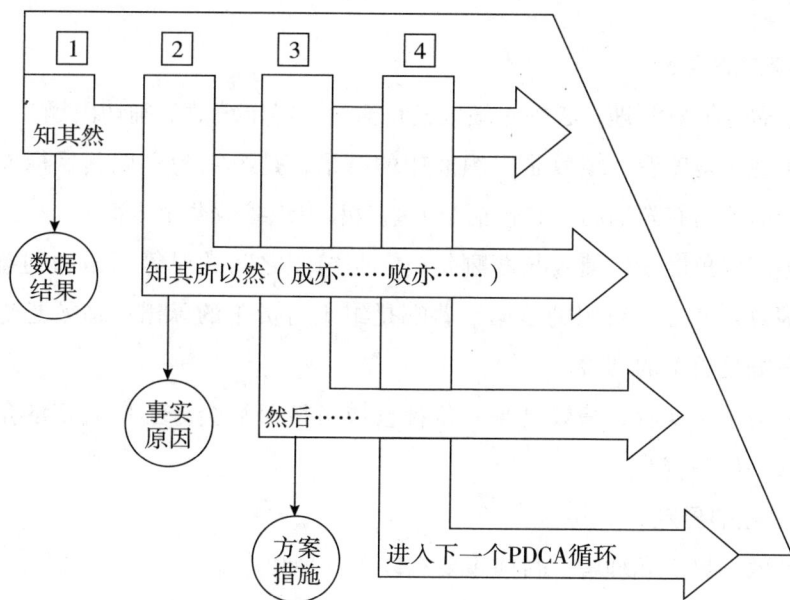

| 1 | 2 | 3 | 4 |

知其然

数据结果

知其所以然（成亦……败亦……）

事实原因

然后……

方案措施

进入下一个PDCA循环

第一节 绩效管理制度

《尚书·舜典》中载有："三载考绩，三考黜陟幽明。"

据史书记载，早在尧舜做部落联盟首领时，就已经有了考绩的做法，每三年考核一次部落首领的能力与业绩，每考核三次作为一个周期，根据这三次的考核结果对被考核者进行调整。

经营者的首要任务在于使组织产生绩效！著名管理学家彼得·德鲁克表示：所有的组织都必须思考绩效为何物，策略的拟订越来越需要对绩效的新定义。

杰克·韦尔奇表示：对于经营者来说，最有效的管理手段就是绩效管理！

一、绩效

1. 绩效的内涵

要想做好绩效管理，必须对绩效进行清楚，界定绩效的确切内涵。

从管理学角度看，绩效是组织期望的结果，是组织为实现其目标而展现在不同层面上的有效输出。它包括个人绩效和组织绩效两个方面。

从经济学角度看，绩效与薪酬是员工与组织之间的对等承诺和利益交换关系：绩效是员工对组织的承诺，薪酬是组织对员工的承诺；绩效是组织的利益，薪酬是员工的利益。

从社会学角度看，绩效是每一位社会成员按照社会分工所确定的角色应承担的那一份职责。

2. 绩效的界定

对绩效的界定和理解，目前主要有以下三种观点：

第一种观点认为绩效是结果。

彼得·德鲁克认为，管理不在于知，而在于行。不在于逻辑，而在于验证。管理的唯一权威就是成果。

第二种观点认为绩效是行为。

绩效是与组织或某个单元目标相关的工作行为。

第三种观点认为绩效是素质能力。

将以上观点综合起来可以得出，绩效关联着"目标、素质能力、行为表现、结果"四个要素。

绩效是指员工为了支撑组织的目标而采取一系列行动之后所取得的成果。也就是说，员工绩效来自组织的目标，如果没有明确的组织目标，员工的绩效无从谈起，如图7-1所示。

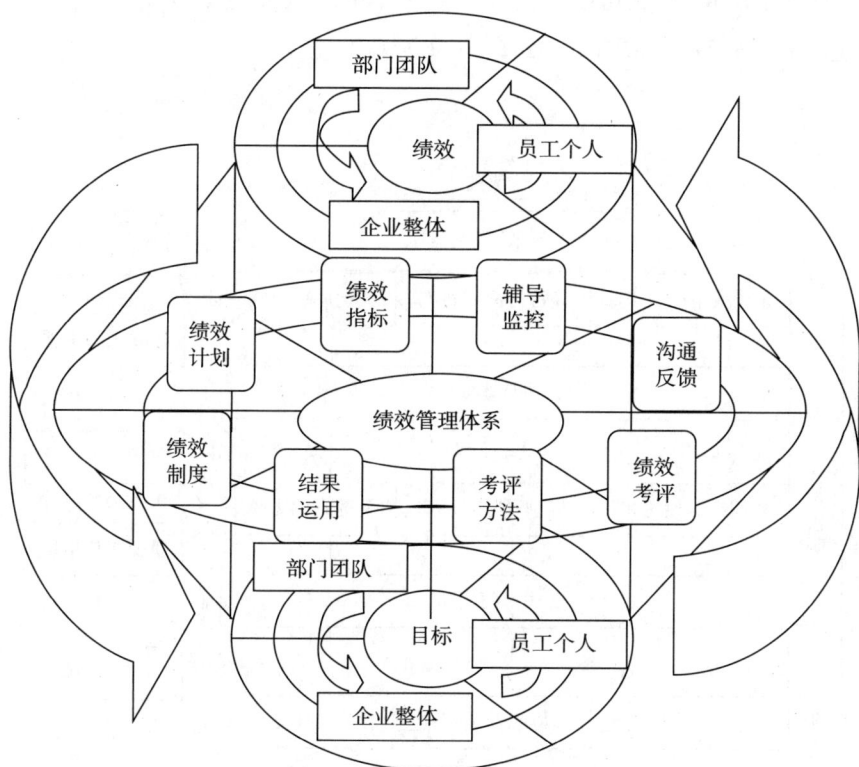

图7-1 目标牵引绩效示意

二、绩效管理与绩效考核的区别

所谓绩效管理，是指各级管理者为了达到组织目标对各级部门和员工制订绩效计划、辅导绩效实施、评价考核绩效、反馈绩效面谈、提升绩效目标的循环过程，就是将公司战略目标和经营目标传递到部门和员工，并通过部门和员工的共同努力实现目标的过程。

绩效管理的目的是持续提升组织绩效和个人绩效。

绩效管理是企业战略的执行系统。

企业战略目标通过绩效管理转换为可衡量的业绩目标，并落实到各级部门和各个岗位及员工。有效的绩效管理控制和激励机制，能够推动各级管理者和员工努力实现企业的经营目标和战略目标。

"平衡计分卡""关键绩效指标"是常用的绩效管理工具。

企业绩效管理体系的内容如图 7－2 所示。

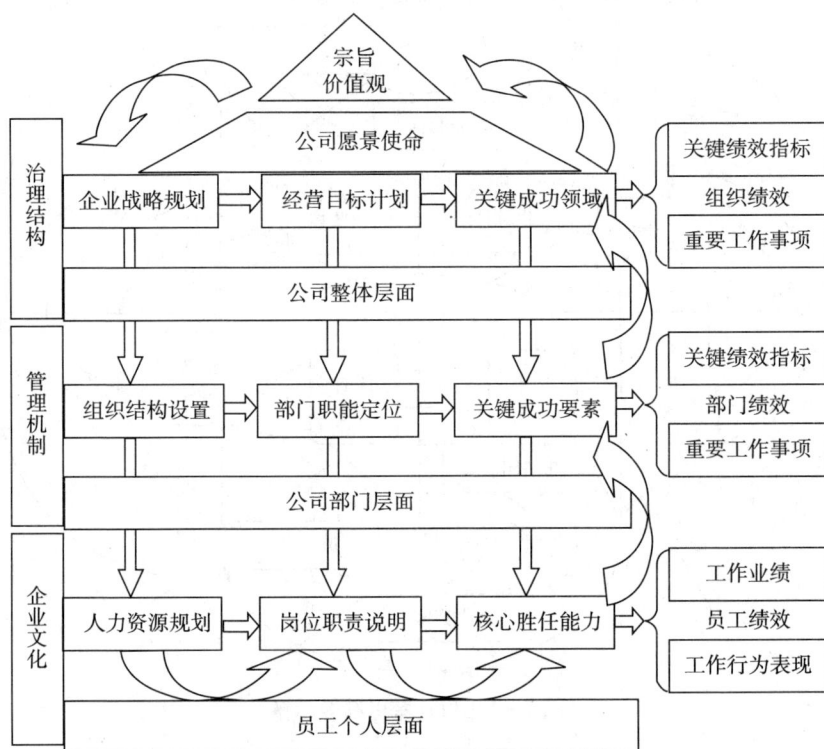

图7－2 企业绩效管理体系的内容

绩效管理是一项系统工程。绩效考核只是绩效管理过程中的一种手段和一个环节。绩效管理与绩效考核的区别如下：

（1）绩效管理是一个完整的系统；绩效考核只是这个系统中的一部分。

（2）绩效管理是一个持续的过程，注重过程管理；而绩效考核只是一个阶段性的总结。

（3）绩效管理有着完善的计划、监督和控制的手段与方法；而绩效考核只是提取绩效信息的一个方面。

（4）绩效管理注重能力的培养；而绩效考核则只关注成绩的好坏。

（5）绩效管理注重事先的沟通与承诺；而绩效考核则只关注事后的评估。

（6）绩效管理侧重于信息沟通与绩效提高；而绩效考核则侧重于判断与评估。

（7）绩效管理能建立经理与员工之间的绩效合作伙伴关系；而绩效考核则使经理与员工站到了对立面，使他们之间的距离越来越远，甚至会制造紧张的气氛和关系。

（8）绩效管理具有前瞻性，能帮助企业超前看待问题，有效规划企业和员工的未来发展；而绩效考核则只是回顾过去一个阶段的成果，不具备前瞻性。

三、绩效管理的意义

1. 绩效管理促进组织绩效和个人绩效的提升

（1）通过绩效计划，管理者可以根据公司发展战略和年度经营计划制订组织目标、部门目标和个人目标，使部门、员工明确其工作及努力方向。

（2）通过绩效辅导和沟通，管理者能及时发现下属工作中存在的问题，给下属提供必要的工作指导和资源支持，改进下属的工作态度及工作方法，保证绩效目标的实现。

（3）通过绩效考核评价，管理者可对个人和部门的阶段性工作进行客观公正的评价，明确个人和部门对组织的贡献，通过多种方式激励高绩效部门和员工继续努力提升绩效，督促低绩效的部门和员工找出差距并改善绩效。

（4）通过绩效反馈面谈，考核者与被考核者面对面地交流沟通，可以帮助被考核者分析工作中的长处和不足，促进其个人能力的提升；对绩效水平较差的部门和个人，考核者可以帮助其制订详细的绩效改善计划和措施，并就下一阶段的工作提出新的绩效目标。

绩效管理的循环如图 7 – 3 所示。

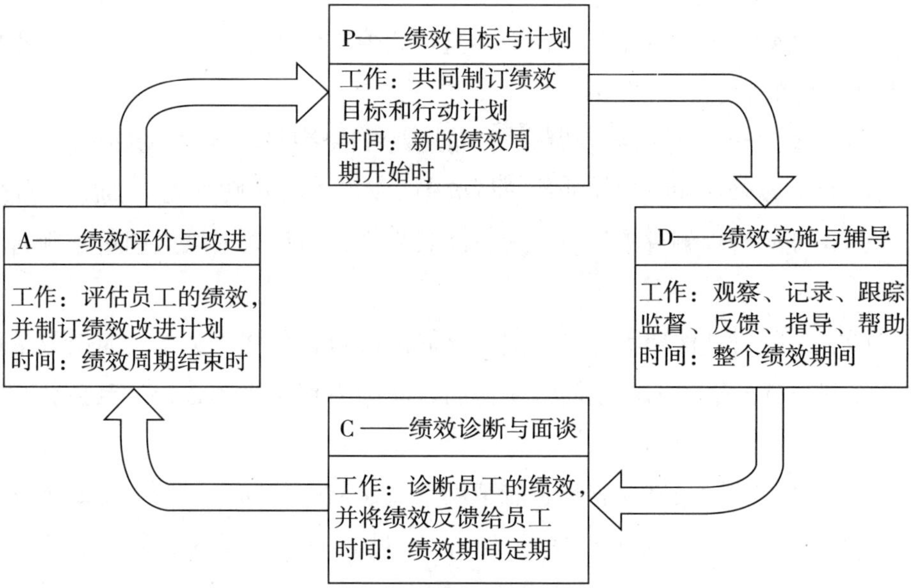

图 7 – 3　绩效管理的循环

通过绩效管理循环，组织和个人的绩效会得到螺旋式全面提升。

另外，通过绩效管理对员工进行甄选与区分，可以保证优秀人才脱颖而出，同时淘汰不适合此工作的人员，使内部人才得到成长，若能同时吸引外部优秀人才，便可充分满足组织发展对人力资源的需要。

2. 绩效管理促进管理流程和业务流程优化

企业管理涉及对人和对事的管理，对人的管理主要是激励约束，对事的管理就是流程管理，而流程极大地影响着组织的效率。绩效管理在不断提升组织运行效率的同时，可以逐步优化公司管理流程和业务流程。

3. 绩效管理保证组织战略目标的实现

企业一般都有比较清晰的发展思路和战略规划，根据远期发展目标及规划，结合外部经营环境的变化以及企业内部条件，制订年度经营计划及年度经营目标。绩效管理可以将公司的年度经营目标分解成部门的年度业绩目标，各个部门将部门年度业绩目标根据每个岗位分解，形成岗位关键业绩指标。

四、绩效管理工作的主要内容

（1）确定岗位的关键绩效因素，确保每一个岗位均有明确的 KPI。绩效管理指标的制订与分解如图 7-4 所示。

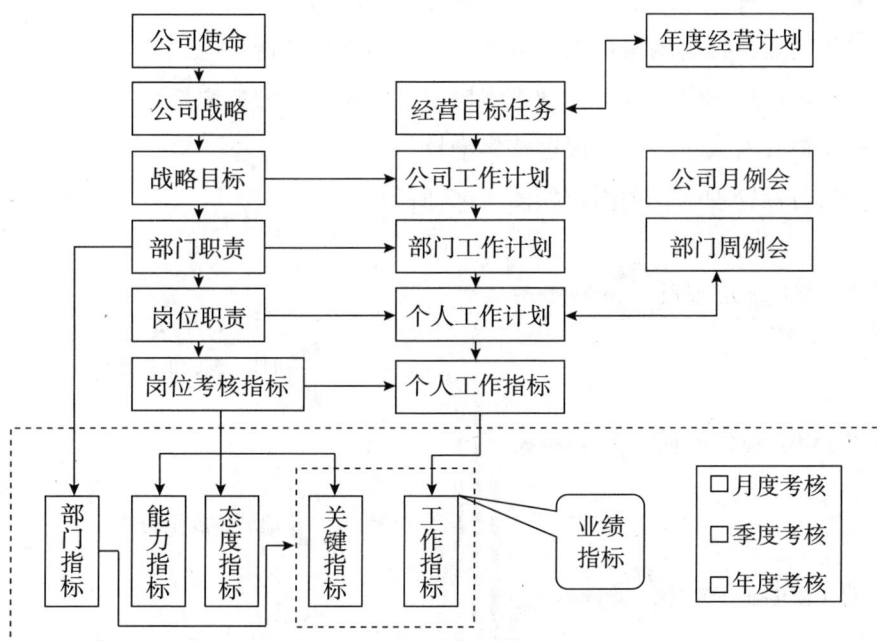

图 7-4　绩效管理指标的制订与分解

（2）在岗位绩效与公司战略、目标和价值观之间建立清晰的联系。

（3）定期检查员工绩效目标的完成情况，确保绩效评估客观公正。

（4）向员工反馈绩效评估信息，为员工改进绩效提供指导和鼓励。

（5）激励员工努力工作并通过培训和自我管理成长。

（6）为人力资源管理提供准确的员工绩效信息。

五、绩效管理工作的步骤和关键环节

1. 绩效目标与绩效计划的制订

依据组织战略目标要求，制订绩效目标与计划，自上而下地明确，要做什么工作以及做好工作的标准。

绩效目标可以分为以下四个层次：

★期初目标　　★基础目标　　★激励目标　　★卓越目标

绩效目标可以从以下七个维度来确定：

★产品维度　　★客户维度　　★员工维度　　★时间维度

★地域维度　　★部门维度　　★生产维度

销售绩效目标的增量可以从以下五个方向进行分析：

★市场渗透增量　　★区域扩张增量　　★产品增加增量

★客户开发增量　　★渠道密集增量

绩效目标管理的相关内容如图 7-5 所示。

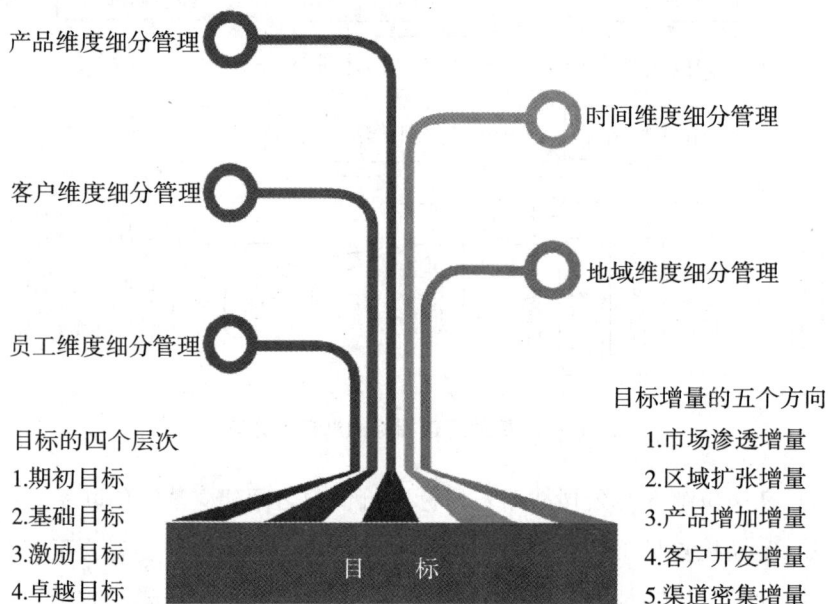

图 7-5　绩效目标管理的相关内容

2. 关键绩效指标的设定和提取

绩效指标一般分为定量指标和定性指标两大类别。

关键绩效指标的设定和提取，要做到多快好省："多"是数量指标，"快"是效率指标，"好"是质量指标，"省"是成本指标。

3. 绩效管理沟通

管理者与员工应该就目标及如何实现目标达成共识，并协助员工达成既定目标。不同类型员工绩效管理沟通的策略如表7-1所示。

表7-1   不同类型员工绩效管理沟通的策略

员工类型	特点分析	策略
贡献型	◆工作业绩好 + 工作态度好 ◆贡献型员工是创造良好团队业绩的主力军，是最需要维护和保留的	◆在了解企业激励政策的前提下予以奖励，提出更高的目标和要求
冲动型	◆好的工作业绩 + 差的工作态度 ◆冲动型下属的不足之处在于对工作忽冷忽热，工作态度时好时坏	◆沟通，通过良好的沟通建立信任，了解原因，改善其工作态度 ◆辅导，通过日常工作中的辅导，改善其工作态度，不要将问题都留到下次绩效面谈
安分型	◆差的工作业绩 + 好的工作态度 ◆安分型下属工作态度不错，工作兢兢业业、认认真真，对上司、公司有很高的认同度，可是工作业绩就是上不去	◆以制订明确的、严格的绩效改进计划作为绩效面谈的重点 ◆严格按照绩效考核办法予以考核，不能因为态度好忽视工作业绩不好
堕落型	◆工作业绩差 + 工作态度差 ◆堕落型员工会想尽一切办法来替自己辩解，或找外部因素，或自觉承认工作没做好	◆重申工作目标，澄清员工对工作成果的看法

在绩效管理中，任何理论和技术都可能会发生改变，但有一样是始终不会变的，那就是沟通，沟通贯穿整个绩效管理循环系统。绩效管理沟通主要内容如下：

（1）下属的主要工作内容是什么，应该达到何种绩效。

（2）将从哪些方面衡量这些工作，标准是什么。

（3）工作的目的和意义是什么。

（4）哪些工作是最重要的，哪些是次要的。

（5）如何分阶段地完成整个绩效期间的工作目标。

（6）下属在完成工作时有哪些权利，决策权限如何。

（7）主管和下属如何对工作的进展情况保持沟通。

（8）如何预防和纠正偏差。

（9）为完成工作，下属需要接受哪些方面的培训或通过自我开发掌握、提升哪些工作技能。

（10）完成工作之后能获得什么样的奖励，完不成会受到什么样的处罚。

（11）如何为下属提供支持、帮助和指导。

（12）针对不同类型员工采用不同的绩效面谈策略。

4. 绩效考核评价

根据事先的指标约定，对员工的工作做出客观的评价。

5. 绩效改进

一起去分析问题，确定工作改进措施。

6. 绩效结果奖惩

根据绩效考核的结果进行必要的激励，在内部形成一个公平的氛围和环境，达到凝聚员工的目的。

六、企业绩效管理制度的基本内容

企业绩效管理制度主要包括以下基本内容：

（1）绩效管理制度的指导思想、基本原则及绩效管理的战略地位。

（2）绩效考核的对象、考核周期、考核机构、考核时间与考核程序。

（3）绩效考核的主体、考核维度及考核权重设计。

（4）考核者的培训和绩效考核的实施，考核表的管理与查阅。

（5）绩效面谈的目的、绩效面谈沟通的步骤、员工申诉及处理方法。

七、评价企业绩效管理制度的九个要点

评价企业绩效管理制度的要点如下：

（1）制度是否公平、公正、公开，具有权威性。

（2）制度是否有效实施监督。

（3）制度是否具有可行性。

（4）制度是否能有效激励、有效约束。

（5）制度是否符合经营管理活动实际。

（6）制度是否规范化、标准化。

（7）制度是否与关联人沟通、征询建议、民主讨论并达成共识。

（8）制度是否有效进行信息传递、通过正式渠道传达并确认被认真学习。

（9）制度是否要求在执行过程中经常进行信息反馈并不断完善修订。

松下幸之助认为：不管有无制度，经营上总是要经常对人进行考核；如果缺少对业绩、能力的制度性考核，人们只能依赖一线监督者的意见做出人事安排，稍有疏忽，稍有不注意，就会出现不平、不公，导致不满，损害士气和效率等。

企业需要绩效管理！

管理者需要绩效管理！

员工同样需要绩效管理！

🐦 链接阅读

×××农业有限公司绩效管理制度

第一条 绩效管理宗旨

为了持续不断地提高公司各部门及员工的工作绩效，致力于公司各项经营、管理、战略目标的达成，保证公司各部门高效协调运作及公司各种规章制度的顺利贯彻实施，特制定本制度。

第二条 绩效管理原则

（1）稳定性原则：在相当一段时间内，绩效考核指标、考核标准和考核方式保持相对稳定，基本不发生较大变化。

（2）公开性原则：各级目标的制订与调整，均需各部门、目标承担者与公司或其上级共同协商讨论完成，各部门、目标承担者有知晓协商的权利。

（3）客观性原则：要做到"用事实说话"，对目标承担者的任何评价都应有明确的评价标准与客观事实做依据。

（4）参与性原则：绩效承担者要参与本部门或本岗位考核指标、考核内容的制定，同时获知上级的评价意见、评价结果。

（5）可申诉原则：绩效承担者认为有失公正的地方可要求考核者或行政人力部给予解释或调查调整。

第三条 绩效计划编制

每月的26—31日，各部门编制完成各部门（经理）、各岗位（员工）次月的绩效考核内容，报经总经理、副总经理与各部门经理共同审定后由行政人力部备案。

第四条 绩效考核层级

公司绩效考核体系分为两个层级：公司对部门（经理）的考核、部门（经理）对岗位（员工）的考核。

第五条 绩效考核的方法

公司对部门负责人及全体员工采取"关键绩效指标和目标管理相结合""定量指标和定性指标相结合"的考核方法。

第六条 绩效考核的组织

公司对各部门进行考核，每月的1—5日由行政人力部组织汇总上报月考核工作，由副总经理、总经理核定考核结果。

各部门对员工进行考核，每月的1—3日由各部门负责人组织实施完成，部门负责人核定结果，并将结果报告行政人力部核算工资。

各部门负责人具体负责本部门及本部门员工的月度工作计划及绩效考核，负责工作计划与绩效考核相关信息及数据图表的报告、收集、整理。

财务统计部、营销企划部、技术服务部、行政人力部、仓储物流部、生产采供部等职能部门负责绩效考核结果的相互核实、评估。

第七条 绩效考核内容

市场销售部人员以销量、网络渠道建设、客户开发维护、营销活动落实、技术试验示范落实等关键指标为导向进行考核。

职能部门以重要工作事项是否完结落实为导向，进行考核。

第八条 绩效考核沟通

绩效考核沟通旨在强调公司与各部门负责人、各部门负责人与员工之间必须进行有效的双向、多项有效沟通。各级负责人不仅负有评估、督导、检查下属工作的职责，而且负有培训下属工作能力及提高下属工作绩效的责任。

第九条　绩效考核结果的开发与运用

（1）部门绩效考核结果决定部门（及部门负责人）绩效奖金的计算与发放。

（2）员工绩效考核结果决定员工绩效奖金的计算与发放。

（3）公司所有绩效管理的结果进而开发运用于改进公司管理、完善流程结构、创新经营模式、员工晋升与职业生涯规划、人力资源规划、员工培训与职业技能提升等方面。

×××农业有限公司××年度××月××员工绩效管理表如表7－2所示。

表7－2　　×××农业有限公司××年度××月××员工绩效管理表

编号	（KPI）		考核标准					标准分值（分）	计划/考核人	考核得分
	考核管理项目	项目序号	产品	规格	计划	完成	完成比例	50		
1	年度管控产品考核	1							总经理	
		2								
		3								
		…								
2	产品试验示范	1						15	副总经理、部门经理、技术部门负责人	
		2								
		3								
		4								
3	市场推广管理	1						15	副总经理、部门经理、营销部门负责人	
		2								
		3								
		4								
4	客户开发管理	1						5	副总经理、部门经理、营销部门负责人	
		2								
		3								
		4								

续 表

编号	（KPI）考核管理项目	项目序号	考核标准					标准分值（分）	计划/考核人	考核得分
			产品	规格	计划	完成	完成比例	50		
5	客户分析管理	1						5	副总经理、部门经理、营销部门负责人	
		2								
		3								
		4								
6	财务统计管理	1						5	财务部门负责人	
		2								
		3								
		4								
7	行政事务管理	1						5	行政部门负责人	
		2								
		3								
		4								
8	绩效管理报表	1						否决指标	人事部门负责人	
合计		绩效工资						100	人事部门负责人、财务部门负责人	

第二节 薪酬激励制度

绩效管理与薪酬管理从本质上讲就是财富或价值的创造与分配管理：财富或价值的创造是绩效管理；财富或价值的分配是薪酬管理。薪酬管理不仅要关注如何分配，更应关注如何通过分配的杠杆激励创造财富或价值！

分配机制是一家公司的核心机制，要做好薪酬激励机制，必须明确以下几点：

（1）什么是企业价值？什么是本企业倡导的价值观念？

（2）谁创造了价值？如何与价值的创造者分享价值？

（3）如何评估价值？评价原则必须反映企业的价值导向和发展战略！

（4）如何分配价值？价值分配必须公平！

一、薪酬的构成

一般而言，员工的薪酬包括基本薪酬、奖金、津贴、福利、保险五大部分。

1. 基本薪酬

在公司内部，员工个体之间的基本薪酬有明显的差异，但基本薪酬都具有较强的刚性，一般能升不能降。基本薪酬部分常常存在的问题有两方面：一是部分职位的基本薪酬大大低于市场水平，要提升个人收入主要靠加班；二是部分职位的基本薪酬过高，但基本薪酬失去了弹性。

2. 奖金

薪酬中反映员工的工作业绩的部分为绩效奖金，薪酬中反映公司的经济效益的部分为效益奖金。绩效奖金及效益奖金部分不足会导致薪酬与个人工作业绩和公司经济效益脱节。

3. 津贴

公司津贴设置不合理，会对一些特殊的工作岗位缺少补偿，同时会使薪酬失去灵活性。

4. 福利

福利一般是每个员工都能享受的利益，它最大的功能是给员工以归属感。福利注重和强调长期性、整体性和计划性。如果福利制度不完善或缺少整体规划，就会出现花费了资金却没有让员工产生归属感的情况。

5. 保险

保险其实属于福利的一种，它是对员工长远利益的保证或者对突发事件的预防。其中，社会保险更具有强制性，能使员工具有安全感。

薪酬体系结构如图7-6所示。

图 7 – 6　薪酬体系结构

薪酬结构的设计一定要注意不同薪酬单元的构成及其功能与运用。

（1）有形薪酬，包括工资等内容。

（2）无形薪酬，包括信任、赏识、授权、提供学习机会等内容。

（3）精神薪酬，包括荣誉等内容。

（4）物质薪酬，包括公共设施、生活用品、住房、旅游休假、保险等内容。

二、决定和影响薪酬体系的因素

决定和影响薪酬的因素如图 7 – 7 所示。

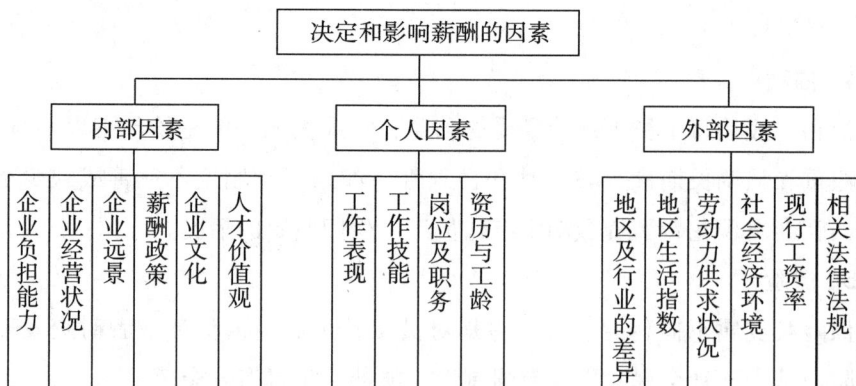

图 7 – 7　决定和影响薪酬的因素

1. 内部因素

（1）企业负担能力。员工的薪酬水平与企业负担能力的大小存在着非常紧密的关系：如果企业的负担能力强，那么员工的薪酬水平高且稳定；如果薪酬负担超过了企业的承受范围，那么企业会严重亏损、停产甚至破产。

（2）企业经营状况。企业经营状况直接决定着员工的薪酬水平。经营状况好的企业，其薪酬水平相对比较稳定且一般有较大的增幅。

（3）企业远景。企业处在生命周期不同的阶段，企业的盈利水平和盈利能力及远景是不同的，这些差别也会导致薪酬水平的不同。

（4）薪酬政策。薪酬政策是企业分配机制的直接表现，薪酬政策直接影响企业利润积累和薪酬分配。注重高利润积累的企业与注重利润与分配平衡的企业在薪酬水平上是不同的。

（5）企业文化。企业文化是企业分配思想、价值观、追求目标、价值取向和制度的土壤。企业文化不同，必然会导致薪酬制度不同。这些不同决定了企业的薪酬模型、分配机制的不同，间接决定和影响着企业的薪酬水平。

（6）人才价值观的不同会直接导致薪酬水平的不同。

2. 个人因素

（1）工作表现。员工的薪酬是由个人的工作表现决定的，因此在同等条件下，高薪也来自个人工作的高绩效。

（2）工作技能。现在企业竞争更是人才之争，掌握关键技能的人，已成为企业核心竞争力之一。

（3）岗位及职务。岗位及职务的差别意味着责任与权利和对企业价值及重要性的不同，因此不同岗位及职务的薪酬水平差异较大。

（4）资历与工龄。通常，资历高和工龄长的员工的薪酬水平相对较高。

3. 外部因素

（1）地区及行业的差异。一般，经济发达地区的薪酬水平比经济落后地区的高，处于成长期和成熟期的行业与企业的薪酬水平比处于衰退期的高。

（2）地区生活指数。企业在确定员工的基本薪酬时应参照当地的生活指数，一般生活指数高的地区，其薪酬水平相对也高。

（3）劳动力供求状况。员工工资受供求状况影响，劳动力的供求关系失衡时，员工工资会偏离其本身的价值：供大于求时，员工工资水平会相对下降；供小于求时，员工工资水平会相对上升。

（4）社会经济环境。社会经济环境明显影响薪酬水平，社会经济状况较好时，员工的薪酬水平相对较高。

（5）现行工资率。国家对部分行业和企业规定了相应的工资率，工资率是影响员工薪酬水平高低的一个关键因素。

（6）相关法律法规。与薪酬相关的法律法规包括最低工资制度、个人所得税征收制度以及强制性劳动保险种类及缴费水平制度等。这些法律法规都会直接影响员工的薪酬水平。

三、薪酬体系设计的基本原则

1. 内部公平性

按照承担责任的大小，需要的知识的多少、能力的高低，以及工作性质要求的不同，在薪资上要合理体现不同层级、不同职系、不同岗位对企业的价值贡献差异。

2. 外部竞争性

企业只有在行业中保持薪资福利的竞争性，才能够不断吸引优秀的人才。

3. 与绩效的相关性

薪酬必须与企业、团队和个人的绩效密切相关，不同的绩效考评结果应当在薪酬中体现出来，体现公平性，从而最终保证企业整体绩效目标的实现。

4. 激励性

薪酬必须以增强工资的激励性为导向，通过动态工资和奖金等工资单元的设计激励员工积极工作。

5. 可承受性

企业薪资水平的确定必须考虑企业实际的支付能力，薪酬水平须与企业的经济效益和承受能力保持一致。人力成本的增长幅度应低于总利润的增长幅度，同时应低于劳动生产率的增长速度。用适当的工资成本增加引发员工创造更多的经济增加值，才能实现可持续发展。

6. 合法性

薪酬体系的设计应当符合国家和地区相关劳动法律法规。

7. 可操作性

薪酬管理制度和薪酬结构应当尽量浅显易懂，使员工能够理解并按照企业的引导来规范自己的工作行为，达成更好的工作效果。

8. 灵活性

企业在不同的发展阶段和外界环境发生变化时，应当及时对薪酬管理体系进行调整，这就要求薪酬管理体系必须具有一定的灵活性，以适应社会和经营环境的变化和企业发展的要求。

9. 适应性

薪酬管理体系应当能够体现企业自身的业务特点、企业性质以及企业所处区域、行业的特点，并能够适应这些因素的要求。

总而言之，企业的薪酬体系设计一定要做到"对内具有激励性，对外具有竞争力，合法合规"，并遵循"四个公平"和"四个匹配"。

四个公平：

（1）对外公平。

（2）对内公平。

（3）对人公平。

（4）制度公平。

四个匹配：

（1）薪酬总额与企业业绩匹配（企业层面）。

（2）薪酬总额与岗位匹配（个人层面）。

（3）薪酬总额与能力匹配（个人层面）。

（4）薪酬总额与绩效匹配（个人层面）。

企业工资成本的高低，只有相对没有绝对。

企业的最低工资成本是为达成业绩目标、有能力、优秀、合格的员工发放高工资；企业的最高工资成本是为达不成业绩目标、没能力、不合格的员工发放低工资。

企业薪酬体系设计还要着重解决好员工基本的安全保障，吸引关键人才，以及短期与长期、个人与团队、新员工与老员工的关系等问题。

四、薪酬体系设计的基本步骤与内容

1. 薪酬调查

薪酬调查主要解决薪酬设计中的对外竞争力和对内公平问题，是整个薪酬设计的基础，是解决企业薪酬激励问题、做到薪酬个性化和有针对性设计的根本依据。

通常，薪酬调查包括以下三个方面的内容：

（1）企业薪酬现状调查。通过科学的问卷设计，从薪酬水平的三个公平——内部公平、外部公平、自我公平——的角度了解现有薪酬体系中的主要问题以及造成问题的原因。

（2）薪酬水平调查。主要是掌握行业和地区的薪酬增长状况，不同薪酬结构的对比，不同职位和不同级别的职位薪酬数据、奖金和福利状况，长期激励措施以及未来薪酬趋势等信息。

（3）薪酬影响因素调查。综合考虑薪酬的外部影响因素，如国家的宏观经济、通货膨胀、行业特点和行业竞争情况、人才供应状况；企业的内部影响因素，如盈利能力和支付能力、人员的素质要求及企业发展阶段、人才稀缺度、招聘难度等。

2. 确定薪酬分配的原则和策略

通过薪酬的内外部调查，确定薪酬分配的依据和原则，以此为基础确定企业的有关分配政策。

3. 岗位分析

岗位分析的基本步骤和内容如下：结合企业发展战略和经营目标，通过业务分析和人员分析，界定部门职能和职位关系，进而进行岗位职责调查分析，最终完成编写岗位说明书。

4. 岗位评价

通过比较企业内部各个岗位的相对价值和重要性，确定岗位等级序列。岗位评价主要解决企业薪酬体系设计的内部公平性问题。

5. 设定薪酬类别和方式

针对不同类型人员应当设定不同的薪酬类别。对企业高层管理者可以采用与年度经营业绩相关的年薪制；对管理序列人员和技术序列人员可以采用岗位技能工资制；对营销序列人员可以采用业绩工资制；对企业急需的关键人才可以采用特聘工资制。

6. 薪酬结构设计

企业薪酬的结构设计，要综合考虑岗位层级、岗位所在职系、岗位员工的技能和资历及岗位的绩效等因素。

五、企业激励约束机制的演变

激励约束机制的根本出发点是人，根本目的是通过对人的激励约束增强企业的活力和竞争力，使企业在激烈的市场竞争中占据相对有利的地位。

迄今为止，对激励约束机制的理论认识和实践应用，主要经历了以下五个阶段。

第一阶段，着重把"惩罚与奖赏"作为激励约束方法。

第二阶段，着重把"工作设计和参与管理"作为激励约束方法。

第三阶段，着重把"人力资源管理"作为激励约束方法。

第四阶段，着重把"组织气氛和企业文化"作为激励约束方法。

第五阶段，综合系统地运用"现代企业激励理论"进行激励约束。

六、薪酬激励

1. 薪酬激励机制

（1）增收薪酬激励机制。

（2）降本薪酬激励机制。

（3）标杆薪酬激励机制。

（4）连坐薪酬激励机制。

（5）按揭薪酬激励机制。

（6）股权薪酬激励机制。

2. 股权激励

华为在 20 世纪 90 年代开始就实行全员持股，并与客户在全国建立合资公司。

未来的趋势不是雇用，而是合伙人模式。合伙人的重要性甚至超过了商业模式和行业选择。

（1）股权的用途。企业面对的是复杂的市场环境和多变的管理环境。股权对外可以融资，可以扩张市场，对内可以解决管理和激励问题。股权是企业融资、开拓市场的重要利器，也是吸引人才、保留人才和激励人才的重要方式。股权的用途如图 7-8 所示。

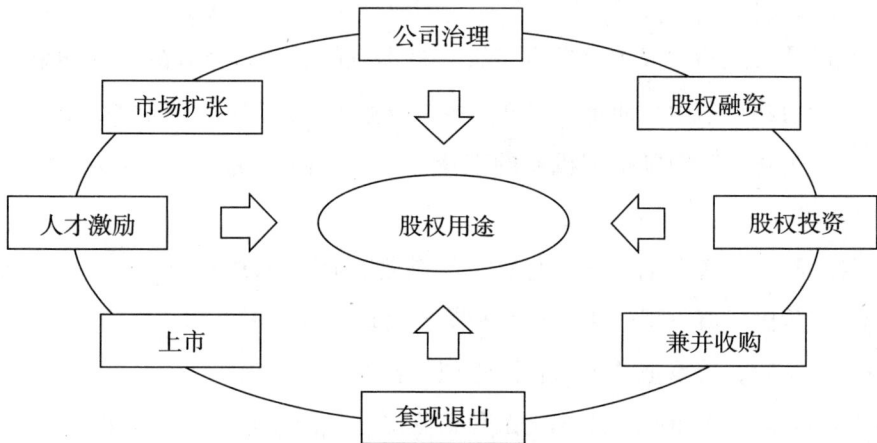

图 7-8 股权的用途

（2）股权激励实施的一般程序与内容如图 7-9 所示。

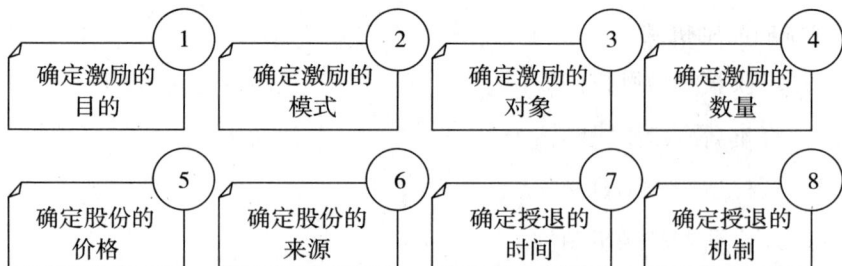

图 7-9 股权激励实施的一般程序与内容

3. 非物质激励的方式

马斯洛的需求层次理论强调，人的需求是多层次和变化的，人的高层次的需求是精神的。

企业做好非物质激励具有重要意义。非物质激励的方式如图7－10所示。

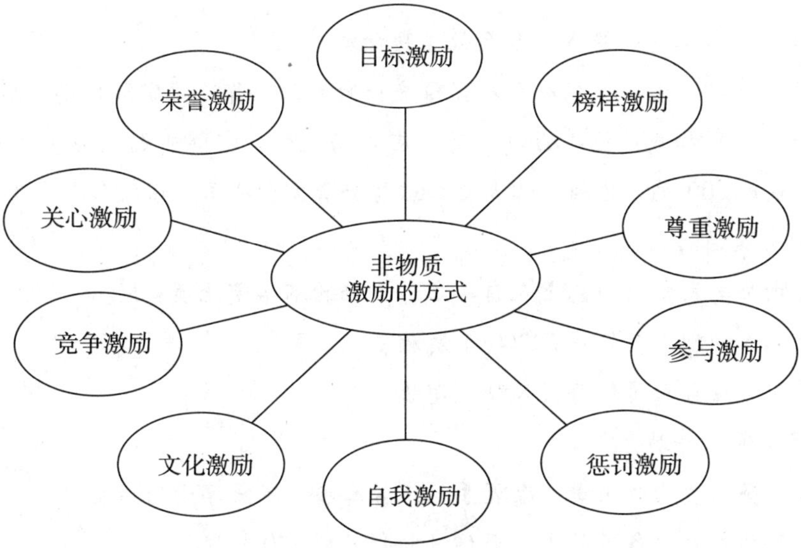

图7－10　非物质激励的方式

📣 **链接阅读**

×××农业有限公司薪酬管理制度

为充分贯彻公司"创造与分享"的价值理念，调动公司全体员工的积极性，经公司研究决定，对公司20××年度薪酬管理制度修订如下。

一、薪酬结构

（1）基础工资：基本工资、岗位工资、全勤工资。

（2）岗位补助工资：交通补助、通信补助、住宿补助、伙食补助、电脑补助。

（3）月度绩效管理工资：月度绩效管理工资、月度目标基数绩效工资。

（4）月度业绩奖励：月度业绩奖金、产品销售业绩奖金。

（5）年度业绩奖励：业绩增幅奖金、年终业绩奖励。

（6）车辆补助：月度车辆补助、年度车辆补助。

二、薪酬标准

详见《公司薪酬标准表》（略）。

三、薪酬项目核算说明

（1）基本工资：根据出勤天数核算计发。

（2）岗位工资：根据公司及岗位应出勤天数核算，按实际出勤天数计发。

（3）工资加减：根据公司及岗位应出勤天数，实际出勤天数多于应出勤天数，奖励200元，凡因工作需要加班超勤者需向公司申请报备。

（4）交通补助：

①由公司配备或同意个人自备工作车辆的不享受此项补助。

②无车管理人员按每月200元发放。

③无车业务人员按每月800元发放。

（5）通信补助：

①业务人员由公司统一配置手机卡号套餐，不再享受通信补助。

②职能人员自备卡号者，通信补助每月按200元发放。

（6）住宿补助：

①负责1个县的初级销售主管，标准为1400元/月。

②负责1个县以上区域的初级销售主管，标准为（1400＋300）元/月。

③负责1个县的中级和高级销售主管，标准为1600元/月。

④负责1个县以上区域的中级和高级销售主管，标准为（1600＋300）元/月。

⑤未转正的新员工，标准为100元/天。

⑥实际出勤天数少于应出勤天数者，住宿补助按实际出勤天数核算计发。

（7）伙食补助：50元/天，按实际出勤天数核算计发。

（8）电脑补助：

①凡由公司配置电脑的员工，电脑补助不再发放。

②员工自备电脑者每人每月补助200元。

（9）月度绩效管理工资：月度绩效工资标准×绩效管理考核得分。

（10）月度目标基数绩效工资：月度目标基数绩效工资标准×绩效管理考

核得分。

详见《公司目标基数绩效工资标准表》(略)。

(11) 月度业绩奖金：

①主管：每月按实际销售额的千分之八计算，随工资当月发放 (公司特价处理产品不计奖励，退货减计销售额及对应奖金并承担退货费用)。

②经理：每月按实际销售额的千分之六计算，随工资当月发放 (公司特价处理产品不计奖励，退货减计销售额及对应奖金并承担退货费用)。

(12) 单产品销售业绩奖金：根据公司规定的不同销售时间内的不同单品的不同销量标准的奖励办法计算，年底按该单品销售完成比例同比核算 (最高按100%核算) 发放，中途离职不再计发。

(13) 业绩增幅奖励：销售主管年终业绩增长率排名前10者，每人年终一次性奖励3000元。

(14) 年终业绩奖励：详见《业绩基数核定及增长预算表》(略)。

★销售主管：

A. 依据上年实际实现销量，结合当年销售价格政策变化情况，以核定的业绩基数销售额为准，今年销售增长额小于《业绩基数核定及增长预算表》中"A"标准，按年度销售额的1.0%计发年终业绩奖励工资。

B. 依据上年实际实现销量，结合当年销售价格政策变化情况，以核定的业绩基数销售额为准，今年销售增长额大于等于《业绩基数核定及增长预算表》中"A"标准：

①年度销售额在160万元以下者，按年度销售额的1.4%计发年终业绩奖励工资。

②年度销售额为160万 (含) ～240万元者，按年度销售额的1.6%计发年终业绩奖励工资。

③年度销售额在240万 (含) 元以上者，按年度销售额的1.8%计发年终业绩奖励工资。

★销售经理：

A. 依据上年实际实现销量，结合当年销售价格政策变化情况，以核定的业绩基数销售额为准，今年销售增长额小于《业绩基数核定及增长预算表》

中"A"标准，按年度销售额的0.8%计发年终业绩奖励工资。

B. 依据上年实际实现销量，结合当年销售价格政策变化情况，以核定的业绩基数销售额为准，今年销售增长额大于等于《业绩基数核定及增长预算表》中"A"标准：

①年度销售额在1000万元以下者，按年度销售额的1.2%计发年终业绩奖励工资。

②年度销售额在1000（含）万元以上者，按年度销售额的1.4%计发年终业绩奖励工资。

★副总经理：

依据上年实际实现销量，结合当年销售价格政策变化情况，以核定的业绩基数销售额为准，按年度销售额增量部分的1.0%计发年终业绩奖励工资。

（15）车辆补助：

①公司同意自备工作车辆的人员：

销售部门：主管1.2元/千米；经理1.5元/千米。

管理部门：主管1.0元/千米；经理1.2元/千米。

②公司自有车辆：加油、保养、过路过桥费用实报实销。

本制度自20××年1月1日开始执行，制度中未尽事宜由公司人力资源部负责解释界定。

第三节　会议管控制度

管理无处不在，无时不在，人类几乎所有活动都存在管理。

科学管理之父泰罗：管理就是要确切地知道要他们干什么，并注意要他们用最好的办法去干。

法约尔表示：管理就是实行计划、组织、指挥、协调和控制。

西蒙表示：管理就是决策。

斯蒂芬·罗宾斯认为：管理就是和其他人一起并且通过其他人来切实有效地完成活动的过程。

管理大师德鲁克表示：管理就是界定企业的使命，并激励和组织人力资源去实现这个使命。界定使命是企业家的任务，而激励与组织人力资源是领导力的范畴，二者的结合就是管理。

管理的真谛是聚合企业的各类资源，充分运用管理的功能，以最优的投入获得最佳的回报，以实现企业既定目标。

管理涉及四个基本要素：目标、资源、效率、效益。

管理内容包含五个方面：人、财、物、信息、时空。

管理的手段包括五个方面：强制、交换、惩罚、激励、沟通与说服。

管理的过程包括六个环节：管理规则的确定，管理资源的配置，目标的设立与分解、组织与实施，过程控制，效果评价，总结与奖惩。

管理的目的是提高效率和效益，管理的核心是人，而人的管理的根本在于对人的能力和时间的管理！

在一定的管理理念的指导下，由管理方法、管理制度、管理工具、管理程序等组成的管理体系、管理模式产生于管理实践。时间管理、工作汇报和会议管理是传统而又常新的管理方式。

销售人员管理控制的九维模型如图 7-11 所示。

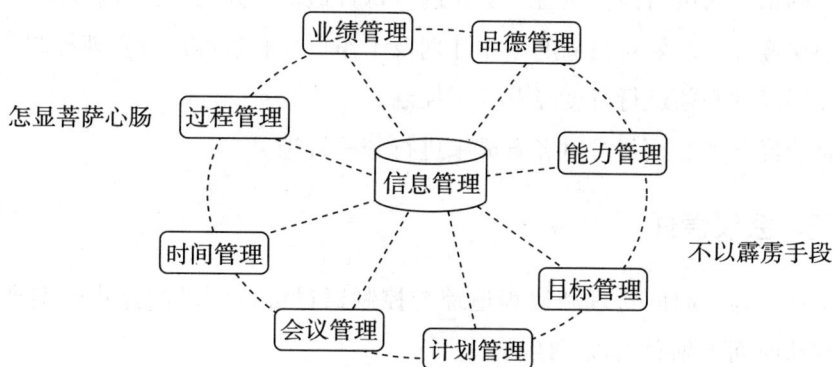

图 7-11 销售人员管理控制的九维模型

一、经营目标实现的关键是目标分解和过程追踪与控制

企业在制订经营目标（包括销售额目标、毛利目标、渠道客户开发目标、

货款回收目标等）后，实现目标的关键在于以下两个方面：

1. 目标分解

要具体细致地将上述各项目标分解给各区域、各个经销商，各销售员、再通过制订各项销售与推广计划协助经销商、销售员完成月度、季度、年度或不同产品、不同地区的销售目标。

2. 过程追踪与控制

销售经理要对销售过程进行追踪与控制，及时了解日常销售工作的动态、进度，及早发现销售活动中所出现的异常现象及问题，并立即解决。销售过程的追踪与控制是目标变为结果的保证。

二、时间管理

据统计分析，销售人员的工作时间分配，行政事务占15%，等待占25%，路程占30%，接打电话占10%，而真正面对面地与客户沟通的时间可能连20%都不到。

销售过程管理与控制的关键，就是把过程管理当中的时间管理，从过去的年度总结改变为过程追踪，细化到每月追踪、每周追踪直至每日追踪。

基础销售人员与销售主管一定要进行每日追踪，并进行自我管理。

中层经理一定要对每周的工作计划及工作目标和进度进行管理控制。

高层经理必须进行月度经营管理控制。

企业经营者必须每月对经营成果进行分析管理。

三、会议管理

工作沟通、时间管理和过程追踪与控制通过会议管理的方式来实现。会议管理从时间上划分为以下四类：

一是以过程管理为导向的日工作汇报，以员工为主体；

二是以问题管理为导向的周工作会议，以部门为单位；

三是以结果管理为导向的月度经营会议，以公司为主体；

四是以战略管理为导向的半年度会议，全员参加。

销售人员每日工作汇报，以员工为责任主体，以员工自我管理为主，由上级主管或经理及公司职能部门监督、指导、评价；部门每周工作会议，由部门经理负责组织本区域所有销售人员召开，并有公司高层经理参与；月度经营会议由公司负责组织召开，各销售经理和职能部门经理参加，全面分析和总结月度工作计划。

会议类别与会议管理如图 7-12 所示。

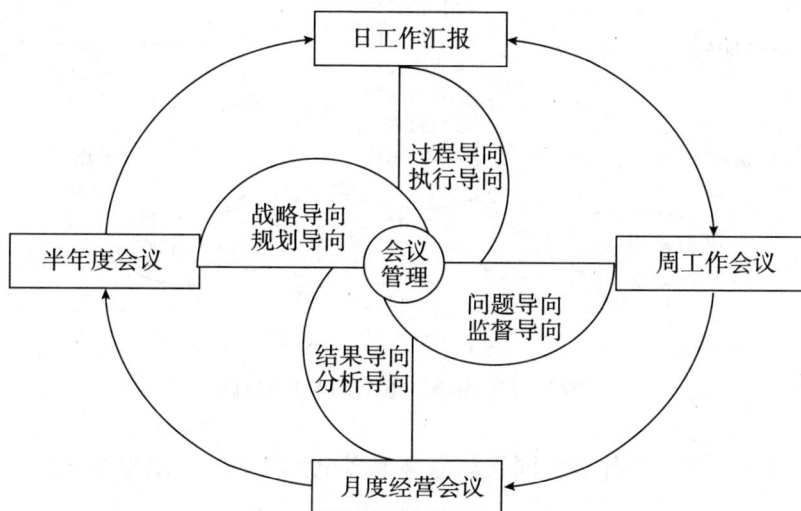

图 7-12　会议类别与会议管理

四、销售人员每日管理及工作汇报

1. 销售人员行程轨迹日报图

农资销售人员面对的销售群体参差不齐而且分布广泛，需要花费大量时间深入田间地头，其行踪不定而且多变，容易迷失和怠惰，所以对农资销售人员的行程和工作内容、工作过程进行指导、督促、管理尤其重要。

销售人员必须做到每日进行 12 个思考并指导自己的行动和工作过程，销售人员行程轨迹管理如图 7-13 所示。

12 个思考的内容如下：

➢ 我们的目标是什么？我们的产品是什么？我们的客户在哪里？

➢ 今天的工作如何计划？今天的工作如何行动？今天的工作如何总结？

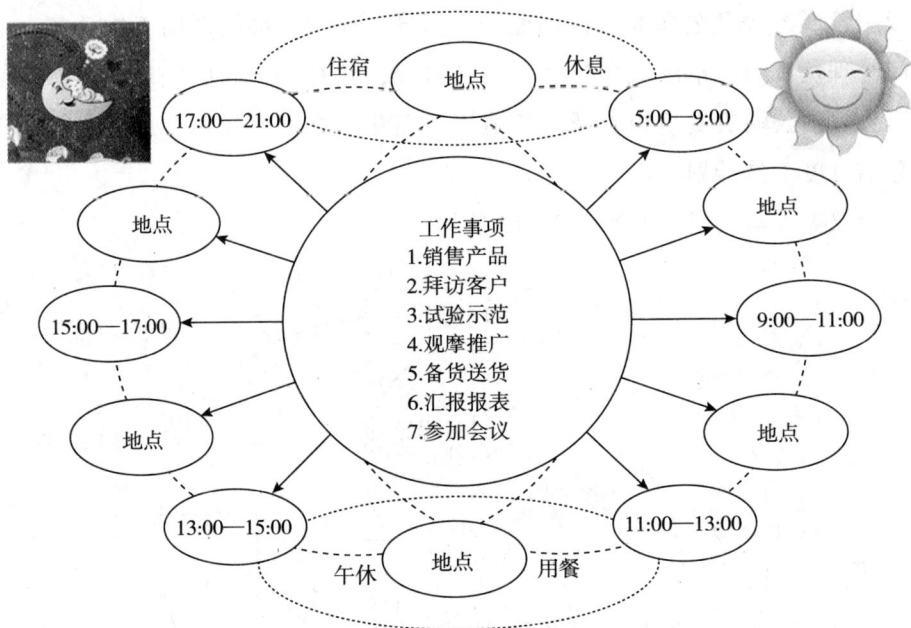

图 7 - 13 销售人员行程轨迹管理

➤ 客户的需求是什么？同行如何赢得客户？我们如何赢得客户？

➤ 今天如何承担责任？今天如何整合资源？今天如何实现绩效？

2. 销售人员工作日报表

销售人员工作日报告内容详见表 7 - 13。

3. 每日汇报

销售人员将每月工作日报表发至公司行政人力部并列入绩效考核。

4. 销售人员每日工作管理内容

（1）每日拜访计划。销售人员在清楚公司分配的销售目标及销售政策后，应每天制订拜访计划，包括计划拜访的区域及客户；拜访的时间；计划拜访的项目或目的（开发新客户、市场调研、收款、提供服务、处理客户投诉、订货或其他），这些都应在表 7 - 13 中准确填报。

（2）每日销售报告。销售人员在工作结束后，要将每日的出勤状况、拜访客户洽谈结果、客户投诉处理结果、货款回收结果或订货目标达成的实绩与达成率、竞争者的市场信息、客户反映的意见、客户的最新动态、今日拜访心得等资料，填报汇总给上级主管或销售经理，公司必须知道销售人员每天要做什么、每天做得怎么样。

（3）工作评价指导。销售主管或销售经理应就销售人员的工作进度加以追踪，同时对每天的工作实绩和效率进行评估、指导。

（4）市场状况反映。销售人员在拜访客户的过程中，会掌握许多有用的信息，如客户对产品提出的意见、竞争对手的新的促销活动或推出的新品、经销商是否有严重的抱怨、客户公司的人事变动等，销售人员应将这些信息向销售主管或销售经理汇报，若情况严重影响公司产品的销售，应写专题报告以便公司重视、研究。

五、销售部门每周工作会议

周工作会议，主要由各部门组织召开，主要目的是促进部门全体员工之间的沟通和协调，促进能力提升。周工作会议提倡贯彻"问题管理"理念，会议议题主要是厘清工作思路，统筹安排下一周的工作，避免工作漏项，及时发现上一周工作中存在的问题，当即分析问题和尽快解决问题，监督、指导、帮助每位员工提高工作效率，追踪、掌握每位员工的工作计划事项进度和绩效目标达成程度，通过"问题管理"来提升公司执行力和经营管理水平。会议强调关注问题，但不聚焦于问题，要聚焦于解决问题，要集思广益，找到解决问题的方法。

农资企业的销售部门每周工作会议的内容可以概括为"八点五项"。

1."八点"

（1）本周工作的重点作物是哪些？

（2）本周工作的重点产品是哪些？

（3）本周工作的重点县域是哪些？

（4）本周工作的重点员工是哪些？

（5）本周工作的重点客户是哪些？

（6）本周工作的重点数据是哪些？

（7）本周工作的重点问题是哪些？

（8）本周工作的重点措施是哪些？

2."五项"

（1）本周的市场分析工作完成得如何？

（2）本周的技术示范工作完成得如何？

（3）本周的观摩推广工作完成得如何？

（4）本周的渠道开发工作完成得如何？

（5）本周的客户分析工作完成得如何？

六、公司月度经营会议

月度经营会议主要以结果为导向，以数据分析和月度工作计划的完成情况为切入点，通过总结成果、分析问题与原因、确定措施、验证策略，逐项解决企业的阶段性问题，逐步培养企业中高层管理团队的经营管理能力，提高企业的整体效益。

月度经营会议的六步分析法如图 7 – 14 所示。

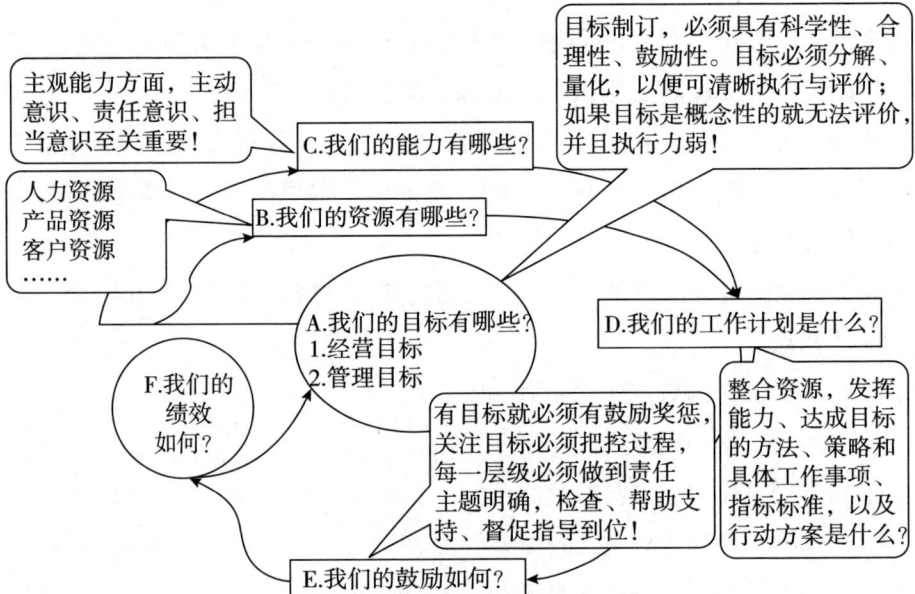

图 7 – 14　月度经营会议的六步分析法

1. 一定要做月度分析报告

首先，财务部要做好公司的月度经营分析报告，对公司一个月的经营成果进行分析，重点是公司盈利能力分析、成长能力分析、活动能力分析，并提出改善建议。

其次，各部门都要在会前做好部门月度工作分析报告。

2. 一定要有数据对比分析

数据会说话！

通过公司及各部门的各项经营管理数据，可以清晰地看到公司的经营成果，清晰地了解企业的经营现状，明确公司经营存在的问题。通过数据实际值与目标值对比，可以锁定未达成的目标指标，锁定执行力较差的部门、岗位、员工，从而有针对性地确定管理措施、调配管理资源、解决管理问题。

3. 一定要完成上月绩效评价

4. 一定要做好下月绩效计划

5. 一定要做好会议事项跟踪

所有的会议决定、改善措施一定要按会议精神推进、检查、验证，做到"会而有议、议而有决、决而有行、行而有果"。

▶ 链接阅读

×××农业有限公司会议管理制度

第一章　目的

第一条　为规范各种会议管理，发挥会议在公司经营与管理决策、协调中的重大作用，使会议成为公司日常经营管理的一种重要工作方式，特制定本制度。

第二章　会议类别

第二条　部门日工作例会及工作日报。

（1）部门日工作例会是由各部门负责人每日召开的工作例会。

（2）例会时间由各部门根据部门工作特点合理安排，以不影响日常工作的正常进行为原则，一般每天召开一次。

（3）部门日工作例会内容包括本部门内部昨天工作总结，明天工作计划与安排及重点工作事项，内部工作协调，存在的具体问题及解决办法，部门员工工作评价与改进措施。

（4）部门日工作例会可采取电话或微信形式。

（5）员工每日将自己一天的工作内容编写成工作日报发布在公司微信工作群中。

第三条 部门每周工作会议。

（1）每周六或周日召开部门每周工作例会。

（2）以问题为导向，统筹安排下一周的工作，避免工作漏项，及时发现上一周存在的问题，当即分析并尽快解决。

（3）各业务部门的周工作会议，必须按照公司统一的周工作会议管理指导的要求召开，并将会议内容记录在周工作会议管理指导中报公司备案。

第四条 部门月度绩效工作会议。

（1）每月26日起召开部门月度绩效工作会议。

（2）主要内容：本部门内部上月工作总结，下月工作计划与安排，及重要工作事项、内部工作协调，存在的问题及解决办法，评定本部门员工工作、改进措施及绩效考核结果。

第五条 公司月度经营管理会议。

（1）公司月度经营管理会议由总经理组织召开。

（2）参加人员为总经理、副总经理、区域销售经理、各部门负责人。

（3）时间一般为每月的26—31日，公司月度经营管理会议一般在各部门月度绩效工作会议后召开。

（4）行政人力部负责通知相关人员，并做好会议的相关准备工作。

（5）会议纪要由行政人力部负责整理，于会后呈相关人员签阅，并由行政人力部负责追踪会议决议落实情况。

（6）月度经营管理会议内容如下。

①上月工作总结：各部门汇报各自销售管理目标完成情况、营销活动情况、技术试验示范情况等（总结内容按会议模板的要求格式填写），提出工作中存在的问题，报告分析上月公司各部门每个员工的绩效考核工作总结评定结果。

②下月工作计划：各部门做出各自的下月工作安排计划（计划内容按会议模板的要求格式填写），结合公司要求明确下月工作重点；制订下月公司各

部门每个员工的绩效考核计划；提出需要通过会议整体协调安排、支持的相关工作事项。

③月度工作激励：每月评选出"月度业务标兵"3 名，通报表彰并发奖金 500 元。

第六条　总经理办公会议。

（1）总经理办公会议由总经理主持召开。

（2）参加人员为总经理、副总经理及与会议议题相关的人员。

（3）一般由总经理根据需要临时决定召开。

（4）行政人力部负责通知相关人员，并做好会议的相关准备工作。

（5）会议纪要由行政人力部负责整理，于会后呈总经理审阅，并由行政人力部负责追踪会议决议事项落实情况。

（6）总经理办公会议内容：工作协调、工作总结、工作计划，及公司重要决策与重大问题的商讨。

第七条　其他会议管理。

相关业务单位在本公司召开的会议（如现场会、报告会、办公会、联营洽谈会、用户座谈会等）一律由行政人力部负责安排，有关业务对口部门协助做好会务工作。

第三章　会议的准备

第八条　所有会议主持人和参会人员都应做好有关准备工作（包括拟好会议议程、汇报总结提纲、发言要点、工作计划草案、决议决定草案，落实会场，备好座位，通知与会人员等）。

第九条　会议应按规定时间准时召开，组织会议的部门会前应准备好会议议程及有关内容，并负责维护会场秩序。

第十条　参会人员应准时参加会议并签到，对要求传达的会议内容要及时进行传达。

第十一条　会议涉及公司机密时，所有与会者要严守保密制度，否则按保密协议规定处理。

第十二条　会议形成的决议应由行政人力部门及时通知有关执行部门，并负责监督落实情况。

第四章 会议记录

第十三条 会议记录一般由行政人力部负责，如有必要，可根据会议议题所涉及业务和内容的需要，临时指定会议记录员。

第十四条 会议记录员应遵守的规定。

（1）做好会议的原始记录及会议的参会人员考勤记录，根据需要整理《会议纪要》。

（2）对会议已议决事项，实时落实追踪。

（3）会议原始记录应于会议当日、《会议纪要》最迟于次日呈报会议主持人审核签名确认。

第五章 会议室管理

第十五条 会议室由行政人力部指定专人负责管理，各部门如需使用会议室，由行政人力部统筹协调安排。

第十六条 会议室卫生由行政人力部安排人员负责，在每次会议召开前后均要打扫卫生，并做好日常保洁。

第十七条 会议室电子设备的管理、使用和维护由行政人力部安排专人负责，其他人不得随意操作。

第六章 附则

第十八条 本制度由行政人力部负责解释。

第十九条 本制度由公司总经理批准后生效，自20××年1月1日起执行。

🐦 链接阅读

农资企业激励与管理控制相关工作表格如表7-3~表7-14所示。

表 7 - 3　　×××农业有限公司××年度总体销售目标规划表

商品编码	商品名称	规格	包装单位	1月		2月		3月		……		12月		目标合计		实际完成合计			
				销量	销售额	销量	销售额	销量	销售额	销量	销售额	销量	销售额	销量	销售额	销量	完成率	销售额	完成率
合计																			

表 7－4

×××农业有限公司××年度××部门目标责任核定表

目标层级	责任主体		年度合计	1月	2月	3月	4月	5月	6月	7月	8月	9月	10月	11月	12月
责任主体	×× 销售部	郭×													
年度经营目标计划	员工细分	1 员工A													
		2 员工B													
		3 员工C													
		4 ……													
		合计													
	产品细分	1 产品A													
		2 产品B													
		3 产品C													
		4 ……													
		其他产品													
		合计													

年/月度目标激励《薪酬激励制度》	上年实际完成数额：	本年目标基数核定：	本年目标核定数额：
经营目标核定确认意见	目标责任人确认意见 目标责任人：	目标授权人确认意见 目标授权人：	财务备案确认意见 目标核算人：	备注说明 备注说明人：

表 7—5　××× 农业有限公司 × × 年度重要工作事项追踪表

编号	事项类别	关键事项	关键人员	关键地域	关键工作时间											
					1月	2月	3月	4月	5月	6月	7月	8月	9月	10月	11月	12月
	行政人力部															
	财务统计部															
	仓储物流部															

续 表

编号	事项类别	关键事项	关键人员	关键地域	关键工作时间											
					1月	2月	3月	4月	5月	6月	7月	8月	9月	10月	11月	12月
	营销企划部															
	技术服务部															
	战略运营部															

表7-6　×××农业有限公司推广员绩效考评标准

序号	考核项目	权重	评分等级标准
1	农民会议	25%	会议中熟练使用PPT讲解，会议场次达到20场以上，会议资料齐全且会议效果优秀率为85%以上的　25分 会议中熟练使用PPT讲解，会议场次达到15场以上，会议资料齐全且会议效果优秀率为75%以上的　20分 会议中不能使用PPT讲解，会议场次达到15场以上，会议资料齐全且会议效果优秀率为70%以上的　15分 会议中不能使用PPT讲解，会议场次达到10场以上，会议资料齐全且会议效果优秀率为70%以上的　10分
2	试验示范	20%	公司安排试验和自主试验按时按量完成且都有回访和观察记录　20分 公司安排试验和自主试验按时按量完成85%且都有回访和观察记录或完成90%但回访观察率在80%以上的　15分 公司安排试验和自主试验按时按量完成75%且都有回访和观察记录或完成85%但回访观察率在70%以上的　10分 公司安排试验和自主试验按时按量完成65%且都有回访和观察记录或完成75%但回访观察率在65%以上的　5分
3	示范户建设	15%	完成25个示范户的档案建立，且信息齐全的　15分 完成25个示范户的档案建立，信息不齐全，但不影响整体信息度的，或完成20个以上且信息齐全的　10分 完成20个示范户的档案建立，信息不齐全，但不影响整体信息度的，或完成15个以上且信息齐全的　5分
4	零售商协议签订	15%	重点产品销售之前，零售商协议签订量为20份以上的　15分 重点产品销售之前，零售商协议签订量为15份以上的　10分 重点产品销售之前，零售商协议签订量为10份以上的　5分

（左侧栏：业绩指标（满分100分））

续表

序号		考核项目	权重	评分等级标准
5	业绩指标（满分100分）	市场、客户调查	15%	完成2个乡级市场和客户调查，完整填报调查表并按时上传至公司的 15分 完成2个乡级市场和客户调查，但不完整填报调查表上传至公司的或完整填报调查表但较晚超时（7天内）上传至公司的 10分
6		财务报账	10%	报账及时，准确目报账单清晰合理，没有漏报错报现象的 10分 报账单准确、清晰合理，没有漏报错报现象，但报账逾期7天内的 5分
1	工作表现指标（满分100分）	主动性	25%	1级：不主动学习业务知识，很少主动承担额外任务，不能提出新思路和建议　　　1级 10分 2级：偶尔主动学习业务知识和完成一般的额外任务，有时提出个别新思路和建议　　　2级 15分 3级：主动学习业务知识，主动承担一般的额外任务，工作中能够提出新思路和建议　　　3级 20分 4级：长期坚持学习业务知识，对于额外任务能主动请求承担并且能高质量地完成，工作中善于发现问题，并经常提出新思路和建议　　　4级 25分
2		自信心	25%	1级：坚定而有建设性地提出观点和想法　　　1级 10分 2级：没有明确目标也能独立工作并承担后果　　　2级 15分 3级：接受困难工作分配　　　3级 20分 4级：主动对待困境和新形势　　　4级 25分

续 表

序号	考核项目	权重	评分等级标准	
3	清财	25%	1级：不违返财务制度 2级：没有任何财务问题，并主动接受监督 3级：不因自身利益而破坏制度 4级：主动节省费用，并且不影响工作质量	1级 10分 2级 15分 3级 20分 4级 25分
4	团队合作	25%	1级：不能积极响应同事的请求，或者完成协作任务的较差 2级：对同事的请求能够提供一般协助 3级：能够与同事保持良好的合作关系，协同完成工作 4级：主动协助同事出色地完成工作	1级 10分 2级 15分 3级 20分 4级 25分

工作表现指标（满分100分）

加权得分（业绩指标权重80%，工作表现指标权重20%）

表7-7　×××农业有限公司××部门×年×月员工绩效考核结果报告

编号	本月度考核的工作目标或工作事项	考核标准	员工 1		员工 2		员工 3		……		员工 n	
	KPI		标准分值	考核得分	标准分值	考核得分	标准分值	考核得分	标准分值	考核得分	标准分值	考核得分
1												
2												
3												
4												
5												
6												
7												
8												
9												
10												
合计			100		100		100				100	

表 7-8 ×××农业有限公司技术试验示范工作规划表

销售部	县域	完成期限	试验示范产品	作物对象	试验示范目的及应用开发要求	数量	试验示范地点	试验示范方案及结论报告（PPT）	试验示范合作用户/客户	用户/客户联系电话	责任人

备注说明
1. 目的：为公司目前及未来的销售打下基础，为营销推广活动提供依据
2. 规划出发点：从产品引进开发和销售管控两个角度落实公司的技术服务工作规划
3. 具体规划：产品开发类试验，针对销售量大产品的促销类示范，推广潜力产品的效果类示范

表 7 - 9　×××农业有限公司市场推广活动工作规划表

营销活动区域	营销（市场推广活动）规划						营销（市场推广活动）结果总结				
县域	营销活动数量	营销活动地点	营销活动类别	活动规模/人员数量	活动合作方	前期工作基础	市场推广活动目的	实施时间	具体销售或合作结果总结	工作资料报告（要求PPT）	责任人
××销售部											

表 7－10　×××农业有限公司渠道/客户开发工作规划表

渠道开发区域		渠道/客户开发规划					渠道/客户开发结果				
×× 销售部	县域	县级数量	乡级数量	大农户数量	前期开发进入方式（试验示范/推广活动）	开发客户姓名	联系电话	开发目的（渠道/客户）	进入产品	销售结果（数据）	实施时间	责任人

表 7 - 11　×××农业有限公司客户分析管理工作规划表

渠道开发区域	客户分析规划				客户基本情况分析							客户评价与开发					责任人
××销售部 县域	县级数量	乡级数量	大农户数量	客户姓名	联系方式	地点	资金资源	人力资源	在销产品结构	市场占有份额	市场规模总量	合作关系（是否合作/合作产品是什么）	客户评价	活动措施	切入产品	实施时间	

表 7 – 12

×××农业有限公司客户分类评价标准

序号	客户姓名	联系方式	客户分类评价标准															评价结果	星级分类	管理策略
			交易规模			付款方式			利润贡献			客户忠诚度			其他					
			A	B	C	A	B	C	A	B	C	A	B	C	A	B	C			
1																				
2																				
3																				
4																				
5																				
6																				
7																				
8																				
9																				
10																				
11																				
12																				
13																				
14																				

表7-13　×××农业有限公司销售人员工作行程日志报告

日期	5：00—9：00		9：00—17：00					17：00—21：00		备注
	车程起始记录								车程记录	
	地点	地点	客户对象	工作内容	用时	工作结果	销售结果	地点		
1										
2										
3										
4										
5										
6										
7										
8										
9										
10										
11										
12										
13										
14										
15										
16										

续　表

日期	5：00—9：00			9：00—17：00					17：00—21：00		备注
	车程起始记录	地点	客户对象	工作内容	用时	工作结果	销售结果	地点	车程记录		
17											
18											
19											
20											
21											
22											
23											
24											
25											
26											
27											
28											
29											
30											
31											

表 7 - 14　　　　　×××农业有限公司周工作会议管理指导表

××月××日—×××月××日，第×周，重要工作管控分析

序号	本周重点作物	本周重点产品	本周重点县域	本周重点员工	本周重点客户	重点销售数据	存在重点问题	重点解决措施	①环工作计划落实	②环工作计划落实	③环工作计划落实	④环工作计划落实	⑤环工作计划落实
1													
2													
3													
4													
5													
6													
7													
8													
9													

备注：1. 周会召开时间_____　2. 召开地点_____　3. 会议形式_____　4. 参会人员_____

✏ **思考与讨论**

1. 目标与绩效之间存在什么关系?

2. 绩效管理与绩效考核有什么不同?

3. 如何制订绩效目标、如何设定绩效指标?

4. 薪酬制度设计的原则有哪些?

5. 销售人员管理控制的维度有哪几方面?

6. 业务部门每周工作会议的重要内容有哪些?

7. 如何在月度经营会议中运用六步分析法?

第八章

农资营销五步循环模式

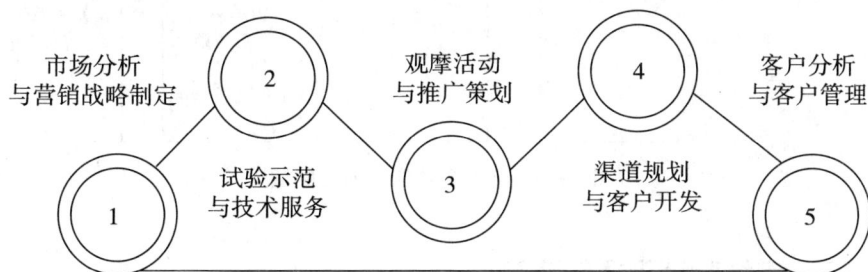

农资营销五步循环模式

市场分析
与营销战略制定　　2　　观摩活动
与推广策划　　4　　客户分析
与客户管理

1　　试验示范
与技术服务　　3　　渠道规划
与客户开发　　5

第一节 农资营销五步循环模式概述

德鲁克说：企业的本质就是营销和创新。

市场营销指与市场有关的人类的各种活动。市场营销者就是希望从别人那里取得资源并愿意以某种有价之物作为交换的人。交换双方中更主动、更积极地寻求交换的一方称为市场营销者，另一方称为顾客。买卖双方都可以是市场营销者，都可以是顾客。

一、市场营销理论的发展演变

随着消费者需求的不断变化，营销方式和营销理论也在不断演变，如图8－1所示。

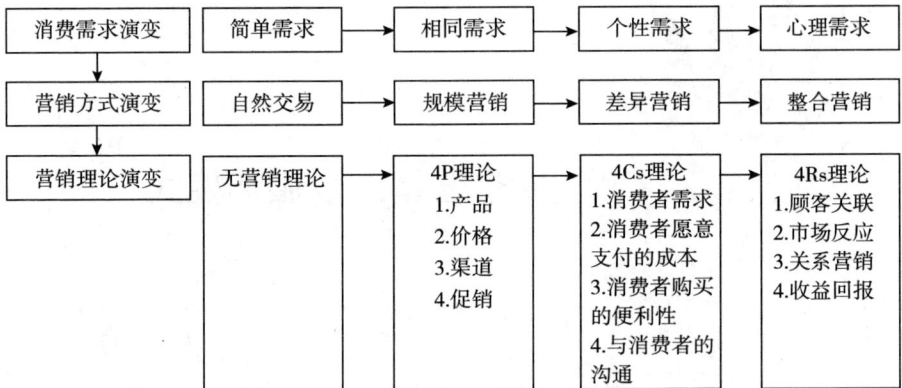

消费需求演变	简单需求	相同需求	个性需求	心理需求
营销方式演变	自然交易	规模营销	差异营销	整合营销
营销理论演变	无营销理论	4P理论 1.产品 2.价格 3.渠道 4.促销	4Cs理论 1.消费者需求 2.消费者愿意支付的成本 3.消费者购买的便利性 4.与消费者的沟通	4Rs理论 1.顾客关联 2.市场反应 3.关系营销 4.收益回报

图 8－1　市场营销理论的发展演变

二、市场营销观念的演变

在市场竞争激烈的今天，市场营销的观念必须由"公司主导"向"市场主导"转变，以消费者为中心，实现从竞争导向到客户导向、从价格导向到价值导向、从单次交易到经营客户、从产品导向到需求解决方案导向的转变。

市场营销观念主要经历了以下演变。

1. 生产观念

生产观念认为消费者喜爱那些可以随处得到的、价格低廉的产品。生产观念是指导卖方行为的古老观念之一。

2. 产品观念

产品观念认为消费者最喜欢高质量、多功能和具有创新特色的产品。产品导向型组织总是致力于生产优质产品，并不断改进，使产品日臻完善。但如果一个新的或被改进过的产品，不能迎合市场需求变化，没有价格、分销、广告和其他工作的配合，也是不会成功的。

3. 推销观念

推销观念认为公司必须利用一系列有效的推销和促销手段去刺激消费者大量购买产品。当非渴求商品或产品生产过剩时，推销观念被大量奉行，公司目标是销售自己能够生产的东西，而不是生产、销售市场所需的产品。这种建立在强化推销基础上的营销是有风险的。

4. 营销观念

营销观念认为实现组织目标的关键在于正确确定目标市场的欲望和需求，并且在目标市场比竞争对手更有效地创造、传递卓越的顾客价值。营销观念注重买方的需要，推销观念注重卖方的需要；推销以卖方需要为出发点考虑如何把产品变成现金，营销则考虑如何通过产品来满足顾客的需要。

5. 社会责任营销观念

社会责任营销观念认为组织的任务是确定目标市场的需要和利益，并以保护或提高消费者利益的方式，比竞争者更有效地向目标市场提供更能满足消费者需要的产品和服务。

社会责任营销观念要求营销者在营销活动中必须考虑社会与道德问题，平衡公司利润、消费者需要和公共利益三者的关系。

社会责任营销是提升公司品牌知名度、增强顾客忠诚度、稳定市场销售份额的长久之计。

三、企业营销系统的总体框架

企业营销策划就是以企业的总体发展战略为指导，以公司能力和资源为基础，通过分析企业战略目标与营销目标之间的差异和市场竞争需要，对公司营销工作进行系统的、全面的构思和谋划，并选择和制定切实可行的执行方案。

企业营销系统的总体框架如图8-2所示。

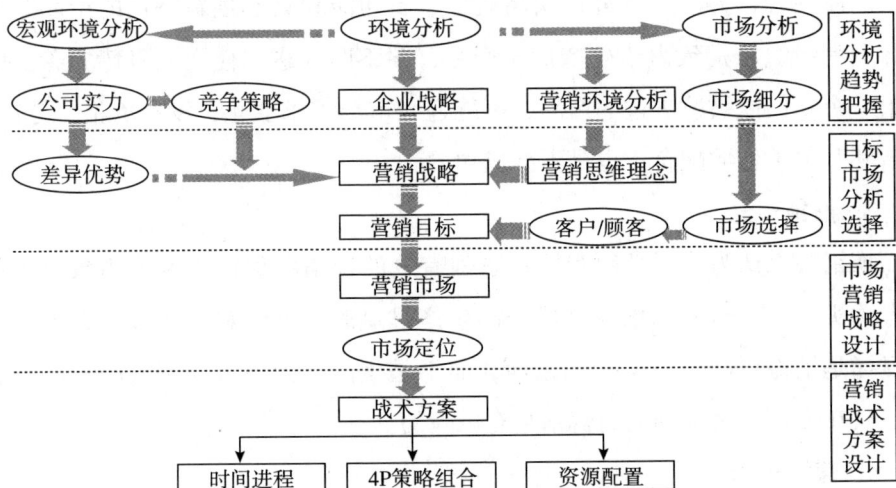

图8-2 企业营销系统的总体框架

企业营销策划的主要内容有营销环境分析、营销战略设计（STP）和营销战术方案制定（4P策略组合）。

四、STP 营销战略

现代市场营销理论的核心就是STP，即市场营销战略的三要素：市场细分（Market Segmentation）、目标市场选择（Market Targeting）、市场定位（Market Positioning）。

（一）市场细分

市场细分就是通过市场调研，根据总体市场中不同消费者的需求特点、购买行为、购买习惯等的不同，把某个产品或服务的总体市场划分为一系列细分市场的过程。

市场细分有利于企业分析市场机会，开拓新市场；有利于企业根据市场的特点，集中资源，推出适销对路的产品；有利于企业针对目标市场采取独特的营销策略。

（二）目标市场选择

目标市场选择就是企业根据细分市场的数量、状况、分布以及各细分市场的特征，从细分后的市场中确定自己决定进入的细分市场，将其作为企业的主要营销对象。目标市场选择的主要策略有以下四种。

1. 无差别市场策略

无差别市场策略，就是企业把整个市场作为自己的目标市场，只考虑市场需求的共性，而不考虑其差异，运用一种产品、一种价格、一种推销方法，吸引尽可能多的消费者。

2. 差别市场策略

差别市场策略，就是企业把整个市场细分为若干子市场，针对不同的子市场，设计不同的产品，制定不同的营销策略，充分适应不同消费者的不同需求，吸引各种不同的购买者，从而提高产品的销售量。

3. 集中市场策略

集中市场策略，就是在细分后的市场中，选择两个或少数几个细分市场作为目标市场，实行专业化生产和销售，在某些市场上发挥优势，提高市场占有率。采用集中市场策略，能集中优势力量，有利于产品适销对路，降低成本，提高企业和产品的知名度；但有较大的经营风险，因为它的目标市场范围小、产品种类单一。

4. 一对一市场策略

一对一市场策略，就是为客户量身定制进行一对一服务。

采用不同的目标市场策略，各有利弊，如表8-1所示。企业选择目标市场时，必须考虑面临的各种因素和条件的动态发展变化，要不断通过市场调查和预测，掌握市场变化趋势，分析竞争对手，把握时机，发挥优势，采取灵活的目标市场选择策略。

表 8-1　　　　　　　　　　目标市场选择策略比较

目标市场选择策略	特征	优点	缺点	适用对象
无差别市场策略	企业以整个市场为目标市场，提供单一产品	能获得规模效益，降低成本	忽视市场需求的差异性和多样性	同质化规模效益明显的产品
差别市场策略	企业针对不同细分市场，实施不同的产品组合策略	考虑市场需求差异，满足不同需求	加大成本，抬高价格	实力雄厚的大企业
集中市场策略	针对某一子市场实施一套产品组合策略	专业化经营，降低成本	市场单一，风险较大	资源力量相对有限的小企业

(三) 市场定位

1. 市场定位的含义及分类

市场定位就是企业根据竞争者在市场上所处的位置，针对该类产品的特征或属性相对消费者的重要程度，强有力地塑造出本企业及产品与众不同的、个性鲜明的特征，并把这种特征形象准确地传递给消费者，从而使本企业及产品在市场上获得确定的有利地位，即确立在目标市场上的竞争地位。

市场定位主要分为产品定位、目标市场定位和企业定位。各种定位之间的关系如图 8-3 所示。

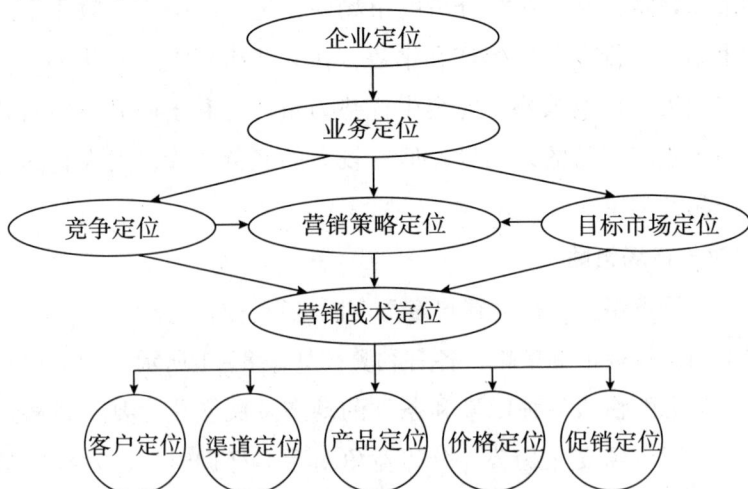

图 8-3　各种定位之间的关系

（1）产品定位。

产品定位是指企业确定用什么产品来满足目标消费者或目标消费市场的需求。

产品定位就是在顾客的需求和认知中开创并主导一个品类，使该品类成为某种品类或某种品类特性的代表。产品定位着眼于市场竞争和客户选择。产品定位就是要比竞争品类更快、更准、更好地满足客户的需求并占据客户的心智空间。定位必须以满足客户需求为核心，以竞争为导向，以认知为基础。

产品定位，就是在产品设计之初或在产品推广过程中，通过广告宣传或其他营销手段确定公司或产品在消费者心目中的形象和地位的过程。产品定位的终极目标是使公司或产品成为消费者的优先选择。

产品定位基本上取决于企业、产品、消费者和竞争者四个方面，即企业的创新意识、产品的特性、消费者的需求偏好、竞争对手产品的市场份额。

①产品定位的思考如下：

a. 产品在目标市场的地位如何？

b. 产品在营销中的利润如何？

c. 产品在竞争中的优势如何？

d. 产品要满足谁的需求？

e. 消费者有什么需要？

f. 产品是否能满足消费者的需求？

g. 如何选择、确定消费者需要与产品的独特结合点？

h. 如何满足消费者需要？

②产品定位的内容如下：

a. 产品的功能属性定位。产品主要满足消费者什么样的需求？对消费者来说其主要产品的属性是什么的问题。

b. 产品的产品线定位。产品在整个企业产品线中的地位及本类产品需要什么样的产品线，即产品线的宽度与深度的问题。

c. 产品的外观及包装定位。

d. 产品卖点定位。提炼出产品的独特销售主张。

e. 产品的基本营销策略定位。确定产品的市场地位，即产品是领导者、挑战者、跟随者还是补缺者；确定相应的产品价格策略、沟通策略、渠道与促销策略。

③产品定位的策略如下：

a. 产品专门化策略，即产品组合单一，以统一的产品、统一的包装、统一的价格、统一的宣传向消费者提供相同的产品。这种策略在一定程度上必须确定消费者需求无差异。

b. 产品差异化策略，即企业产品组合向深度、广度发展，从更多的角度满足消费者的需求。

c. 产品边缘化策略，即产品组合由深度向关联度发展，延伸到多领域，从多方面满足消费者需要。

d. 产品多角化策略，即企业运用多向发展的新产品与多个目标市场结合。

（2）目标市场定位。

目标市场定位是指确定产品要进入的目标市场。企业在营销策划过程中，要先进行市场定位，确立了目标市场后才能考虑推出与其相适应的产品。市场定位考虑的因素有以下几个方面。

① 地域定位，即本企业产品的市场销售区域。

② 气候定位，即产品在什么气候类型的地区销售。

③ 性别定位，即产品是男性用还是女性用，是两者兼用还是有所偏重。

④ 年龄定位，根据不同年龄段消费者对产品的不同需求定位。

⑤ 职业定位，按不同的职业定位。

⑥ 文化定位，不同的地区、国家、民族有着不同的文化，市场定位应充分考虑文化差异对产品要求的不同。

⑦ 个性特点，考虑不同个性的消费者对产品需求的不同。

（3）企业定位。

企业定位即企业品牌及企业形象定位，一定要考虑到产品独特的企业文化、企业杰出人物、企业环境和公共关系等综合因素。

目标市场定位与产品定位、企业定位分别是三个不同的阶段。

目标市场定位是基础和前提阶段，企业定位是营销定位的最后阶段，产品定位居于目标市场定位和企业定位之间，目标市场定位与产品定位、企业定位之间存在着相互重叠、相互影响、相互依存的联系。

2. 市场定位的策略

（1）避强定位策略。避强定位策略是指企业力图避免与实力最强的或较强的其他企业直接发生竞争，而将自己的产品定位于另一市场区域内，使自己的产品在某些特征或属性方面与最强或较强对手的产品有比较显著的区别。

优点：避强定位策略能使企业较快地在市场上站稳脚跟，并能在消费者或用户中树立形象，风险较小。

缺点：避强定位策略往往意味着企业必须放弃某个最佳的市场，很可能使企业处于较差或不利的市场。

（2）迎头定位策略。迎头定位是指企业根据自身的实力，为占据较佳的市场位置，与市场上占支配地位的、实力最强或较强的竞争对手进行竞争，而使自己的产品进入与对手相同的市场中。

优点：竞争过程往往引人注目，甚至产生所谓的"轰动效应"，企业及其产品可以较快地为消费者或用户所了解，易于达到树立市场形象的目的。

缺点：具有较大的风险。

（3）创新定位策略。创新定位策略是指企业寻找新的、尚未被占领但有潜在市场需求的产品，填补市场上的空缺，提供市场上具备某种特色的产品。创新定位要考虑技术和经济上的可行性，考虑产品有无足够的市场容量，能否为公司带来合理而持续的盈利。

优点：进入空白市场，竞争较小，能吸引新的消费者。

缺点：增加生产和销售成本，面临创新失败、消费者不认可的风险。

（4）重新定位策略。当消费者的需求或偏好发生变化，企业产品销售量骤减，或者竞争者的产品侵占了本企业产品的市场份额时，企业需要重新定位，即企业为在某市场上销售的产品重新确定形象特征，以改变消费者的原有认知，争取有利的市场竞争地位。

优点：积极寻求新的市场机会，改变不利局面。

缺点：塑造新的形象可能面临成本增加、消费者不认可等风险。

企业在进行市场定位时，必须谨慎，要通过反复比较和调查研究，找到最佳突破口，避免出现定位混乱、定位过宽或定位过窄等情况，而一旦定位，企业必须维持定位并经常适时改变，以适应目标消费者的变化和竞争者策略的变化。

（四）STP 营销战略的重大意义

STP 营销战略不仅可以帮助企业开拓市场，并且能够使企业充分利用现有资源，获得竞争优势，有利于企业掌握各细分市场的特点，进而有针对性地制定并调整营销策略。

（1）有利于企业选择目标市场和制定目标市场营销策略，迅速改变营销策略，以适应市场需求的变化，提高企业市场应变能力和竞争力。

（2）有利于企业发掘市场机会，开拓新市场。通过市场细分，企业可以对每一个细分市场的购买潜力、需求满足程度、竞争情况等进行分析对比，发现有利于本企业的市场机会，进行必要的产品和技术储备，及时制订新产品开发、投产计划，掌握主动权，开拓新市场，更好地适应市场需求变化。

（3）有利于将人力、物力集中投入目标市场。通过细分市场和目标市场选择，企业可以集中人、财、物等资源，争取获得局部市场竞争优势，进而占领目标市场。

（4）有利于企业提高经济效益。企业通过市场细分，可以针对目标市场，批量生产适销对路的产品，降低生产销售成本，全面提高企业经济效益。

五、营销战略的选择

菲利普·科特勒在其《营销管理》一书中提出，市场定位是企业实施市场营销组合策略的前提，市场营销组合策略是市场定位战略运用的结果。

1. 营销战略选择

（1）成本领先战略。与所在行业的其他竞争者相比，具有并保持"最低的成本"。关键是在降低成本的同时，做到并使消费者认可本企业的产品和服务与竞争者的大同小异。

（2）差异化战略。它是与成本领先战略相对的战略，提供与竞争者相比较而言不同的和独特的产品与服务。关键是这些独特的产品和服务在消费者看来确实独特且有价值。差异化可以体现在设计、质量、品牌、形象、渠道、价格等方面。

（3）集中化战略。它是指在特定的细分市场实施成本领先或差异化战略。选择营销战略时，企业要避免同时采用多种战略。

2. 营销策略组合

市场营销策略组合指产品策略、价格策略、渠道策略和促销策略组合，即 4P 策略组合。

六、营销战略目标的确定及评价

营销的战略目标评价指标分为定量评价指标和定性评价指标两类。

定量评价指标包括销售收入、销售增长率、市场占有率、利润率、产品结构比率、新产品成功率等。

定性评价指标包括品牌地位，市场地位，渠道/网络的发展布局，与合作伙伴的关系，营销信息系统的建立完善，培训、服务能力，CIS（企业形象识别系统）的导入，销售组织结构，人员素质提升等。

营销战略目标评价指标及评价标准如表 8 - 2 所示。

表 8 - 2　　　　　　营销战略目标评价指标及评价标准

指标性质	评价项目	评价指标	预期值	实际值	偏差值
定量	销售业绩	销售额			
		新产品销售收入			
		管控产品销售收入			
		销售回款率			
	盈利能力	销售利润率			
		销售净利润率			
	成长能力	销售增长率			
		净利润增长率			
	竞争能力	品牌市场价值增长率			
		市场占有率			
	成本控制	营销费用			
		成本费用利润率			

续　表

指标性质	评价项目	评价指标	预期值	实际值	偏差值
定性	客户层面	客户满意度			
		老客户保有数量			
		新客户开发数量			
		客户平均销售额			
	渠道建设	渠道规划			
		渠道开发			
		战略合作伙伴维护与开发			
	业务流程	内部业务流程规范			
		响应客户及市场的速度			
	团队建设	销售人员流失率			
		销售人员满意度			

七、农资营销五步循环模式

农资行业具有其独特的行业和市场竞争特点，这决定了农资营销工作的核心是"一个中心和两个基本点"。

一个中心就是农资营销必须以土地、农户为中心。

两个基本点是指农资营销必须以技术试验示范工作和市场推广活动工作为两个落脚点。

通过多年的农资企业经营管理咨询工作实践，经过不断的市场研究，笔者摸索总结出了一套行之有效的农资营销模式——农资营销五步循环模式，如图8-4所示。

农资营销五步循环模式的主要工作内容如下：

第一步，市场分析与营销战略制定，就是在公司总体层面和各销售区域层面，对市场进行细分，然后对目标市场进行选择进而制定营销战略的过程。公司营销战略规划原则上必须与公司总体发展战略相一致，不能相背离。

第二步，试验示范与技术服务，试验示范和技术服务是公司产品有效、

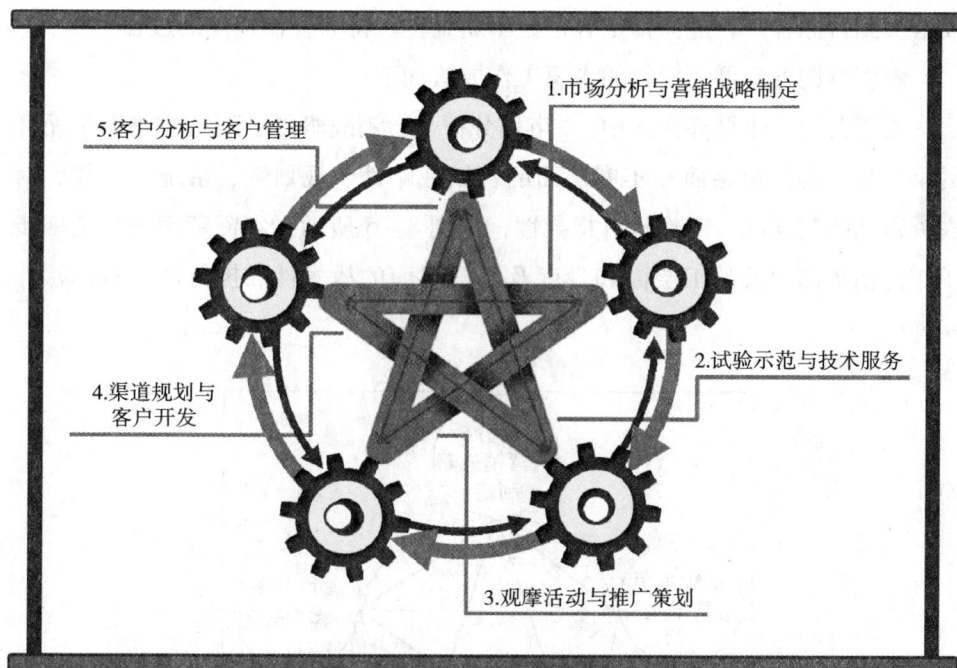

图8-4 农资营销五步循环模式

迅速、直接切入市场的重要的基础性工作；就是为了将产品切入市场或进行市场推广，而开展的解决客户体验、客户认知和客户信任等问题的技术服务具体措施。其前提是进行过市场调研与市场分析。应着眼于市场开发和销售布局。

第三步，观摩活动与推广策划，就是围绕技术试验示范工作，为了吸引客户、让客户参与互动、尝试购买并进行口碑传播等而开展的观摩等活动，如农民会、观摩会、产品发布会、市场启动会、技术讲座、事件营销等。

第四步，渠道规划与客户开发，就是从直销和分销两方面，实施市场渗透策略，实现市场销量增加和市场份额扩大的目标。渠道开发重在规划布局和渠道选择、渠道评价管理；客户开发重在终端零售与大农户的直销和市场掌控工作。

第五步，客户分析与客户管理，就是针对自己细分市场内的客户需求及问题，思考如何用自己的产品最大限度地满足客户需求、解决客户问题，以期通过分析，将自己的产品与客户需求充分对接，并将销售目标进行分解从而落实到目标客户，进而锁定客户、不断维护、持续合作开发的过程。

农资营销五步循环模式的主要工作方法如下：

农资营销五步循环模式中，"市场分析与营销战略制定"工作是五步循环的第一步，是公司层面和年度层面的营销战略性、规划性、系统性工作，对农资营销的其他四步工作具有指导性，如图 8 - 5 所示；农资营销的其他四步工作是销售部门及员工层面和月度及日常层面的战术性、执行性、具体操作实施。

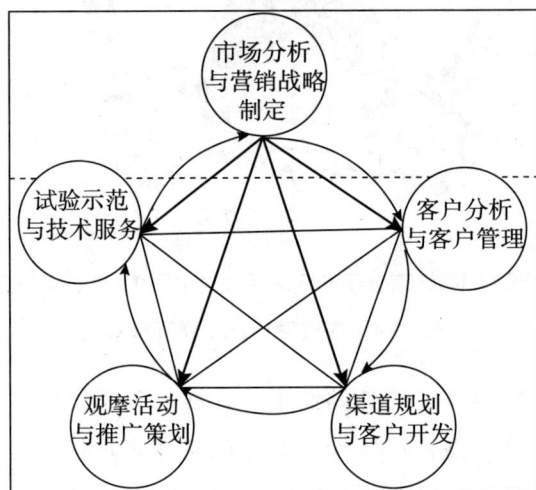

图 8 - 5 "市场分析与营销战略制定"工作在农资营销五步循环中的指导地位

农资营销五步循环模式工作的开展，既可以正向一步、二步、三步、四步、五步循序开展；也可以反向五步、四步、三步、二步、一步循序开展；还可以从任意一步工作开始，作为农资营销的切入点，然后循环衔接、循序开展其他四步工作或同时开展其他四步工作，如图 8 - 6 所示。

农资营销五步循环模式的关键在于，实施其中任何一步时，都要由此及彼，接二连三，继续深入、贯穿其他工作并持续跟进。例如：

选定一种作物，切入一个产品（关键是时间地点）；

做好一个示范，取得一种信任（关键是效果体验）；

组织一场活动，撬动一片市场（关键是推广策划）；

开发一个客户，打通一条渠道（关键是市场分析）；

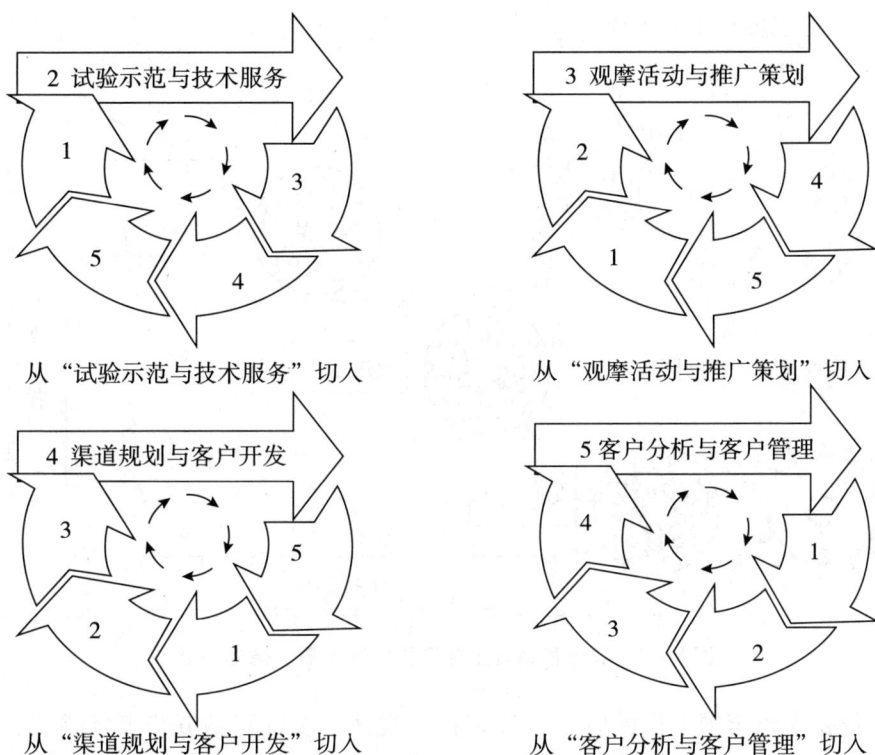

图8-6　农资营销可从任意一步切入

分析一个客户，达成一定目标（关键是客户分析）。

农资营销五步循环模式中，进入市场和切入产品的十分重要、基础的两步工作是"试验示范与技术服务"和"观摩活动与推广策划"。

练武不练功，最终一场空！试验示范与技术服务、观摩活动与推广策划就是农资营销工作的基本功。

农资营销五步循环是一个持续不断、循环往复的过程，如图8-7所示。

农资营销五步循环模式的实施过程管控必须做到知行合一！

农资营销的"七知"如图8-8所示。

所谓的"知"，就是要规划到位—目标清晰—责权分明—方向明确—思路清醒—方法系统—表格规范！

所谓的"行"，就是要：监督指导—帮助落实—注重细节—执行到位—外化行为—内化能力—转化结果！

图8-7　农资营销五步循环要持续不断、循环往复

依据农资营销工作的时令节气和特点规律，农资营销五步循环模式的五个环节工作可以持续不断、循环往复进行。

1.知天（时令、节气）

2.知地（地域、作物）

3.知彼（市场、竞争）

4.知己（产品、员工）

5.知始（示范、推广）

6.知中（客户、渠道）

7.知终（目的、目标）

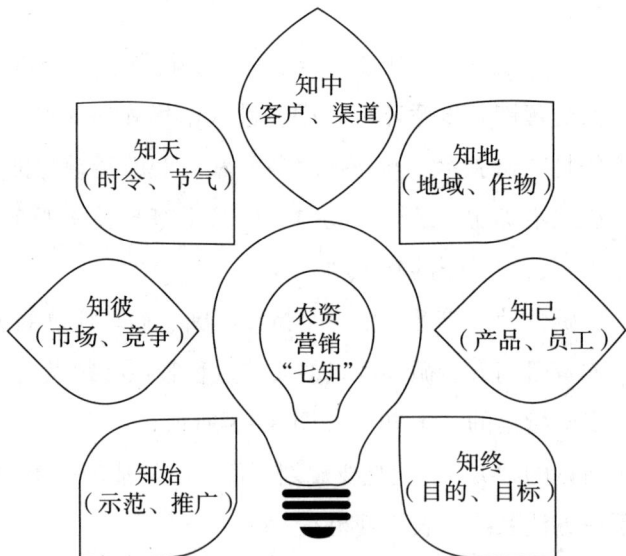

图8-8　农资营销的"七知"

第二节　市场分析与营销战略制定

农资营销五步循环模式的第一步就是"市场分析与营销战略制定"，如图8-9所示。

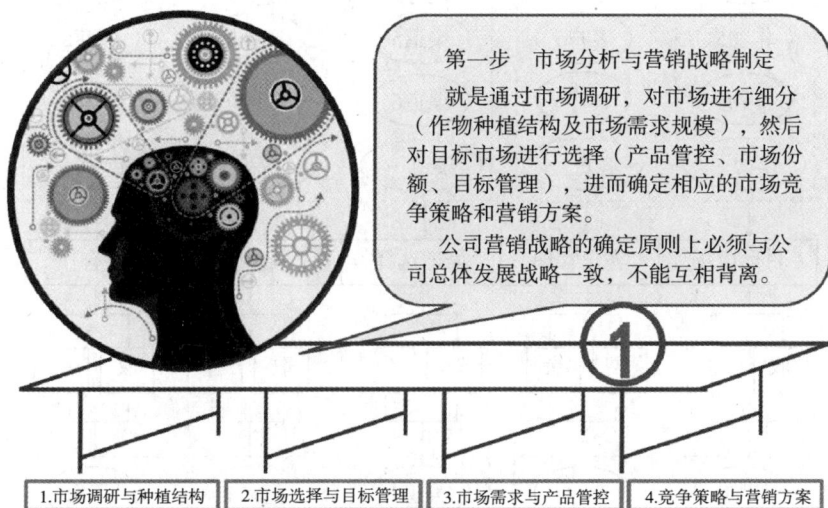

第一步　市场分析与营销战略制定

就是通过市场调研，对市场进行细分（作物种植结构及市场需求规模），然后对目标市场进行选择（产品管控、市场份额、目标管理），进而确定相应的市场竞争策略和营销方案。

公司营销战略的确定原则上必须与公司总体发展战略一致，不能互相背离。

1.市场调研与种植结构　2.市场选择与目标管理　3.市场需求与产品管控　4.竞争策略与营销方案

图 8 - 9　农资营销五步循环模式的第一步

农资企业通过对企业目标市场区域进行全面系统的调研分析（包括区域作物种植结构、作物产品需求、客户、渠道、产品、竞争厂家等，并分别进行细分、选择、定位），进而确定企业的市场定位、营销目标、竞争策略和具体营销方案。

农资企业"市场分析与营销战略制定"的总体思路和主要工作内容，就是通过做好三个层面的定位分析，确定企业的营销战略和经营目标，进而确定具体实施方案。

一是通过市场细分和目标市场选择，确立"市场需求定位"；

二是通过客户及渠道开发和客户及渠道规划，确立"渠道选择定位"；

三是通过产品线结构完善和管控和厂商战略合作，确立"产品供给定位"。

农资企业营销战略分析制定思维框架如图8-10所示。

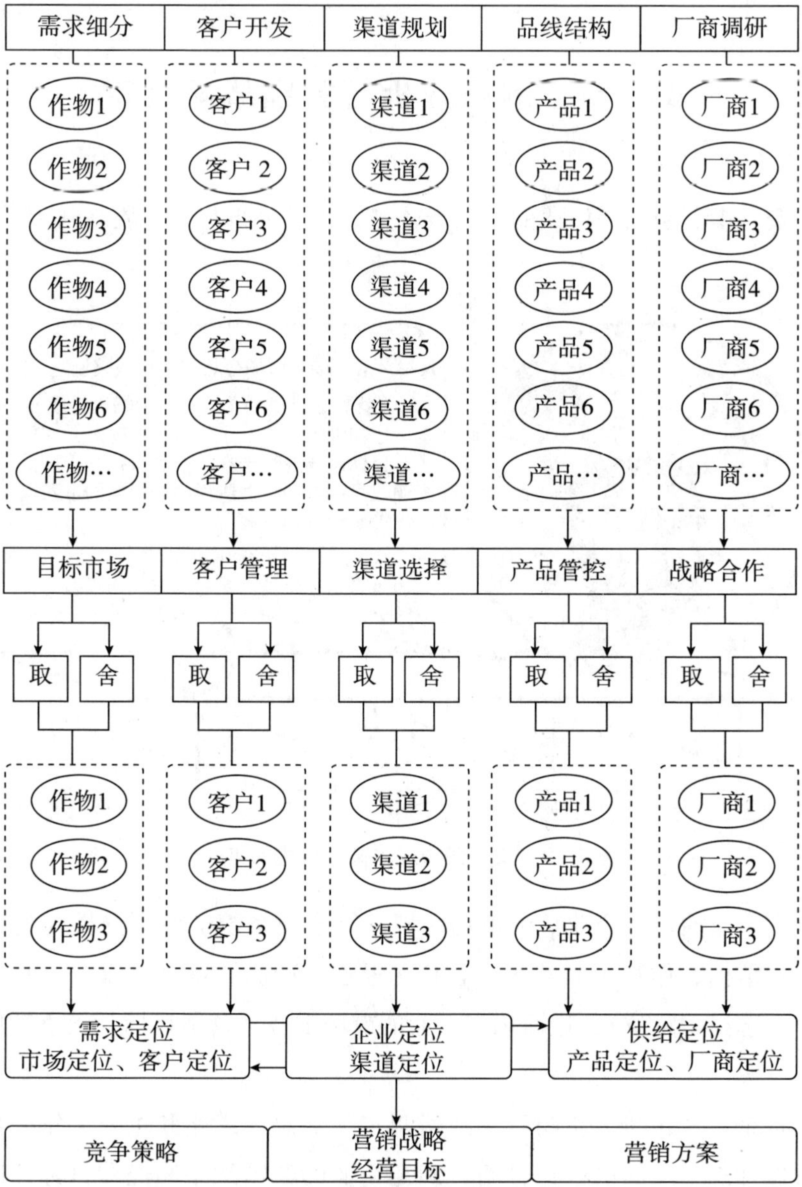

需求细分	客户开发	渠道规划	品线结构	厂商调研
作物1	客户1	渠道1	产品1	厂商1
作物2	客户2	渠道2	产品2	厂商2
作物3	客户3	渠道3	产品3	厂商3
作物4	客户4	渠道4	产品4	厂商4
作物5	客户5	渠道5	产品5	厂商5
作物6	客户6	渠道6	产品6	厂商6
作物…	客户…	渠道…	产品…	厂商…

目标市场	客户管理	渠道选择	产品管控	战略合作
取 舍	取 舍	取 舍	取 舍	取 舍

作物1	客户1	渠道1	产品1	厂商1
作物2	客户2	渠道2	产品2	厂商2
作物3	客户3	渠道3	产品3	厂商3

需求定位 市场定位、客户定位	企业定位 渠道定位	供给定位 产品定位、厂商定位
竞争策略	营销战略 经营目标	营销方案

图 8-10　农资企业营销战略分析制定思维框架

一、市场调研与市场细分

没有调查就没有发言权！

　　市场调研是市场开发和市场营销策划的基础，企业要先对市场进行深入的调查了解，通过周密的调研和分析，明确市场规模、市场潜力、市场机会、市场风险及自己公司的优势与劣势、面对的机会与威胁，从而为公司市场定位及营销策略的确定提供全面、正确的决策依据。

　　市场调研的途径主要有各级政府部门农业技术推广站和植物保护检疫部门、农业高校和农业科研院所、农资经销商和基层农业技术人员。

　　农资营销市场调研与 STP 策略制定如图 8 - 11 所示。

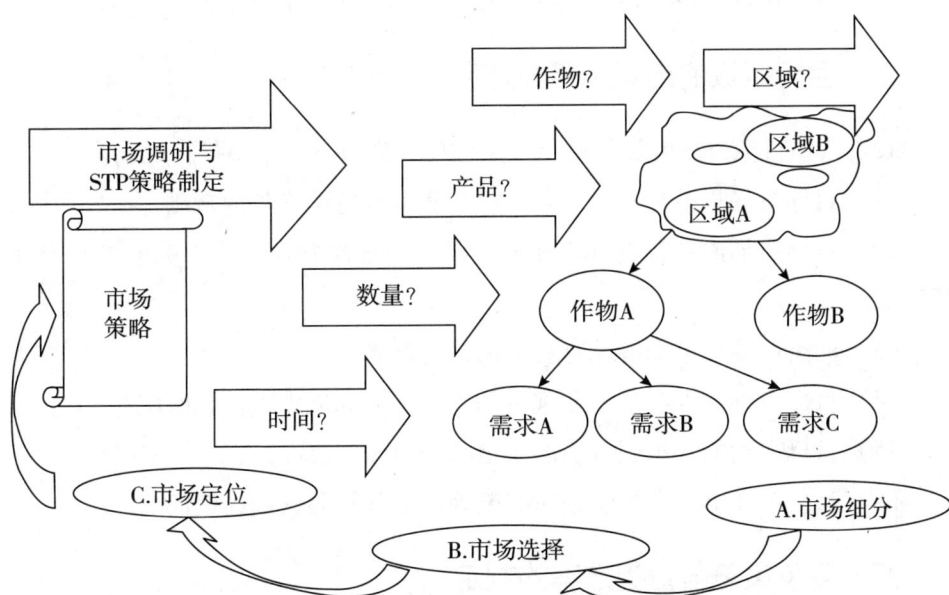

图 8 - 11　农资营销市场调研与 STP 策略制定

　　市场调研与市场细分的主要工作内容如下：

　　（1）区域市场内的作物种植结构及种植结构的变化发展趋势与本公司的产品如何对接。

　　（2）区域市场内的病虫草害的发展状况、特点和趋势，本公司的产品如何满足当地农户的防治需求。

　　（3）区域市场内的在销产品的特点（如包装、规格、剂型）。

　　（4）区域市场内的渠道网络分布及市场控制情况。

二、市场需求与市场规模分析

市场需求与市场规模分析的主要工作内容如下：

（1）目标区域市场的需求总量和规模、潜力。

（2）本企业及产品在目标区域市场中的地位（品牌形象、口碑销量、市场占有份额、渠道网络、优势劣势、机会威胁等）。

（3）目标区域市场内竞争对手及其产品的市场地位。

（4）目标区域市场内新产品的开发趋势和消费水平及渠道变化方向。

三、目标区域的市场选择与定位

农资营销目标市场区域的选择与定位应注意以下几个条件：

（1）目标市场规模足够大，具备潜力和可以持续增长的基础。

（2）目标市场内部特点基本相同，是一个相对独立、相对完整的细分市场区域。

（3）同类产品在市场终端有良好的销售基础。

（4）目标市场需求与本企业现有的产品资源和能力条件相匹配。

（5）目标市场能寻求到合适的渠道合作对象。

（6）目标市场上没有处于绝对垄断地位的强势品牌或经销商。

四、竞争策略与营销方案的制定

设定竞争策略与营销方案时应注意以下问题：

（1）满足目标市场需求的产品结构和产品线如何完善和管理控制？

（2）不同产品、不同区域的市场营销战略和具体营销方案如何设定与实施？

（3）渠道策略采取终端导向还是经销商导向？

（4）竞争策略采取价格竞争还是服务竞争或品牌竞争？

（5）目标市场年度经营目标和月度销售目标如何制订？

农资营销的 STP 与 4P 策略组合策划如图 8 - 12 所示。

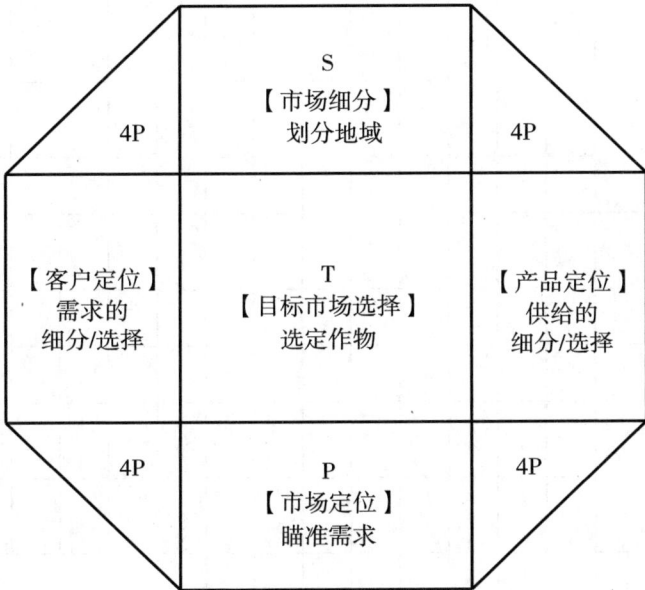

图 8 - 12　农资营销的 STP 与 4P 策略组合策划

📎 链接阅读

市场分析与营销战略相关表格如表 8 - 3 ~ 表 8 - 11 所示。

表 8－3　区域作物种植结构与市场规模调查分析表

作物	种植面积	项目	种子		肥料		农药				机械		市场需求规模				营销战略目标	
			种子	拌种剂 ……	底肥 ……	微肥	除草剂	杀虫剂	杀菌剂 ……	耘播机	飞机		种子	肥料	农药	机械	数量	份额
小麦		数量																
		价格																
玉米		数量																
		价格																
水稻		数量																
		价格																
大豆		数量																
		价格																
花生		数量																
		价格																
辣椒		数量																
		价格																
大蒜		数量																
		价格																
合计																		

表 8 − 4

×× 区域 × × 作物市场需求分析表

序号	县域名称	种植面积（亩）	市场需求与结构													市场需求总计	
			种子小计		肥料小计		农药小计		机械小计								
			数量	金额（万元）	占比（%）	数量	金额（万元）	占比（%）	数量	金额（万元）	占比（%）	数量	金额（万元）	占比（%）	数量	金额（万元）	
1																	
2																	
3																	
4																	
5																	
6																	
7																	
8																	
9																	
10																	
11																	
12																	
13																	
14																	
15																	
16																	
17																	

表 8-5　　××年度××区域市场营销战略规划

序号	作物	市场细分 (S)		营销战略规划											
			销售产品管控（需求分析）	目标市场选择 (T)		市场定位 (P)					营销战术策划				
		种植面积（市场规模）		目标份额（市场选择）	营销政策方案（竞争分析）	目标落实限期	目标落实数量	目标责任人	试验示范安排	1 月				……12 月	
										营销推广活动	渠道客户开发	客户分析管理		……	
1	小麦	1													
		2													
		3													
2	玉米	1													
		2													
		3													
3	花生	1													
		2													
		3													
4	大豆	1													
		2													
		3													

续　表

		营销战略规划							营销战术策划				
		市场细分（S）	目标市场选择（T）	市场定位（P）						1月			……12月
序号	作物	销售产品管控（需求分析）	种植面积（市场规模）	目标份额选择（市场选择）	营销政策方案（竞争分析）	目标落实限期	目标落实数量	目标责任人	试验示范安排	营销推广活动	渠道客户开发	客户分析管理	……
5	水稻	1											
		2											
		3											
6	大蒜	1											
		2											
		3											
7	辣椒	1											
		2											
		3											
8	×××	1											
		2											
		3											

表 8 - 6

x x 年度销售目标核定表

序号	产品编码	产品名称	规格/型号	包装单位	1 月		……	12 月		年度销售目标合计	
					销量	销售额	……	销量	销售额	销量	销售额
合计											
目标调整（包括新老产品增减）核准记录											
合计											
总计											

竞争对手调查分析表

表 8-7

调查区域		调查人员		调查时间	
竞争对手基本情况	竞争对手名称				
	经营地址				
	营销策略思路				
	主要销售方式				
	员工数量				
	资金实力				
	法人负责人				
	联系电话				
	经营能力				
	经营时间				
	合作意向				
	主要客户				
竞争对手的产品情况	产品名称1		产品名称2		
	成分		成分		
	规格		规格		
	产品性能特点优势		产品性能特点优势		
	产品价格	县级进价： 批发价： 零售价：	产品价格	县级进价： 批发价： 零售价：	
	产品销量		产品销量		
	市场占有率		市场占有率		
备注说明					

· 243 ·

表8-8

市场分析管控表

销售大区	重点县域	重点乡镇	重点作物	适销产品	市场总量	占有份额	目标份额	备注
合计								

产品分析管控表

表 8 - 9

产品编码	产品名称	规格/型号	包装单位	产品划类						是否管控	管控策略
				A	B	C	D	E	F		
合计											

备注：A 类产品定义＿＿＿＿
　　　B 类产品定义＿＿＿＿
　　　C 类产品定义＿＿＿＿
　　　D 类产品定义＿＿＿＿
　　　E 类产品定义＿＿＿＿
　　　F 类产品定义＿＿＿＿

表 8 - 10

渠道规划管控表

销售大区	县域	渠道规划			客户姓名	地址	电话	渠道策略
		县级	乡级	直销				

表8-11

客户分析管控表

销售大区	县域	客户姓名	地址	联系电话	客户类别						客户管理策略
					A	B	C	D	E	F	
合计											

备注：A类客户定义＿＿＿＿＿
　　　B类客户定义＿＿＿＿＿
　　　C类客户定义＿＿＿＿＿
　　　D类客户定义＿＿＿＿＿
　　　E类客户定义＿＿＿＿＿
　　　F类客户定义＿＿＿＿＿

××有限公司20××年度经营工作目标责任书

秉承"平等、尊重、信任、合作、分享"的经营理念，为促进公司各项年度经营工作的推进落实，结合公司和各部门实际情况，经充分讨论、分析和研究，你部20××年度××月××日至20××年度××月××日经营工作考核目标已经确定，除遇重大情况或较大经营环境变化，经公司与部门同意可另行商讨做适当调整外，原则上已确定的年度内不再变更。

望你部全体员工发扬团队精神，努力拼搏，与时俱进，开拓工作，以确保全面完成你部20××年度经营工作目标（详见后附，即表8-12）。

经营目标责任部门：　　　　　　　　经营目标公司核定：

责任人（签字）：　　　　　　　　　总经理（签字）：

　　　　　　　　　　　　　　　　　签字日期：＿＿＿年＿＿＿月＿＿＿日

表8-12　　　　××有限公司××部门20××年度经营工作目标

目标标准								
目标事项		全年	考核标准/考核说明	分值/权重	月度	考核标准/考核说明	分值/权重	考核部门
财务类	销售收入							财务统计部
	净利润							
	毛利润							
	经营资金占用情况							
	费用控制							
	市场份额							
	薪酬预算控制							

续　表

目标标准							
目标事项	全年	考核标准/考核说明	分值/权重	月度	考核标准/考核说明	分值/权重	考核部门
营销类 试验示范工作							营销企划部
观摩推广工作							
渠道规划建设							
客户开发							
客户信息管理							
政策落实及运用							
销售合同签订							
内部运营管理类 制度建设							行政管理部
团队建设							
品牌及形象建设							
流程规范							
企业文化							
培训发展类 产品等专业知识							人力资源部
市场营销技能							
个人学习及提升							
人员编制控制							
管理及领导力							

第三节　试验示范与技术服务

农资营销五步循环模式的第二步就是"试验示范与技术服务",如图 8 - 13 所示。

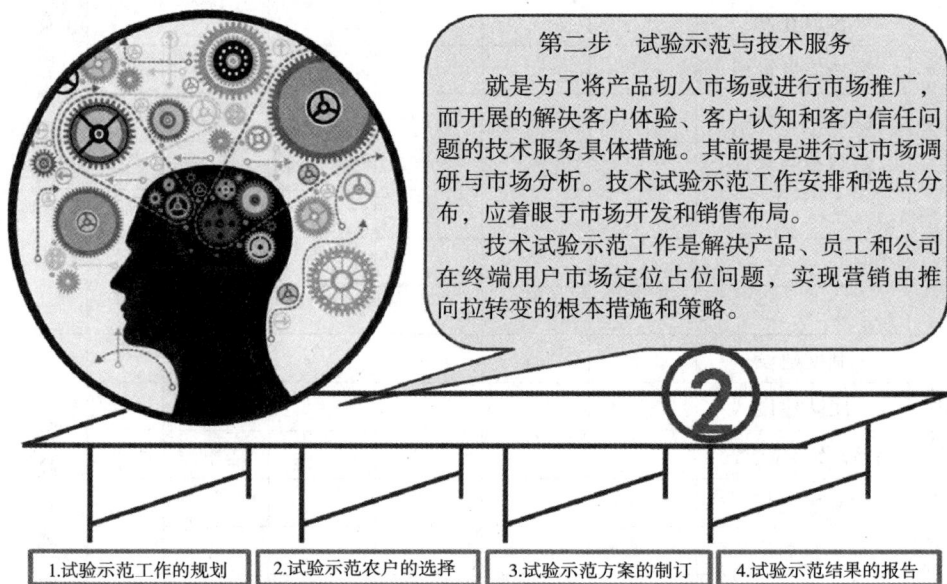

第二步　试验示范与技术服务

就是为了将产品切入市场或进行市场推广,而开展的解决客户体验、客户认知和客户信任问题的技术服务具体措施。其前提是进行过市场调研与市场分析。技术试验示范工作安排和选点分布,应着眼于市场开发和销售布局。

技术试验示范工作是解决产品、员工和公司在终端用户市场定位占位问题,实现营销由推向拉转变的根本措施和策略。

| 1.试验示范工作的规划 | 2.试验示范农户的选择 | 3.试验示范方案的制订 | 4.试验示范结果的报告 |

图 8 - 13　农资营销五步循环模式的第二步

试验的目的和作用主要在于验证、确认产品功效,对农药产品的特性、应用技术、安全性、药害及药效进行观察和记载,并做出客观、公正的评价,为产品的推广应用提供科学依据。

示范的目的和作用主要在于展示产品功效,解决经销商与农户对产品的使用体验和对公司及产品的信任问题,以便进一步开展观摩活动和推广促销活动。

厂家、经销商为了推广一种新产品或开发一个新市场,一般都会开展试验示范活动,但是试验示范工作比较麻烦,而且比较耗费人力和物力,还需要进行定期跟踪,因此许多家经销商由于人力、物力、能力、观念所限,不愿费时费力去做试验示范工作。

营销的最大成本是信任成本！

随着土地流转速度的加快，种植大户越来越多。以前农资销售的路径是企业—经销商—零售店—农户，营销工作大量针对渠道。而农业基地或种植大户对农资的消费趋向是注重产品品牌，喜欢试用新产品，重视产品效果，关注作物的增产，有售后服务需求，喜欢全程全套作物解决方案。

农资企业"试验示范与技术服务"工作正是直接面向农户解决农户需求，达到以产品快速切入市场、直接对接农户、扩大销售、加强口碑宣传、推广产品影响力为目的的根本途径。

试验示范就是"用事实对农户说话，用行动赢得农户信任"。

农资营销五步循环模式中"试验示范与技术服务"工作流程和主要工作内容如下：

（1）明确试验示范的目的、意义和作用。

（2）示范产品和示范户、示范地块的选择。

（3）试验示范方案的设计。

（4）试验示范的田间操作。

（5）试验示范效果的观察、记录和跟踪监控。

（6）试验示范资料的收集和报告。

试验示范工作的流程和内容如图 8 – 14 所示。

一、试验示范工作准备

1. 明确试验示范工作的目的

从短期角度说，最直接的目的就是让农民了解公司产品，让公司产品快速切入市场，直接对接农户进行销售，进而增强目标零售商对产品的信心，提高产品销量。

从长远角度说，就是让产品取得农民信任，让农民进行口碑宣传，让产品占据农民的心，扩大产品在市场上的影响力。

2. 试验示范工作的重大意义和作用

（1）直观并具有说服力，可以直接展示产品功效，可以引起农户、经销

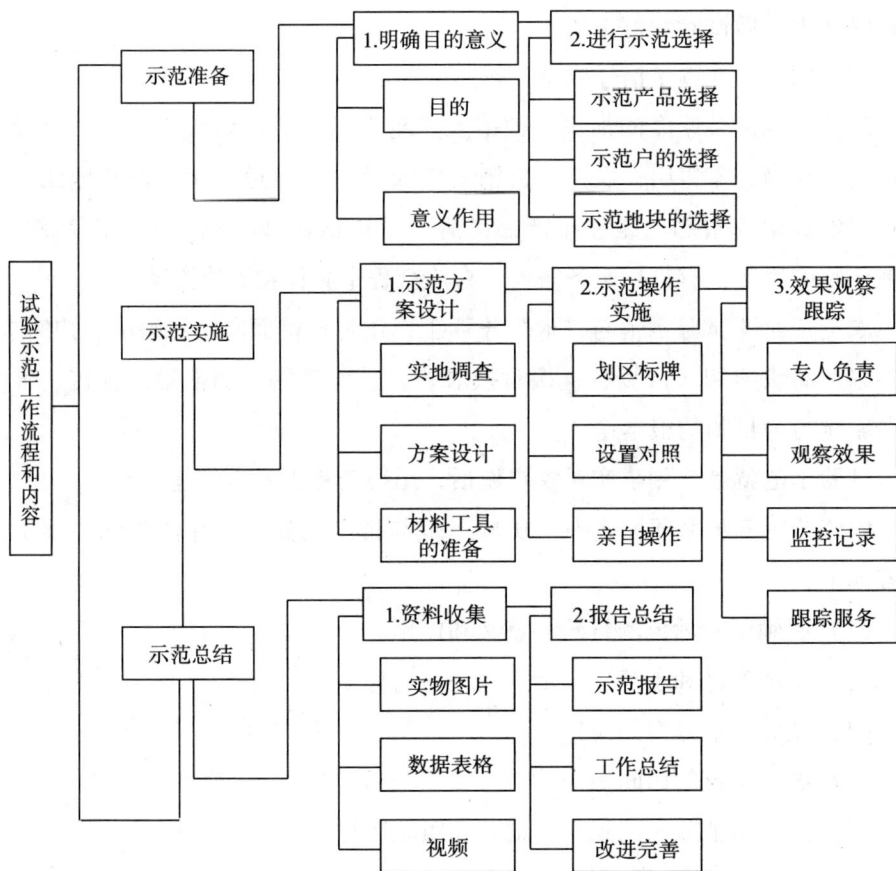

图 8-14 试验示范工作的流程和内容

商的兴趣，使他们迅速认可产品的质量和效果，并促使农户尝试购买。

（2）产品和效果可以迅速获得口碑传播。

（3）解决农户对产品的使用体验和信任问题。

（4）增强公司员工对产品的认识与自信。

（5）使零售商全面认识产品，改变零售商不能卖或不能多卖的看法。

（6）有力促进经销商、零售商进货，达成提升销量目标。

（7）展示公司产品与技术实力，扩大公司及产品在当地市场上的品牌影响力。

（8）以点带面，为观摩和推广促销、系统营销策划奠定坚实的工作基础。

3. 试验示范产品的选择

（1）试验示范产品在目标市场区域具有较大的市场潜力。

（2）试验示范产品与目标市场区域的种植作物匹配度高，可以形成持续销售的产品链。

（3）试验示范产品在目标市场区域具有丰富的客户资源和坚实的客户基础。

（4）试验示范产品是公司战略规划主要推广的产品，或者是未来主推的创新型主导产品。

（5）试验示范产品是成功的产品。

4. 试验示范户、示范地块的选择

试验示范的各项选择工作做好了，就会"事半功倍"，否则就会"事倍功半"，试验示范主要有以下"七选"。

（1）选好合作商：如果不是大农户直销，试验示范一定要选择合作意愿强、销量大、客户基础好的经销商或终端零售商。

试验示范工作的开展要做到与零售商的"五个一起"：一起和零售商找农户；一起和零售商给农户讲解示范产品；一起和零售商给农户进行操作示范；一起和零售商观察、跟踪示范效果；一起和零售商组织现场示范、观摩与推广。

（2）选好示范户：试验示范的农户即示范户的选择十分重要，一定要选择"认可企业品牌、在当地有影响力、属于种田能手、传播能力强"的种植户。示范户要有一定的种植经验和技术水平，有一定的语言表达能力，有一定的感染力，愿意积极配合并协助公司拍照、拍摄视频、接受采访、进行观摩和推广等工作，并愿意公布自己的电话及示范信息。

示范户选定后，可签订试验示范合作协议，登记试验示范户的档案信息，对示范户建立档案，进行规范化管理。要把农户发展为示范户，把示范户变成使用户，再不断发展示范户，逐步建立起坚实的终端市场基础。

试验示范合作协议的撰写，可参照链接阅读的《试验示范合作协议》内容。

（3）选好区域：选择目标作物种植集中、处于目标农户中心、距离目标

农户较近的区域，这样效果一好，便可以直接吸引农户，促进农户体验购买、尝试购买。

（4）选好位置：选择人流量大、交通便利的地方，最好在大路边或大路口，便于示范效果的展示和以后观摩会的召开。

（5）选好地块：尽量选择水肥、地力条件较好，地势平坦，水利设施齐全，作物长势均匀、整齐，便于对比的地块，这样能突出显示试验示范效果并具有典型性。

（6）选好面积：一定要选择种植面积较大的农户进行试验示范，大农户、承包户是优先选择，不仅可能形成直接销售，而且试验示范影响大、传播范围广。

（7）选好时间：一定要选择好试验示范的最佳时间点。

二、试验示范的操作实施

1. 试验示范方案的设计

试验示范之前，试验负责人必须到示范地块亲自对种植作物情况进行实地调查，了解作物的田间现状（所处生育期、生长状况等），认真记录试验示范地块的信息，设计出具有针对性的具体试验示范方案。

2. 试验示范信息的发布

在进行试验示范的前几天，由零售商负责发布信息，信息的主要内容有试验地块位置、试验作物、试验时间、试验厂家、试验产品等，并尽可能地提前发布产品的相关信息，让更多农户知道并了解试验示范。

3. 试验示范的具体实施

按照试验方案具体实施，并注意以下事项。

（1）做好试验需要的物资准备工作：职业服装、试验品、药械、各种防护器具等（要显得专业）。

严格按试验示范方案要求，购置实际需要的各类物质材料，如机具、肥料、种子、农药、农膜、网具、配料工具、量具、纸牌、纸袋、尼龙袋、注射器、小喷壶、有刻度的冷水杯、标签纸等。喷雾器、量具要清洗干净，避免使用混有不同产品的农药器具。

（2）与零售商、农户一起到田间，确定好示范地块；按照试验示范方案进行试验地区划分：认真阅读田间试验布置图；拉好标准线；打桩定点，确定整个试验区域内的区组位置；确定小区位置和面积。

在试验示范地块每个小区的第一行前插上标牌，试验前应将标牌全部插好并进行校对，做好参照。试验示范标牌一般由公司统一设计制作，标明以下内容：产品名称、示范时间与地点、用法用量、示范单位、示范农户姓名、经销商或零售商及联系方式，示范单位等。

（3）必须设置对照组，处理组与对照组原则上应在同一地块。

（4）实施试验示范前，必须进行药效和药害试验；可提前做药效试验和药害试验，以避免试验时出现预期以外的情况。

（5）实施试验示范前，向农民和示范户讲解防治效果、产品性能、使用成本、使用方法等基本情况。

（6）配药，一定要按照试验示范方案或产品说明的用药量当众配药，（一定要当众配药，边配药边介绍使用方法、勾兑倍数及使用效果）。

（7）施药，由基层推广人员或业务人员、示范户亲自实施最好。现场施药时，注意喷施时的施药量和喷施面要与产品说明的用药量和面积相一致，并注意每个环节的相关记录。

（8）试验示范操作实施完毕后，填制试验牌并将其插在试验示范地块上，做好各组的标记，便于试验示范的后续操作和效果观察、跟踪登记。

（9）在执行各项管理措施时除了试验示范方案设计的处理差异外，其他管理措施应保持一致，尽可能使其与其他各小区、组没有差别。

4. 试验示范效果的观察、记录与跟踪监控

（1）专人负责。试验工作费时费力，必须专人高度负责，以严谨的态度密切观察效果，与示范户、零售商保持密切联系，确保数据的准确，结果的有效。

（2）效果监控。试验示范方案一旦实施后，试验示范负责人或业务人员要定期或根据要求到示范地块，对事先设定的观察目标进行详细观察、记载、拍照和拍摄视频，同时密切关注、比较观察其与对照田的表现差异。

最好和示范户、其他农户一起观察试验示范的效果。

试验效果主要评价指标有根（粗细、须根数、长短），茎（粗细、是否倒伏），叶（大小、颜色、厚度、亮度），花（数量），果（数量、大小、硬度、色泽、重量、口感）及提苗速度，植株长势，亩产等。

（3）观测记录。观测记录数据要求在调查标准、测量工具、定点方法、取样方法等方面尽量做到统一。

（4）跟踪服务。通过跟踪服务，可以获得农户信任并提升农户满意度，让农户感受到公司是在真心做好服务，而不单单是为了将产品卖出去；通过跟踪服务，可以得到更多的产品信息，了解农户对产品的评价和接受程度，摸清农户心理，为销售奠定基础。

三、试验示范的工作总结

1. 资料收集与报告

试验示范过程中及试验示范结束后，必须收集整理并提交与试验示范相关的图片、视频、数据等资料，填写试验示范工作记录报告表，详见表 8 - 14。

视频要简洁、明了，通俗易懂，内容包括向示范户介绍产品、试验示范过程、田间管理、突出效果表现等，着重讲解示范户对公司产品的体会及对试验效果的高度认可。

2. 总结分析

对工作中遇到的情况进行总结分析，寻找更好的方法；对试验示范中出现的问题进行整理分析，找出产生问题的原因，以便今后在操作中避免再出现问题。

链接阅读

试验示范与技术服务工作的相关表格如表 8 - 13 与表 8 - 14 所示。

表 8－13　　　　　　　　**试验示范户档案信息表**

归属区域		归属部门		指导管理员	
家庭地址				示范地块位置	

试验示范户基本信息

姓名		性别		出生年月	
文化程度		农作人口		示范户编号	
联系方式	手机：　　　　　　微信：				

作物种植及试验示范合作情况

种植作物 1		种植面积		示范面积	
试验示范产品					
种植作物 2		种植面积		示范面积	
试验示范产品					
种植作物 3		种植面积		示范面积	
试验示范产品					

试验示范户辐射带动能力

姓名 1		联系方式		种植面积	
姓名 2		联系方式		种植面积	
姓名 3		联系方式		种植面积	
姓名 4		联系方式		种植面积	

农业生产资料投入情况

投入资料 1		投入数量		购买时间	
投入资料 2		投入数量		购买时间	
投入资料 3		投入数量		购买时间	
投入资料 4		投入数量		购买时间	
投入资料 5		投入数量		购买时间	

试验示范合作综合评价

表 8 - 14　××农资有限公司产品技术试验示范工作记录报告表

试验示范负责人	联系电话	试验示范实施人	联系电话	合作厂家/商家	联系电话
试验示范地点					
县	乡镇	村	示范户	合作配合度	
试验示范地块信息					
土壤类型	地力均匀度	基肥种类与用量（亩）	前茬作物病害情况	是否符合试验示范条件	就地观摩推广价值
试验示范作物信息					
作物	品种	播种量（斤）	播种时间	出苗时间	试验时的生长期/苗龄
试验示范实施情况					
药品、药剂	用法、用量和处理方案	用药时间	试验地块总面积（亩）	实施试验面积（亩）	有无空白对比

试验示范观察记录				
关键观察时点和内容1	关键观察时点和内容2	关键观察时点和内容3	关键观察时点和内容4	关键观察时点和内容5	合计观察次数
试验示范项目总结				
有无视频、照片及PPT总结	是否带经销商观看	是否召开现场观摩会	是否做效果展示展板	经验效果数据是否分享	效果评价/试验结论

农资营销五步循环模式的试验示范与技术服务环节，关键要做好以下三项工作：一是示范户的选择和管理，与示范户签订合作协议规范管理十分重要；二是试验示范方案的设计和实施；三是试验示范结果的总结报告。下面是通过农资营销工作实践总结出来的规范通用的《试验示范合作协议》，以资借鉴。

试验示范合作协议

甲方：_____   乙方：_____

地址：_____   地址：_____

联系方式：_____   联系方式：_____

经双方友好协商，现就甲方在乙方土地上开展种植管理示范地块的相关事宜达成如下协议，双方共同遵守执行。

一、甲方义务及权利

（1）双方协商一致，甲方在乙方的土地上随机选取相对完整的____亩土地作为示范地块，在示范地块里的施肥、用药、方法等田间管理活动由甲方技术人员根据甲方肥料、药品的性能和特点进行。

（2）甲方技术人员在对该示范地块的管理活动中，原则上不要求乙方增加在正常田间管理以外的其他生产资料及工时。

（3）甲方保证该示范地块的作物每亩的产量和品质不低于乙方整块（对比样本）土地的每亩平均水平，并交与乙方示范风险保证金_____元，若产量低于平均水平，由甲方负责补偿该示范地块内的每亩实际收益和乙方整块土地每亩平均收益的差额部分，即（大块土地平均每亩收益－示范地块平均每亩收益）×示范地块亩数。乙方对甲方的示范风险保证金多退少补。

（4）为了确保示范公平准确顺利进行，甲乙双方技术人员须对乙方大块土地和示范地块的施肥、施药、用量等田间管理活动共同做好记录。

（5）甲乙双方技术人员要认真填写田间管理的记录报告，以供第三方权威机构认证。

二、乙方义务及权利

（1）乙方保证该示范地块的土地能和整块土地种植同样的作物品种。

（2）乙方保证该示范地块作物种植时间和收获及田间管理等同乙方的整块土地的一样。乙方在对大块土地进行正常的施肥、施药时，要提前告知甲方技术人员，以使甲方技术人员对该示范地块的施肥、施药用量及实施方法具体安排，并做好试验对比记录。

（3）乙方要协助证明并确认该示范地块上的相关数据和试验结果。

（4）在示范期间，乙方要准许甲方带领本公司人员、同行、政府领导、科研单位及新闻媒体人员进入示范地块开展参观、学习、指导等活动。

（5）在示范完毕后，根据示范结果，如乙方认可甲方产品确实能节约成本，或施肥用药方案能增加产量，改善作物品质，并能预防病虫草害，甲方保证优先、优惠供应给乙方使用甲方试验所用产品。

三、示范地块的使用时间及面积

（1）使用时间：自××年××月××日至××年××月××日，即从甲方进入示范地块之日开始，至乙方整块土地作物收获完毕。

（2）面积：甲方随机选取乙方整块大块土地中的_____亩。

四、其他未尽事宜，双方协商确定，并签订补充协议

五、本协议双方签字后即生效，本协议一式两份，双方各执一份，每份具有同等法律效力

六、示范报告及示范方案详见另行附件

甲方：　　　　　　　　　　　　乙方：

甲方代表：　　　　　　　　　　乙方代表：

____年____月____日　　　　　　____年____月____日

第四节　观摩活动与推广策划

农资营销五步循环模式的第三步就是"观摩活动与推广策划",如图8-15所示。

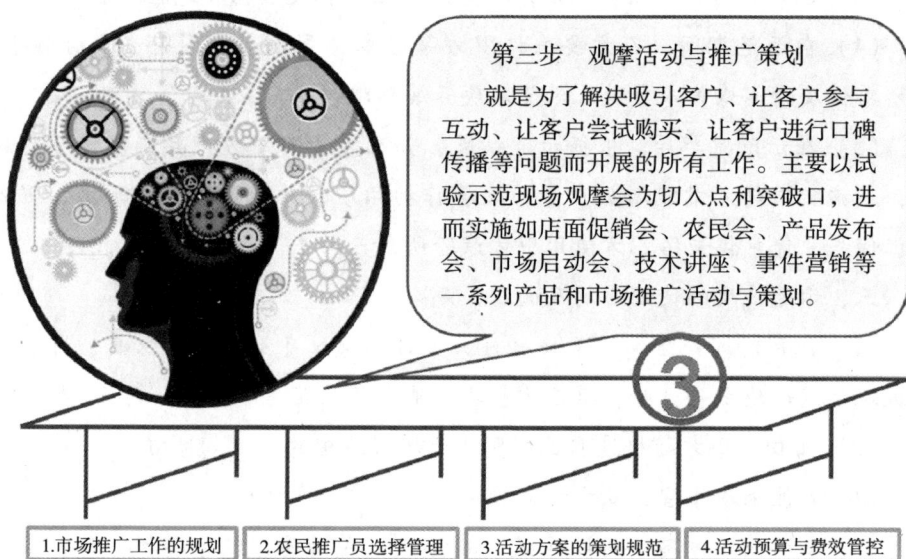

第三步　观摩活动与推广策划

就是为了解决吸引客户、让客户参与互动、让客户尝试购买、让客户进行口碑传播等问题而开展的所有工作。主要以试验示范现场观摩会为切入点和突破口,进而实施如店面促销会、农民会、产品发布会、市场启动会、技术讲座、事件营销等一系列产品和市场推广活动与策划。

③

| 1.市场推广工作的规划 | 2.农民推广员选择管理 | 3.活动方案的策划规范 | 4.活动预算与费效管控 |

图8-15　农资营销五步循环模式的第三步

"观摩活动与推广策划"和"试验示范与技术服务"是农资营销五步循环模式的两项基础工作,试验示范工作必须跟进观摩推广工作,推广促销工作必须依托于试验示范工作。

"观摩活动与推广策划"环节,主要就是召开各种形式的会议,主要有现场示范观摩会、店面促销会、农民会,还可以采取产品发布会、市场启动会、技术培训会等形式进行市场推广。

会议营销可以起到"展示公司实力,树立公司形象;增强宣传力度,提供技术服务;累积客户资源,提升农户认知;扩大市场影响,带动日常销售"等重要作用。

一、现场示范观摩会

现场示范观摩会的流程和内容如图 8 - 16 所示。

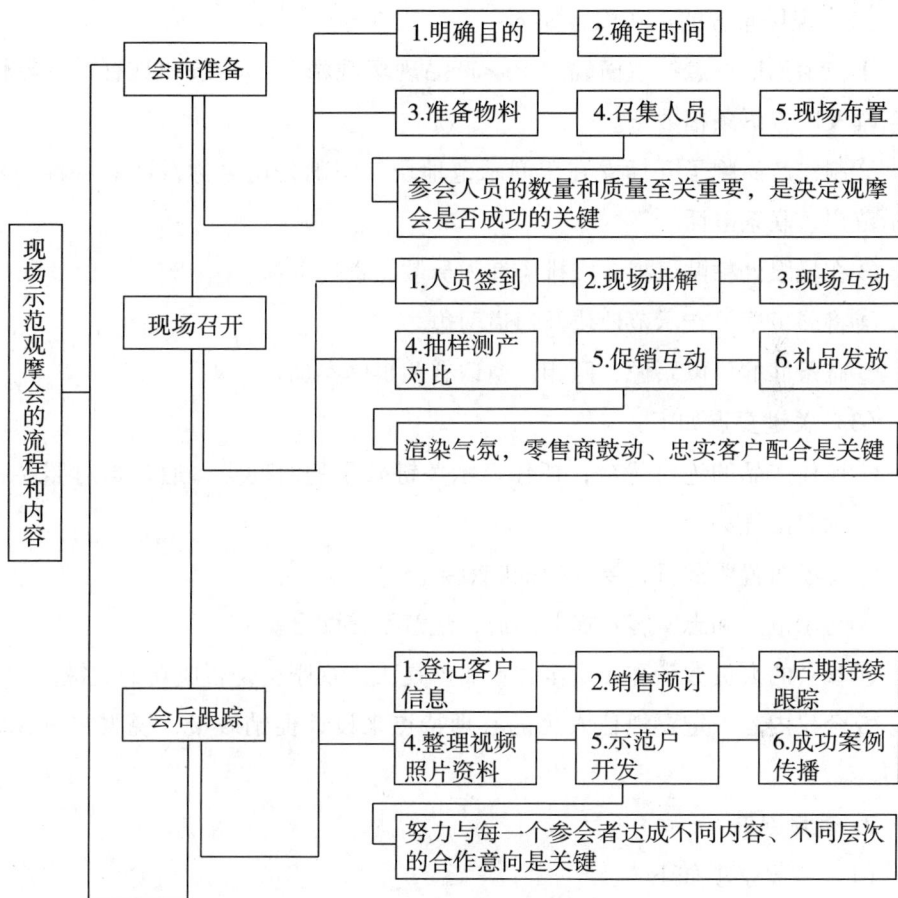

图 8 - 16　现场示范观摩会的流程和内容

1. 会前准备

（1）会前准备的主要事项如下：

①明确目的：宣传产品及效果、现场预订销售、增强零售商销售信心。

②确定时间：观摩会时间一般确定在"作物收获期前或产品效果明显的时间点"。

③准备物料：讲稿、样品、礼品、单页、条幅、扩音设备等，填写《×

×月××日××地点××产品示范观摩会物料明细及费用预算表》。

④召集人员：提前通知示范户和关心产品的目标客户参加，同时由示范户或经销商、零售商召集本村或临近村尽可能多的农户参加。

（2）现场布置的工作内容如下：

①在示范地块悬挂主横幅"××产品现场观摩会"一条和具有产品特性的条幅及广告语条幅数条。

②制作产品牌子并插立在田间示范地块，明确公司名称及产品特性、种植示范户、联系电话。

③在显眼处粘贴海报，安排咨询人员散发宣传资料。

④将展板摆放在示范地块及通道两边。

⑤有条件的可以录像、照相，邀请有关媒体参加。

（3）关键要点如下：

①抓住产品的绝对优势，抓住显示关键效果的时间点，通过与对照品种对比展示突出优势。

②现场布置要醒目，要达到推广效果。

③与示范户和忠实客户提前沟通，注意衔接配合。

④参会的人员数量和质量至关重要，是决定观摩会是否成功的关键。

⑤会议内容一定要抓住农民的心理特点来设计促销政策，说服客户签单预订。

2. 现场召开

（1）主要事项如下：

①人员签到：到场人员填写《××月××日××地点××产品示范观摩会签到表》。

②现场讲解：由示范户讲解使用产品的感受，包括种植经验，产量，与同类产品对比的优势。

③现场互动：公司人员现场讲解产品相关知识，解答农民提出的问题。

④根据不同观摩会需要，增加抽样测产对比、效益分析活动。

⑤促销活动：现场促销，如降低产品价格、免费送货、赠送礼物等。

⑥礼品发放：发放小礼品，分为两种，一种是参会人员都有的礼品（帽

子、袋子等小礼物），用于广告宣传和信息传播，另一种是只发给现场签订单的人员（稍贵点，比如服装、家电等），用于吸引客户预订和及时奖励。

（2）关键要点如下：

①入口、出口、观摩线路的组织引领。

②会议气氛渲染，鼓动零售商和忠实客户配合。

③注意，在观摩会现场要留下有传播价值的影像资料，比如示范户访谈录像、示范产品对比图片等，为以后的店面促销与宣传做准备。

3. 会后跟踪

（1）主要事项如下：

①收集客户意见表，客户的需求信息和问题反馈就是企业产品推广的切入点。

②告知每个参会人员关于产品零售商或合作方的地址及联系方式等信息，以便后期跟进促销落实或后续购买。

③客户信息收集整理。

④成功案例传播。

（2）关键要点如下：

①工作总结。

②工作改进。

4. 预期目的

在示范观摩会现场，必须落实以下预期目的：

（1）登记客户信息，建立客户档案资料以便后续管理开发。

（2）销售预订。

（3）跟进安排试验示范。

（4）通过赠送礼品、推广产品与参会者建立联系，以便后期跟进。

（5）努力与每一个参会者达成不同内容、不同层次的合作意向。

二、店面促销会

店面促销会的流程和内容如图 8 - 17 所示。

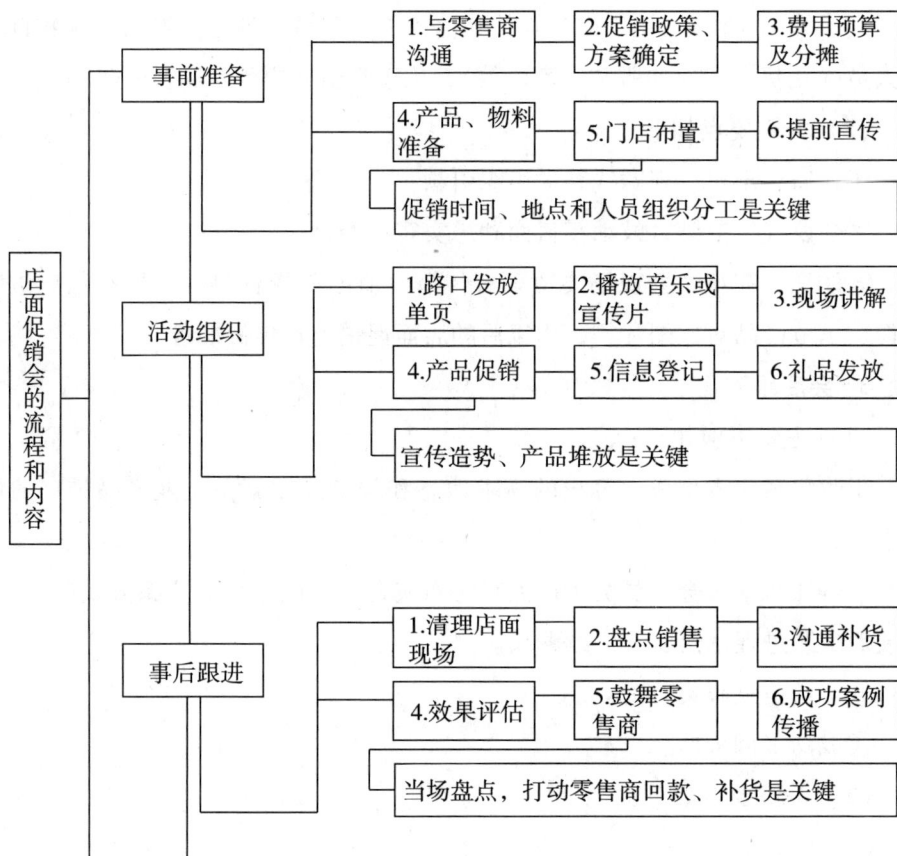

图 8－17　店面促销会的流程和内容

1. 事前准备

（1）主要事项：与零售商的沟通、促销政策与方案的确定、费用预算及分摊、产品准备、物料准备、门店布置、提前宣传。

（2）注意要点：促销时间、示范照片、讲解演练、实物样本、人员组织及分工。

2. 活动组织

（1）主要事项：现场讲解、人员分工、宣传造势、产品促销。

（2）注意要点：条幅、喷绘、展板，产品堆放，播放音乐或宣传片，路口发放单页，信息登记，礼品发放、配方推荐，信息传播。

3. 事后跟进

（1）主要事项：清理店面现场、成果汇总、盘点销售、跟进回款、沟通补货、效果评估、成功案例传播。

（2）注意要点：当场盘点，打动零售商回款、补货；分析店面促销活动的得失、总结改进。

4. 店面促销活动可以概括总结为"一个方案、两手准备、三大热烈"

（1）一个方案：要策划一个好的店面促销方案，活动时间、地点、形式、流程的确定十分关键。

（2）两手准备：一是宣传物料的准备，总结现场示范观摩会的成效，增强客户信心，准备好对比资料，增强农户购买欲望，做好店面促销活动宣传，如单页、车体宣传等，争取使尽可能多的农户到店参加；二是产品、礼品、样本的准备，和客户沟通要备足货，准备相关的礼品，准备病虫草害防治效果样本。

（3）三大热烈：一是场面组织要热烈；二是促销活动要热烈；三是发放礼品要热烈。

三、农民会

农民会十分"接地气"，方便、快捷，可以随时随地进村下地召开。不是只有专家才能开好农民会，召开农民会应是营销人员分内的、基本的工作，营销人员必须做到人人都能开好农民会。农民会的重大意义和作用，包括以下方面：

第一，宣传介绍新的产品，传递新的信息、理念和技术方案等。

第二，接近农户、说服农户、培训农户，取得信任。

第三，通过拉动农户需求，推动零售商销售。

召开农民会，一定要给农户一个参加会议、购买产品的理由。召开每场农民会前，必须思考清楚以下问题。

（1）当地农户最头疼的问题和最大的需求是什么？

（2）今天主要帮助当地农户解决什么问题，满足什么需求？

（3）我们的产品如何解决农户的问题，满足他们的需求？

（4）我们的产品的试验示范效果如何？

（5）我们的产品能为农户带来哪些收益？

农民会的流程和内容如图 8－18 所示。

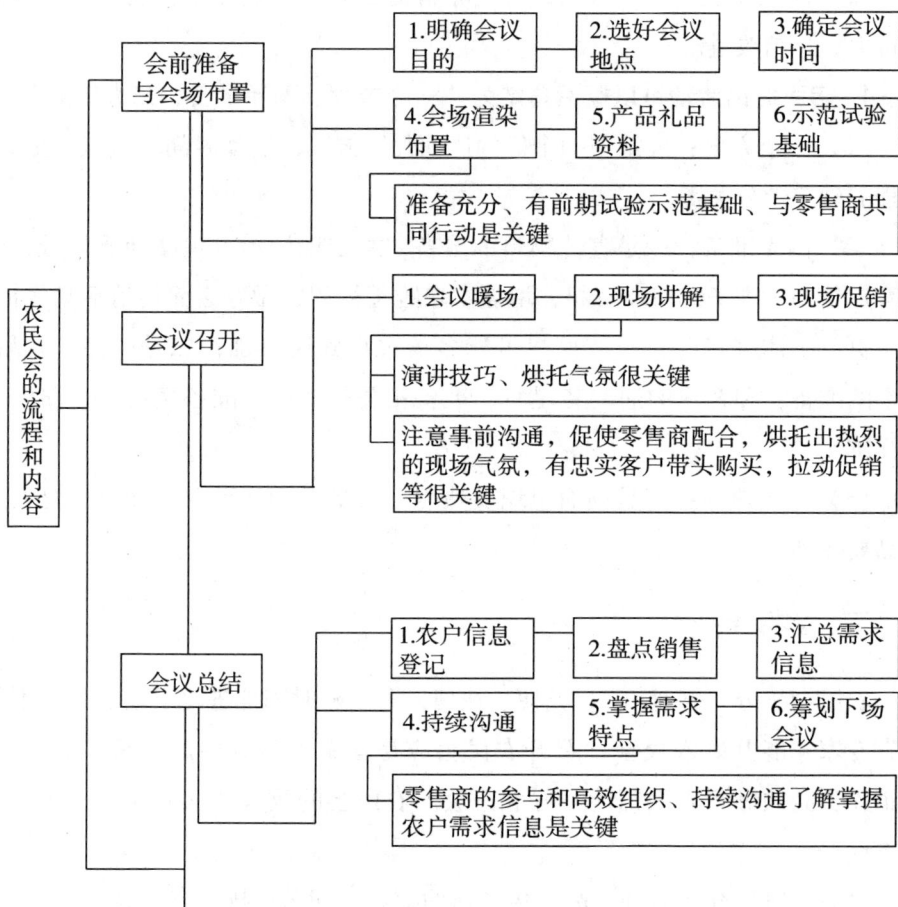

图 8－18　农民会的流程和内容

1. 会前准备

（1）明确会议目标。

（2）前期会议基础：有成功的示范观摩会、示范户宣传基础。

（3）选好会议地点：选择种植作物产品需求集中、市场潜力较大的地头、道路、集市、村镇，开会地点容易聚集人流、场地开阔并能播放投影。

（4）确定会议时间：最好选择中午、晚上等容易召集农户的时间。

2. 会场布置

（1）图文资料：尽可能利用手头上的海报、宣传画、彩旗等来布置会场周围；让农户一来就知道企业的产品；提前发放单页，让其对企业的产品有初步印象。

（2）音像设备：开会前至少提前30分钟准备好，通过循环播放企业形象片、产品形象片、技术片等来暖场。

（3）小礼品：包括用于会场讲演时发放的小礼品和对购买者进行促销的小礼品。

（4）产品摆放：将产品放在最显眼的位置，以便讲解时使用和零售商现场促销。

3. 会议召开

（1）会议暖场。

①通过暖场了解当地情况，如了解农户的种植面积、用药习惯、目前遇到的问题等，从而了解他们的需要，为农民会的讲解和销售做准备。

②通过暖场可以发现目标客户，特别是发现用过企业产品且反映效果特别好、在当地有影响力的农户，想办法让他们站出来替企业进行现场说法。

（2）现场讲演。现场讲演的主要内容是讲解公司、产品和当地零售商的情况，回答、处理农户的问题，注意要做到以下几个方面：

①声音要洪亮，要让农户听得见。

②语气要贴切，要用老百姓听得懂的语言，比如有时可使用老百姓惯用的方言。

③要会控制会场气氛，最好通过自己抑扬顿挫的话语或是风趣的讲解来渲染现场气氛。

④通过适当提问互动，调动老百姓的积极性，从而发现目标客户，促使其带头购买。

⑤控制当天讲演的内容范围，不要冲淡主题或跑题。

⑥确认讲解的产品或技术方案，是农户最关心或急需的、当下能解决问题的。

⑦鼓励当地使用者现身说法，这样更有说服力。

（3）讲演技巧。在讲演过程中，注意要做到以下几个方面：

①展示公司形象和个人自信。

②帮助农户了解产品能带给他们的好处，而非强行灌输自己的想法。

③尊重农户，表现出愿意听取他们的不同意见。

④注意多用数据和事实说话，逻辑清晰、表达准确。

⑤注意使用视频等视觉辅助材料来说明、澄清问题。

（4）现场促销。

①促销的关键是发现和抓住农户的购买信号。农户产生购买意愿的信号有"寻求帮助解决问题、询问了解产品、关心价格、计算价值、关心产品用法用量、倾诉担心和寻求承诺"等。

②注意事前沟通，促使零售商积极配合，烘托出热烈的现场气氛，有忠实客户带头购买，拉动促销。

4. 会议总结

（1）注意要点。

①农民会成功的关键在于会前准备充分。

②零售商的参与和高效组织，是农民会成功的关键。

③及时有效的暖场和热烈气氛的渲染，可以调动农户的购买积极性。

④有激情的讲演能大大促进产品销售。

⑤根据用药情况、用药时间及时地跟踪，是下一次农民会成功的开始。

（2）农户信息登记、持续沟通了解掌握农户需求信息。

（3）会议改进。明确会议的准备方面、内容方面、执行方面哪些需要改进及如何改进。

链接阅读

现场示范观摩会是农资营销的一把"利器"，必须对现场示范观摩会进行精心策划，通过示范观摩用事实证明、用效果说话，进行口碑宣传，让现场示范观摩会改变当前的产品经销思路，成为为农户提供整体高产技术服务方案、产品推广、市场深耕的基本方式。

要想将一场现场示范观摩会活动组织好，提高销售业绩、营销能力，一套完整、规范、详细的活动方案是重要保证。下面是通过农资营销工作实践总结出来的示范观摩会活动方案，以资借鉴。

示范观摩会活动方案

一、观摩会筹备

1. 明确会议目的

（1）宣传品牌，推广产品，进行口碑传播，提高产品和公司知名度。

（2）提高销量。

（3）导入跟进试验示范、客户开发、客户分析等营销工作。

2. 预期会议目标

（1）现场促销销售收入×××元。

（2）现场预收定金×××元。

（3）建立客户信息档案，填写《目标客户信息表》。

（4）通过示范影响，安排、展开后续的工作，开发、确定公司产品试验示范合作农户××户，填写《试验示范户信息表》，由观摩活动切入，系统展开农资营销五步循环模式的各项工作。

3. 确定会议议程

制订详尽的《会议议程表》，让参会人员对会议流程及内容一目了然、清楚明白，这有助于会议的组织协调和顺畅。

4. 预先策划现场促销与推广方案

会前进行市场分析和客户分析，设计《××观摩会现场促销政策》，通过多种形式将其传递至每个参会人员，以达成预期目标为导向设计现场促销与推广方案。

5. 确定观摩示范地块的位置和观摩时间

（1）营销人员要与合作商、示范户进行充分沟通，筛选确定观摩示范地块的位置，收集提炼示范地块的核心种植指标（产量、品质、长势、效果、施肥用药方式等），并对需要对比的核心指标，提前3～5天做出对比数据和相关实物展板，确保观摩会达到预期效果。

（2）确定观摩时间。

6. 邀约客户

由合作商通过电话、当面或其他方式邀请周边农户参加观摩会，告知观摩会的时间、地点、注意事项。

（1）要动之以情、告之以利，告知现场有优惠促销活动。《××观摩会现场促销政策》可提前告知也可现场告知。

（2）告知现场有精美礼品或有专家进行技术讲座等。

7. 提前造势

在示范地块和示范户的附近地域悬挂宣传条幅、或散发宣传单进行提前造势。

8. 确认参会农户

在观摩会召开的前1天，合作商要再次通过电话和农户沟通确认，并将最终的参会人员名单提交给公司营销人员。

如不能确定名单，要预估参会人数，以便备足物料并调整观摩会活动方案。

9. 备货

公司营销人员与合作商要在观摩会召开前1天，协商产品的备货库存，以确保产品在观摩会现场的销售和及时配送。

10. 物料准备

会议现场所需工具、物料要准备周全，如广告单页、产品手册、彩旗、示范牌（棚区插牌）、帐篷、放映设备、音响、宣传车，本地和外地同类作物、同类会议的"亮点"视频，订货单、笔、印章印泥、产品样品、桌椅等。

11. 现场布置

（1）宣传布置：现场四周要插上彩旗，营造声势；要悬挂条幅、宣传口号；要树立示范地块牌子，宣传品牌；要播放音乐，营造气氛。

（2）产品布置：要在观摩会现场摆放主推产品；注意产品品种不宜过多。

（3）测产布置：桌子、凳子（根据人数确定）、太阳伞、剪刀、尺子、测产圈、秤、笔、纸等。

二、观摩会召开

在召开观摩会过程中，有四个重要工作环节：对比讲解、原理讲解、效益比算和促销推广。

（一）对比讲解

1. 选择最佳观摩时间

2. 准备现场效果对比测量工具

如游标卡尺、千分尺、糖度仪、硬度计、电子秤、酸度计等。

3. 选择地块

选择相邻的两块地，作为示范地块和对照地块。

4. 简单总结效果

要强调除示范产品以外的其他因素均相同，或将具体情况予以说明，并简单总结效果。

5. 做对比

对比的原则是先整体，后局部，由上到下，从品质到产量。

（1）整体：从整体上解释，示范地块对比对照地块，有哪些特点。

（2）局部：到田间仔细对比以下方面：

①叶片。

②茎蔓。

③果实。

④根系。

⑤抗（风、旱、涝）性。

（二）原理讲解（略）

（三）效益比算

1. 估产

2. 效益测算

（四）促销推广

1. 促销政策宣讲

2. 现场促销或预订

3. 后期推广工作事项的导入

三、观摩会总结

（1）录制的示范观摩会广告宣传视频，要展示示范户的种植全程和效果，提高示范的可信度和农户的信任度，以便在各种会议上播放。

广告宣传视频片段的制作内容要点：将试验示范阶段的图片、数据、视频与观摩会现场的图像、数据、视频完整制作。具体如表8-15所示。

表8-15　　　　　　　　宣传视频录制内容

内容	内容要点
场景	(1) 示范地块周边场景；(2) 示范地块操作场景；(3) 田间管理场景；(4) 数据资料；(5) 参观场景；(6) 技术交流、经验分享场景；(7) 观摩、促销订购、推广场景
经验分享	(1) 示范户自我介绍，包括姓名、地址、种植作物、种植面积等信息； (2) 施肥用药管理：施肥用药时间、规格、施肥量、方式、周期、次数； (3) 产品效果：长势（叶片颜色、厚度、大小，根茎的粗细）、品质、产量（使用前后对比）、测产算账（投入成本、产量、价格、效益）

(2) 观摩会总结分析。

(3) 会议现场相关工作事项梳理、追踪落实。

第五节　渠道规划与客户开发

农资营销五步循环模式的第四步就是"渠道规划与客户开发"，如图8-19所示。

市场营销学家菲利普·科特勒认为：营销渠道是指某种货物或劳务从生产者向消费者转移时，取得这种货物或劳务的所有权或帮助转移其所有权的所有企业或个人。简单地说，营销渠道就是产品和服务从生产者向消费者转移过程的具体通道或路径。

渠道是一种战略资源，而且是稀缺的战略资源！

渠道是企业的生命线！

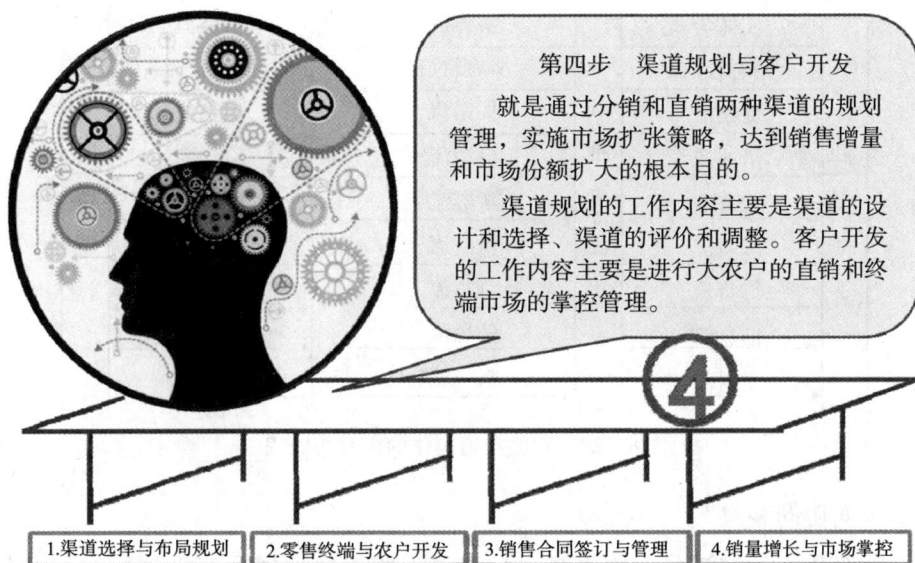

第四步　渠道规划与客户开发

就是通过分销和直销两种渠道的规划管理，实施市场扩张策略，达到销售增量和市场份额扩大的根本目的。

渠道规划的工作内容主要是渠道的设计和选择、渠道的评价和调整。客户开发的工作内容主要是进行大农户的直销和终端市场的掌控管理。

④

| 1.渠道选择与布局规划 | 2.零售终端与农户开发 | 3.销售合同签订与管理 | 4.销量增长与市场掌控 |

图 8 – 19　农资营销五步循环模式的第四步

营销渠道按照有无中间环节分为直销和分销两种，由生产者直接把产品销售给最终用户的营销渠道称为直接分销渠道，即直销；至少包括一个中间商的营销渠道称为间接分销渠道，即分销。根据中间商的数量分类，直销渠道两端为生产者和消费者，没有中间商，称为零级渠道；间接分销渠道根据中间环节的数量分为一级、二级、三级或多级分销渠道。

农资营销"渠道规划与客户开发"就是通过直销和分销两种渠道的规划管理，实施市场扩张策略，实现销量提升和市场份额扩大的根本目的。

渠道设计就是开拓市场。

渠道选择就是管控市场。

渠道维护就是稳定市场。

营销渠道运作的内容与流程如图 8 – 20 所示。

新时代，农资营销渠道的关系正在发生着深刻而重大的变化。

（1）渠道的垂直关系的变化如下：

①厂家（制造商）与经销商的关系"由厂家主导转为共同运作，以经销商甚至零售商为主"。

②经销商（批发商）与零售终端（零售商）的关系"由对抗博弈逐步发

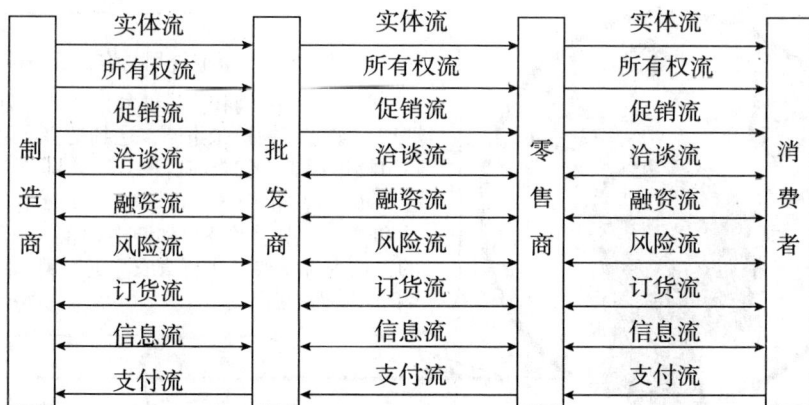

图 8-20 营销渠道运作的内容与流程

展为纵向协同共赢"。

③零售终端与消费者的关系"从多种手段促销发展为互动体验与综合价值提升"。

（2）渠道的水平关系的变化如下：

①厂家之间的关系"由无序竞争到深度集中、专业互补、整合共存"。

②经销商之间的关系"由独门独户、单打独斗到分工协同、横向联合"。

③零售终端之间的关系"由'你死我活'、抱残守缺到经营升级、服务转型"。

农资营销渠道已经从"以产品和经销商为中心"转变为"以农户和零售商为主导"。

一、渠道的地位与功能

1. 渠道的地位

渠道在行业价值链和业态分布中始终占据不可替代的地位。世界上再好的产品，即使有再好的广告支持，也必须让消费者能买到，否则，将毫无意义。

在农资行业，消费者众多且居住相当分散，需求千差万别且具有季节性和不确定性，生产者要直接和消费者打交道，无论从时间、人力，还是从成本、便利程度来说，都是不可思议的事。

2. 渠道的功能

渠道的主要功能如下：

（1）信息沟通交流。

（2）实现产品销售。

（3）扩大市场占有。

（4）提升品牌形象。

（5）提高交易效率。

（6）降低交易成本。

（7）稳定社会存货。

（8）便利终端用户。

（9）实体物流配送。

（10）承担相关风险。

（11）及时集中回款。

（12）协调相关服务。

二、渠道设计与布局

1. 渠道设计概述

渠道设计是指企业为实现销售目标，根据自身产品的特点，结合企业内外部环境条件，对各种渠道结构模式进行评估和选择，规划开发出新的渠道结构模式或改变现有的渠道结构模式的过程。

营销渠道结构的三大要素是：渠道中的层次数、渠道密度和各层次的中间商。

渠道中的层次数，是指为完成企业的营销目标而需要的渠道的多少。

渠道密度，是指同一渠道层次上中间商数目的多少。

中间商类别，是指渠道的各个层次中应分别使用哪几种中间商。

渠道结构与渠道成员如图 8 - 21 所示。

2. 渠道设计的基本原则

渠道设计应遵循的八个基本原则：

（1）顾客导向原则。

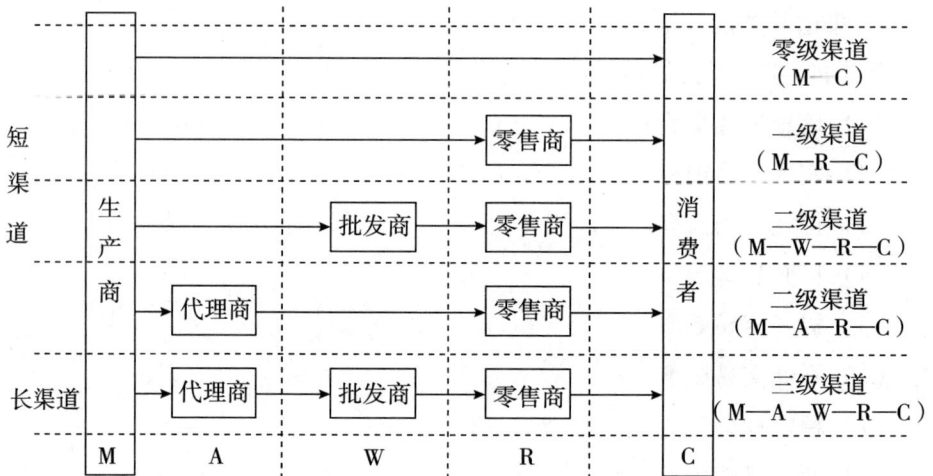

图 8 - 21　渠道结构与渠道成员

（2）最大效率原则。

（3）发挥优势原则。

（4）利益均沾原则。

（5）分工合作原则。

（6）覆盖适度原则。

（7）稳定可控原则。

（8）协调平衡原则。

渠道设计的基本原则如图 8 - 22 所示。

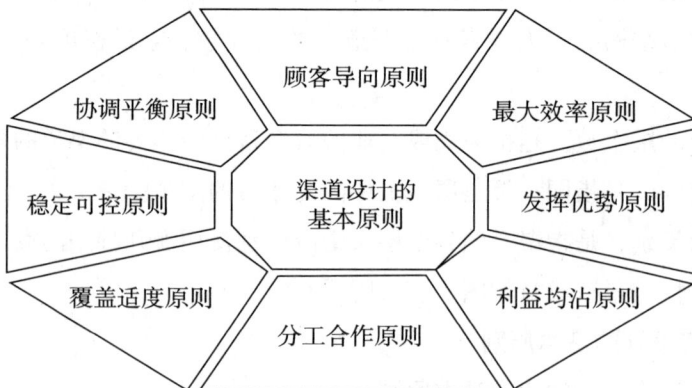

图 8 - 22　渠道设计的基本原则

3. 渠道设计的目标

渠道设计要达到的目标包括：顺畅；增大流量；便利；开拓市场；提高市场占有率；扩大品牌知名度；具有经济性；市场覆盖面和密度恰当；渠道可控。具体如表8-16所示。

表8-16　　　　　　　　　　　　渠道设计的目标

目标	意义及操作要点
1.顺畅	是最主要的目标，直销或短渠道最为顺畅
2.增大流量	追求铺货率，广泛布局，密集渠道，多路并进
3.便利	最大限度地贴近消费者，广设网点，灵活经营
4.开拓市场	先倚重中间商，待站稳脚跟后，再组建自己的网络
5.提高市场占有率	渠道拓展和渠道维护至关重要
6.扩大品牌知名度	做好维护，努力提高客户对品牌的信任度与忠诚度
7.具有经济性	渠道的建设成本和维系成本要低，替代成本和收益要高
8.市场覆盖面积密度恰当	多家分销，组合分销，或者密集分销
9.渠道可控	应重点增强自身能力，以管理、资金、经验、品牌或所有权来掌握渠道主动权，实现对渠道的控制

4. 不同渠道结构模式的优劣分析

（1）短渠道与长渠道的优势与劣势比较分析。

短渠道的竞争优势在于有优秀的产品、灵敏的市场嗅觉和良好的客户关系。长渠道的竞争优势在于优异的产品展示、极具竞争力的价格和助销支持。具体如表8-17所示。

表8-17　　　　　　　　　　　长短渠道的优劣比较分析

渠道类型	优势及适用范围	劣势及基本要求
长渠道	市场覆盖面广，厂家可以将中间商的优势转化为自己的优势，减轻厂商费用压力；适用于一般消费品的销售	对渠道的控制程度较低；扩大了服务水平的差异性；增加了对中间商进行协调的工作量
短渠道	对渠道的控制程度高；适用于专用品、时尚品及密度大的市场区域	要承担大部分或者全部渠道功能，必须拥有足够的资源；市场覆盖面较窄

（2）宽渠道与窄渠道的优劣比较分析。

宽渠道的优劣势分别是：产品分销广泛，但渠道之间的竞争激烈，比较容易发生价格冲突。窄渠道的优劣势分别是：渠道利润集中、管理简单、渠道之间竞争压力小，但分销不广泛。具体如表8-18所示。

表8-18 宽窄渠道的优劣比较分析

渠道类型	优势及适用范围	劣势及基本要求
窄渠道（独家分销）	市场竞争程度低；厂家与经销商关系较为密切；适用于专用产品的分销　能够保证市场秩序；分销层次和价格稳定；业务管理相对简单	因缺乏竞争，顾客的满意度可能会受到影响；经销商对厂家的反控制力强　渠道无竞争、无活力；价格偏高、难控制；能力受局限、风险大
宽渠道（密集分销）	市场覆盖率高，容易提高销售量和提高产品知名度，比较适合日用消费品的分销　能够快速实现市场覆盖；迅速提高销量和影响力；利用经销商资源以节省费用	市场竞争激烈，渠道管理难度大；厂商的营销意图不易实现，易出现市场混乱；　容易出现恶性竞争；容易出现乱价、窜货现象；渠道控制难度大
宽窄适中（选择分销）	比密集分销能取得经销商更多的支持；同时比独家分销能够给消费者带来更大方便　能够实现市场覆盖最大化；能够保证销量、兼顾利润；合理组合能够防范风险；优势互补，便于渠道控制	难以选择合适的经销商优化组合；难以确定经销商区域边界；　考验协调能力；考验整体运筹能力；考验渠道管理能力

农资企业的渠道设计与布局，要结合行业的发展阶段和趋势，结合公司的发展战略、目标和产品的具体情况和竞争需要，确定渠道设计与布局的思路和原则，在一定时期内要具有方向性、指导性和稳定性。

5. 区域渠道布局的基本原则

（1）同质市场原则。

（2）邻近的同质市场分销商之间要留有缓冲地带。

（3）不违反区域中心原则。

（4）考虑分销商二级网点管理的效率和成本。

（5）留给分销商一定的发展余地。

（6）考虑管理分销商的效率和成本。

6. 区域渠道布局的要求

（1）区域辐射力强。

（2）区域效率高。

（3）市场占有率高。

（4）市场覆盖率高。

（5）渠道便利与顺畅。

（6）渠道管理与维护成本低。

三、渠道开发的策略与方法

1. 渠道开发的三大策略：

（1）推的策略。

（2）拉的策略。

（3）推拉结合策略。

渠道开发的推拉策略如表 8 - 19 所示。

表 8 - 19　　　　　　　　　　渠道开发的推拉策略

渠道开发策略	推的策略	拉的策略
工作模式	招商活动 展销会议 人际关系维护 人员推广	招商广告 培训研讨 激发二级需求 开发终端网点
关键技巧	调查分销商情况； 销售利益和优势展现	洞悉经销商动机和需求； 有效激励、激发分销商

2. 农资企业销售渠道开发的策略

农资企业销售渠道开发的策略如图 8 - 23 所示。

3. 渠道开发的方式

销售渠道开发的方式如图 8 - 24 所示。

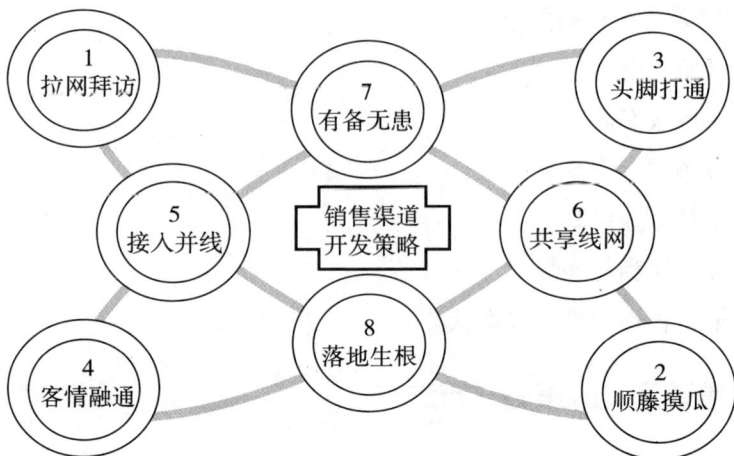

图 8 - 23　农资企业销售渠道开发的策略

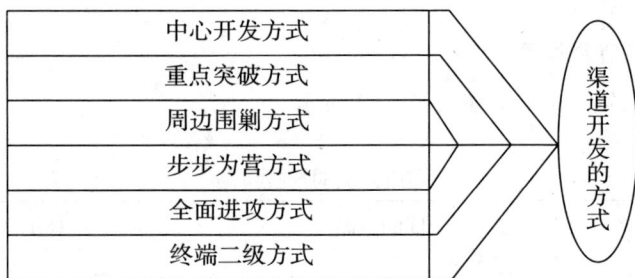

图 8 - 24　销售渠道开发的方式

4. 渠道开发的方法

销售渠道开发的方法如图 8 - 25 所示。

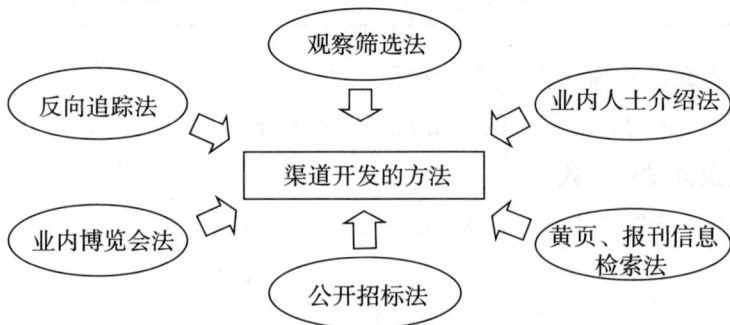

图 8 - 25　销售渠道开发的方法

5. 渠道开发应注意的问题

（1）通过市场试运作选择经销商/零售商。

（2）通过市场竞争筛选经销商/零售商。

（3）利用市场资源支持潜在经销商/零售商。

（4）利用短期合同期限考察经销商/零售商。

（5）不要轻易给予承诺。

（6）选择具有成长性的经销商/零售商。

6. 农资企业渠道规划的要点

农资企业渠道规划的要点如图8-26所示。

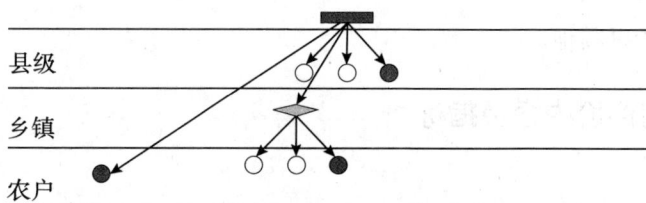

图8-26 农资企业渠道规划的要点

四、渠道选择

1. 渠道选择原则

渠道选择的原则如图8-27所示。

2. 渠道选择常见的五大误区

渠道选择常见的五大误区如下：

（1）合作方实力越强越好。

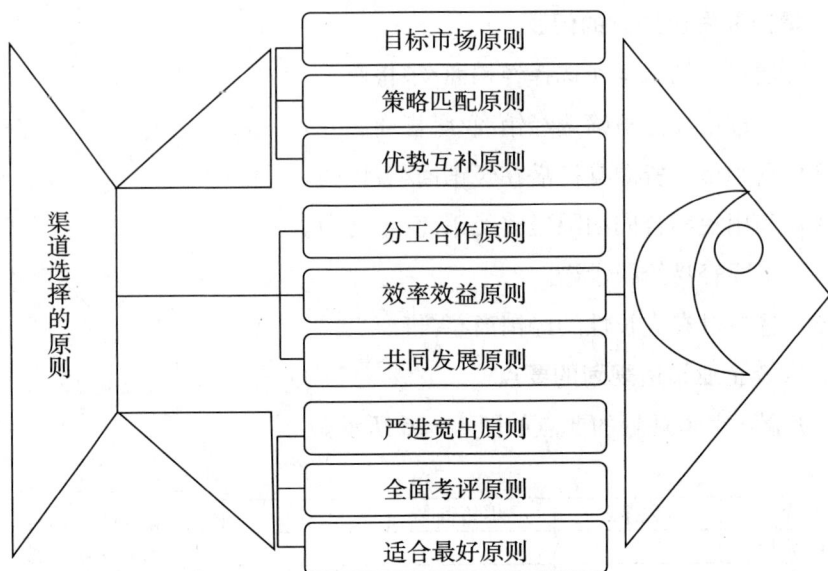

图 8 - 27　渠道选择的原则

（2）合作方下线越宽越好。

（3）合作方下线越长越好。

（4）市场覆盖面越广越好。

（5）只求合作不考虑其他。

五、渠道选择的评价内容及指标

1. 经营思路

市场认知；经营理念；商业模式。

2. 合作意愿

产品认同；公司认同；愿景认同。

3. 价值观

4. 声誉信誉

同行口碑；同业口碑。

5. 经营实力

门面位置；库房面积；经营区域；产品结构；销售网络；市场推广；物流配送；产品运作的历史和成功经验。

6. 管理水平

战略规划；制度规范；团队建设。

7. 资金实力、财务状况及信用

8. 经营管理的稳定性、连续性和成长潜力

9. 社会资源及与政府关系

10. 关键评价指标

（1）业绩指标：销量、回款、库存等。

（2）运营指标：下级网点数量、下级网点平均销售业绩、下级发展潜力与稳定性、销售人员业务能力、销售设施等。

（3）管理指标：对合作条款的遵守程度，是否有市场冲突行为，市场策略或推广的支持配合度，对终端的支持、辅导与控制力度等。

采用强制评分法进行的渠道评价如表 8 – 20 所示。

表 8 – 20　　　　　　　　渠道评价（采用强制评分法）

评价因素	权重系数	渠道 1		渠道 2		渠道 3	
		评分	加权	评分	加权	评分	加权
1. 经营思路							
2. 销售规模							
3. 合作意愿							
4. 声誉信誉							
5. 经营实力							
6. 管理水平							
7. 产品结构							
8. 资金结算							
9. 成长潜力							
10. 社会资源							
评价总分							

六、渠道维护与服务

渠道维护与服务是指为了保障已经拓展的渠道网络的稳定性，并为赢取

新的渠道网络及客户创造好的条件和机会，经销商所采取的保障措施。

1. 渠道冲突管理

渠道之间的冲突，实质上是经营者之间的利益冲突，是渠道成员之间各方面利益不一致、不平衡所引起的。

（1）渠道冲突的基本类型如下：

①水平渠道冲突。

②垂直渠道冲突。

③不同品牌渠道之间的冲突。

④相同品牌渠道之间的冲突。

（2）渠道冲突的十种情况如图8-28所示。

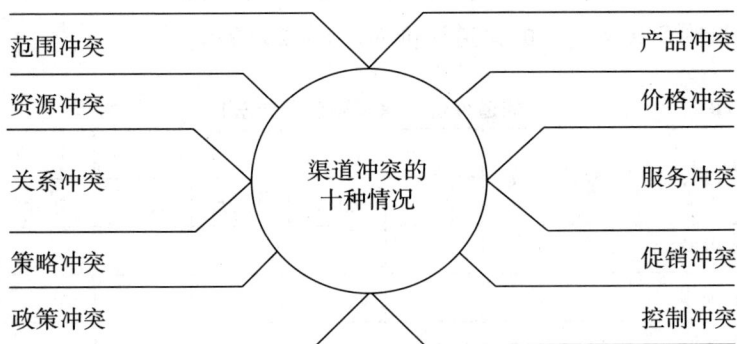

图8-28 渠道冲突的十种情况

（3）解决渠道冲突的方法如下：

①严格界定经营范围。

②界定价格体系。

③界定渠道的级别。

④针对不同渠道采用不同政策。

⑤加强合同约束管理，规范销售行为。

⑥包装差异化：针对相同产品，采取不同渠道不同包装，比如文字标识"专供××销售"、商标颜色差异化、不同地区印刷不同的条码等。

⑦加强物流货运监管。

2. 窜货管理

窜货俗称"冲货"，是销售网络中的分销机构受短期利益驱使，违反销售协议，有意识地跨区域低价销售产品，并造成市场混乱，严重影响厂家声誉及渠道关系的恶劣销售行为。

窜货必定导致价格混乱，影响销售人员信心，损害品牌产品形象，进而引发渠道冲突，甚至影响销售业绩和决策分析，殃及整个渠道关系和市场稳定。

（1）窜货的原因主要有冲销量、搏回扣、拿返利、抢地盘、价格差异、厂家压货、绩效考核、清库存、激励不当、推广费用运用不当、恶意报复等。

（2）解决窜货问题的主要措施如下：

①制定公平的渠道政策。

②设计和执行级差价格体系。

③制订合理的销售目标。

④严格控制渠道促销。

⑤加强库存管理。

⑥严格合同奖惩，明确双方的权利、责任。

⑦对公司产品进行区域标码识别。

⑧ 建立严格的窜货处罚制度和保证金制度。

⑨实施渠道综合考评和业务人员综合考核制度。

3. 渠道激励管理

（1）渠道激励的方式与内容如图8－29所示。

直接方式 物质激励	◆价格优惠　◆提货折扣　◆销售返利　◆单项奖金　◆资金支持 ◆放宽信用　◆额外补贴　◆促销支持　◆费用支持　◆独家经营
间接方式 精神激励	◆决策咨询　◆信任授权　◆战略伙伴　◆亲情互动　◆提供培训 ◆市场支持　◆助销服务　◆情报信息　◆公开表彰　◆评优评奖

图8－29　渠道激励的方式与内容

（2）渠道激励的指导原则。渠道激励必须遵循"有的放矢、及时应对、兼顾平衡、导向一致、丰富多样、奖惩结合"等原则。对渠道进行激励时要注意以下几个方面：

①不要一次性对渠道提出过多、过高的要求。

②用事实和数据说话，运用市场机会和市场调查结果激发渠道积极性。

③少批评，多给建议，过多责备不利于发展建设性关系。

（3）渠道返利的目的。渠道返利必须明确和实现以下目标：

①提升整体销量。

②完善市场。

③加速回款。

④提高提货量。

⑤推广品牌。

⑥达成阶段性目标。

（4）渠道返利的形式。渠道返利最好以以下几种形式实现：

①产品返利。

②物流配送补助。

③终端销售补助。

④人员费用补贴。

⑤地区差别补偿。

⑥渠道团队福利。

⑦专销或专营奖励。

4. 渠道维护管理

渠道开发的好处显而易见：健全了销售网络，扩大了销售区域，抢占了市场，提高了销量，提升了业绩！然而，必要的经销渠道维护往往被忽视，甚至有"上了船，任其发展"的错误思想，往往导致渠道网络经营多数"半死不活"。"流失三个客户易，开发一个客户难"，大量的营销案例告诉我们，如果不能有效做好经销渠道的维护工作，许多努力很可能功亏一篑。

七、渠道控制与优化

渠道控制就是指通过渠道的管理、考核、激励以及解决渠道冲突、维护渠道关系等一系列措施，对整个渠道系统进行综合调控。公司建立起渠道系统，仅仅完成了实现销售目标的第一步，而要确保公司销售目标的顺利完成和持续维定，还必须对建立起来的渠道系统进行适时、调整、优化，以确保渠道成员之间、公司和渠道成员之间相互协调和合作，共同谋求最大化的长远利益。

1. 提高渠道控制力的策略

（1）远景掌控，坚定信念。争取远景、目标、经营理念、价值观协同。

（2）品牌掌控，水到渠成。开发畅销品牌、产品，形成渠道控制力。

（3）服务掌控，如虎添翼。提供良好服务，增强渠道感召力。

（4）终端掌控，釜底抽薪。通过掌控下游及终端来控制渠道。

（5）助销掌控，形成依赖。帮助成长，实现渠道掌控。

（6）利益掌控，欲罢不能。充分、利用资源，进行"杠杆"激励。

2. 渠道控制的"助销服务"方法

（1）协助经销商进行市场开发。

（2）协助经销商进行营销策划。

（3）协助经销商进行队伍建设。

（4）协助经销商进行市场管理。

（5）为经销商提供必要的市场支持。

（6）加强双向业务沟通交流合作。

3. 渠道控制的"终端开发"方法

（1）占据终端，保持消费者对产品的持续购买和对品牌长期忠诚。

（2）及时获取有效终端信息，及时调整渠道策略。

（3）从终端疏通渠道，做到货畅其流。

（4）控制终端，构筑阻止竞争产品进入的壁垒。

（5）直接进行大农户开发。

4. 渠道控制的"积分管理"方法

设计渠道的业绩、管理行为标准和积分晋级办法，不同积分级别享受不同的待遇，实施补贴和支持，明确责任和义务，实施奖惩制度。

5. 渠道的调整

（1）如果渠道发生以下情况，必须进行渠道的调整：

①经销商出现了无法解决的财务危机。

②经销商在合理时间内，无法完成销量和网络建设目标，影响整体营销战略目标和营销策略的实现。

③经销商的合作态度极差，以致无法进一步开展工作。

④经销商间的冲突无法解决，且调整后影响协调平衡。

（2）渠道调整必须注意以下事项：

①摸清经销商的下线网络。

②清理经销商的库存产品。

③讲明原因，协调处理矛盾，继续保持良好关系。

④慎重处理"大客户"。

🐦 链接阅读

×× 农资有限公司产品销售合作协议

编号：＿＿＿＿＿＿＿＿

甲方：＿＿＿＿＿＿＿＿＿＿＿　　地址：＿＿＿＿＿＿＿＿＿＿＿＿＿

统一社会信用代码或农药经营许可证号＿＿＿＿＿＿＿＿＿＿＿＿＿＿＿＿

联系电话：＿＿＿＿＿＿＿＿＿＿＿＿

乙方：＿＿＿＿＿＿＿＿＿＿＿　　地址：＿＿＿＿＿＿＿＿＿＿＿＿＿

统一社会信用代码或农药经营许可证号＿＿＿＿＿＿＿＿＿＿＿＿＿＿＿＿

联系电话：＿＿＿＿＿＿＿＿＿＿＿＿

为更好地销售与推广＿＿＿＿＿＿产品（规格＿＿＿＿，单位＿＿＿，包装＿＿＿＿），甲乙双方本着互惠互利的原则，经友好协商，达成如下协议，以明确双方的权利和义务。

一、经销商资格：乙方签订本协议，并于＿＿＿年＿＿月＿＿日前，交纳销售合作意向金＿＿＿＿＿万元，方能成为 ×× 年度＿＿＿＿（产品）在＿＿＿＿＿＿＿区域的指定经销商，享受到相关的优惠政策和销售服务。

二、乙方成为＿＿＿＿＿＿区域的指定经销商后，×× 年度总计销售计划目标为完成销售该产品_____件，于_____年__月__日前首次提货_____件。

三、乙方交纳的销售合作意向金可充当提货货款。乙方如单方面违约，乙方所交纳的销售合作意向金甲方不退。

四、乙方如在协定时间内未能履行协定内容，甲方可视为乙方自动放弃产品代理权。

五、如乙方有恶意冲击市场行为，甲方有权取消乙方销售资格。

六、甲方责任义务。

1. _____产品质量由甲方负责。

2. 甲方负责支持、提供、落实双方协商确认的产品的技术试验、示范和推广促销相关工作事项。

3. 乙方如销售_____产品达到或超过_____件，甲方为乙方提供的支持有：_____；

乙方如销售_____产品达到或超过____件，甲方为乙方提供的支持有：_____；

乙方如销售_____产品达到或超过____件，甲方为乙方提供的支持有：_____。

七、乙方责任义务。

1. 做好本区域严格的市场管理和保护工作。

2. 及时快捷地配送产品，要求铺货布点合理均匀。

3. 协同发放宣传单页、张贴宣传海报、试验示范介绍。

4. 必须严格执行和维护相关的销售政策和价格体系，该产品在协议区域内的县级统一进货价为_____元，统一结算价为_____元，乡级统一进货价为____元，统一零售价为____元。

5. 为便于甲方帮助乙方开展当地市场推广和产品销售，乙方应及时向甲方反馈相关市场信息。

八、甲乙双方同意携手推广该产品，共同协商达成市场推广活动项目如表8-21所示。

表 8 – 21 市场推广活动项目

市场推广活动项目	时间	数量	费用	其他

备注：

九、其他事项约定（另行约定事项须由经理审核签名确认）：＿＿＿＿＿

＿＿＿＿＿＿＿＿＿＿＿＿＿＿＿＿＿＿＿＿＿＿＿＿＿＿＿＿＿＿＿＿

＿＿＿＿＿＿＿＿＿＿＿＿＿＿＿＿＿＿＿＿＿＿＿＿＿＿＿＿＿＿＿＿

十、××年度大客户奖励政策：县级经销商××年销售额超过××万元（含），奖励出国旅游名额1个，销售额超过××万元（含），奖励出国旅游名额2个，最多奖励2个出国旅游名额。销售额计算价格按公司规定价格核算（××年度销售额核算时间范围为××年1月1日至××年12月31日）。

十一、超出主管权限的其他约定事项须报经主管经理审核确认签名后有效。

十二、本协议自签字之日起生效，协议有效期一年；此协议一式两份，甲乙双方各一份。

甲方销售主管签字：＿＿＿＿＿＿＿＿　乙方代表签字：＿＿＿＿＿＿＿＿

＿＿＿年＿月＿日　　　　　　＿＿＿年＿月＿日

第六节 客户分析与客户管理

农资营销五步循环模式的第五步是"客户分析与客户管理"，如图 8 – 30 所示。

"客户"是指购买产品或服务的个人或组织。客户不单指产品或服务的最终接受者或使用者，渠道商、物流商、中间商也是客户。

管理学大师彼得·德鲁克说：企业的首要任务就是创造客户。

韦尔奇说：公司无法提供职业保障，只有客户才行。

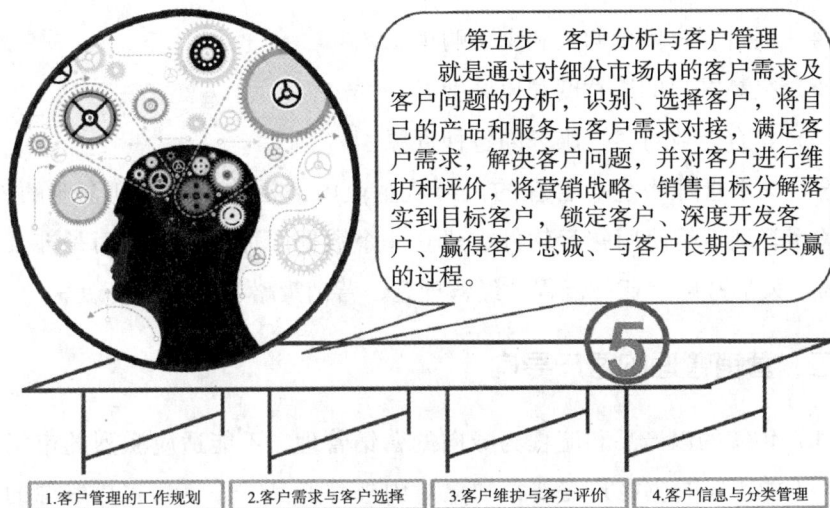

第五步　客户分析与客户管理

就是通过对细分市场内的客户需求及客户问题的分析，识别、选择客户，将自己的产品和服务与客户需求对接，满足客户需求，解决客户问题，并对客户进行维护和评价，将营销战略、销售目标分解落实到目标客户，锁定客户、深度开发客户、赢得客户忠诚、与客户长期合作共赢的过程。

| 1.客户管理的工作规划 | 2.客户需求与客户选择 | 3.客户维护与客户评价 | 4.客户信息与分类管理 |

图8-30　农资营销五步循环模式的第五步

市场竞争其实就是企业争夺客户的竞争，企业要实现赢利，必须依赖客户。客户是企业的命脉，是企业利益的源泉。大部分企业80%的利润来自稳定的客户，开发新客户的成本是挽留老客户成本的3倍以上！

企业要想获得持续的竞争优势，必须把客户关系管理作为企业生存和发展的重要战略。

客户管理就是企业为提高核心竞争力，达到快速成长、竞争制胜的目的，而树立的以客户为中心的发展战略，并为此开展的包括客户分析、选择、争取、发展和保持等工作内容的过程。客户管理的目标是吸引新客户、保留老客户、赢得客户忠诚度。

获得利润是客户管理的追求，双赢是客户关系存在的基础。

一、客户关系管理的重要意义

客户关系管理可以增加企业的盈利、降低企业的成本、提升企业的信誉和品牌形象。做好客户关系管理工作具有以下重要意义：

（1）降低企业维系老客户和开发新客户的成本。

（2）降低企业与客户的交易成本。

（3）给企业带来源源不断的利润。

（4）促进客户增量购买和交叉购买。

（5）提高客户的满意度和忠诚度。

（6）整合企业对客户服务的各种资源 。

客户关系管理将企业管理的视野从企业内部延伸、扩展到企业的外部。客户关系管理不是使用一套软件、建立一个数据库那么简单，而是涉及企业的定位、发展战略、业务流程、经营理念、营销策略等方面。

二、营销管理的客户导向

（1）传统的以产品和流程为导向的营销管理，不能适应激烈的市场竞争变化、不能快速响应客户需要，缺乏对内外部产品、渠道和客户资源的深度整合，如图 8 - 31 所示。

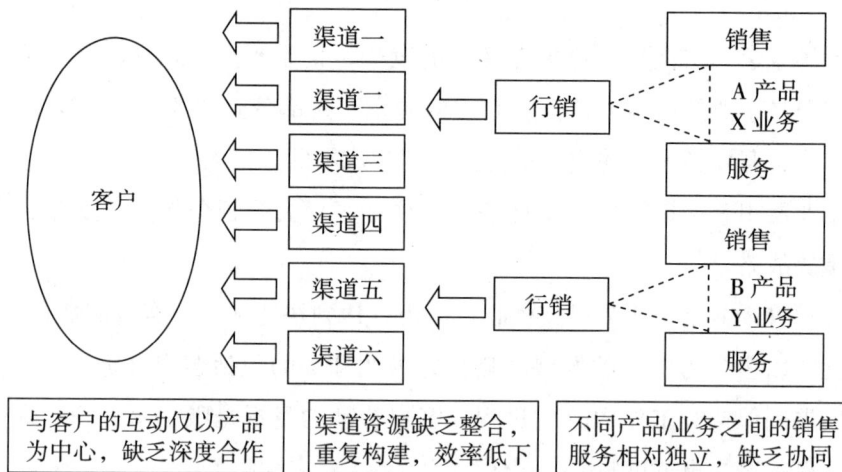

图 8 - 31　以产品和流程为导向的营销管理

（2）以客户关系为导向的营销管理，对企业的组织结构、营销策略、业务流程、经营理念、信息技术等提出一系列变革要求，从而赢得客户，如图 8 - 32 所示。

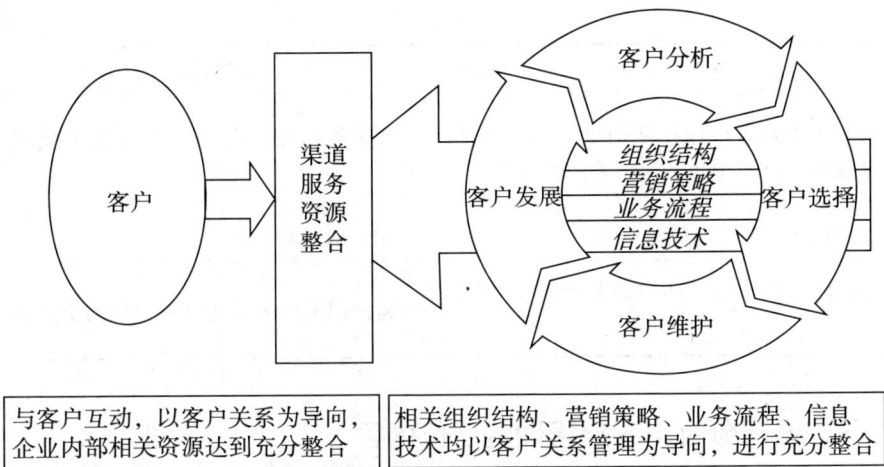

图8-32　以客户关系为导向的营销管理

（3）客户营销与交易营销的区别如表8-22所示。

表8-22　　　　　　　　　　客户营销与交易营销的区别

客户营销	交易营销
长期的互惠互利关系。把消费者变成朋友，把朋友变成客户，把客户变成合作伙伴	关注消费者的注意力和兴趣
持续地向一位客户推销尽可能多的产品	一次性向尽可能多的客户推销一种产品
利用客户个性的信息，为客户寻找下一个最合理的产品	利用客户共性的信息，向最大范围的客户推销，为产品寻找下一个最可能的客户
努力从现有客户中获取源源不断的新业务	努力获取源源不断的新客流
致力于与客户沟通，挖掘客户需求，解决客户问题，达到销售目的	向客户诉说、讲述和推销产品
帮助客户获取客户想要的东西，满足客户获取信息期望的时间、地点和方式要求	以简便易懂的形式，选择性地向所有人传播同样的信息
注意力在公司外部，公司设计并建设与客户互相沟通、交往的平台，诊断客户需求，开发特定的产品与服务提供给客户	注意力集中在公司内部，公司单方面预测未来的客户需求，为市场定义理想的产品、安排生产，然后将产品销售出去

续　表

客户营销	交易营销
把渠道视为客户选择从何处、从谁手里获取想要的价值（产品和服务）的过程	认为渠道是产品由生产商到消费者的通道
有针对性、个性化地对待客户	无差别地对待客户
不仅仅提供产品，还包括提供建议和持续关怀	客户根据个人需要来评估和挑选产品

三、客户分析与客户管理的工作内容

客户分析与客户管理的工作内容，主要有以下几个方面：

（1）分析客户（评估客户价值、分析购买特点）。

（2）选择客户（确定目标客户、选择方法途径）。

（3）开发客户（寻找机会接触说服、结合推拉策略）。

（4）客户分类（明确分类标准、分类管理策略）。

（5）信息管理（规范信息内容、数据分析开发）。

（6）客户维护（异议投诉处理、加强客户沟通）。

（7）客户满意（明确价值期望、提高感知价值）。

（8）客户忠诚（赢得客户忠诚、提升客户价值）。

（9）流失管理（分析流失原因、挽留价值客户）。

四、客户分析

1. 客户需求分析

农户的需求很简单、很直接，企业只有准确把握农户的需求，才能赢得农户！农户从事农业生产经营活动的根本需求如下：

（1）节省劳力、降低生产成本。

（2）除草、防虫、防病。

（3）增产、增收。

（4）获得承诺与保障（保护农作物）。

农户个人的需求期望如下：

第一，邻里交往（会议是交往的一种形式）。

第二，学习和了解农业知识和种植、植保技术。

第三，参与相关社会活动和交往。

第四，渴望沟通交流并获得尊重和认可。

2. 农户购买产品的特点分析

（1）价格最低原则。农户收入水平较低，在购买农资产品时，价格低是选择的首要条件。

（2）具有跟随性。因为农村中绝大多数农户并没有掌握有关的科技知识，种田能手或者技术能手在一定范围内起很大的示范作用，因此农户购买农资跟随性强。

（3）随意性。农户在购买农资产品时基本上无明显的品牌意识。在购买过程中，往往根据经销商的介绍而定，经销商介绍什么就选择使用什么，具有很大的随意性。

（4）注重便利性。农资需求的季节性、及时性、可信赖性，要求经销商、零售商门店必须靠近农村，方便农户购买和咨询，并让农户感觉可以信赖。

（5）重视感情关系。农资销售主要靠回头客，经销商和附近的农户的联系至关重要，多数农户重感情，几乎每家零售商都有自己相对固定的顾客群体，因而感情在销售中起着相当大的作用。

3. 客户行为特征分析

性格分析和性格测试的方法很多，客户行为特征分析可以从年龄、性别、职业习惯、心理等不同方面进行。

按"交际倾向"和"控制倾向"的强弱不同，将客户划分为分析型、随和型、表现型、控制型四类。分析型，又称为猫头鹰型；随和型，又称为鸽子型；表现型，又称为孔雀型；控制型，又称为老鹰型。具体如图 8 - 33 所示。

四大类型客户的行为特征判断分析如表 8 - 23 所示。

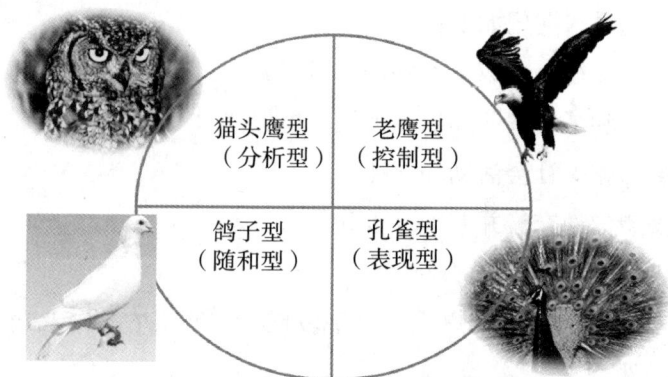

图 8 - 33　客户行为特征的四大类型

表 8 - 23　　　　　　　四大类型客户的行为特征判断分析

客户类型	猫头鹰型	鸽子型	孔雀型	老鹰型
行为举止	直截了当、目标明确	轻松随和	活泼外向	坚决强硬
沟通方式	注重真凭实据	照顾销售人员的面子	善于交际、乐于回答问题	关注结果、重视最低标准
性情气质	冷漠严肃	平静随和	和蔼可亲	焦躁不安
对待他人的意见	抱有怀疑	全盘接受	注意力不集中	缺乏耐心
处理问题的方式	对别人评头论足	对别人言听计从	专心致志、全神贯注	指挥、命令他人
决策行为	信息齐全方才定夺	决策迟缓、深思熟虑	决策仿效别人	决策果断、力求实用
时间安排	充分利用时间，计划周详	遵守时间	经常浪费时间	相当紧凑
形体语言	较为节制	精确而谨慎	丰富生动	使用频繁
服饰	传统保守、朴实无华	大众款式	新潮时尚	剪裁讲究、无可挑剔
对压力的反应	放弃分析推理	屈服顺从	与情感对抗	与主观意志抗争

4. 客户价值分析

每个客户自身的商业价值不同，对企业而言，重要的是客户的合作价值。在与客户合作的不同阶段，客户对公司的价值也会有所变化，如表 8 - 24 所示。

表 8 - 24　　　　　　　　不同阶段的客户价值变化

不同阶段	考察期	合作期	稳定期	退化期
销售量	总体很小	快速增长	最大并持续稳定	回落
价格	为吸引客户，一般为较低的基本价格	有上升趋势，后期变得明显	价格继续上升，主要取决于公司的增值能力	开始下降
成本	最高	明显降低	继续降低至一个极限值	回升，但一般低于考察期的成本
间接效益	没有	后期开始有间接效益，有扩大趋势	明显，且继续扩大	缩小，但滞后于关系的退化速度，如客户传递坏的口碑，则有负面的间接效益
销售额	很少	快速上升，后期接近最高水平	稳定在一个高水平上	开始下降
利润	很少，甚至为负利润	快速上升	继续上升，后期上升速度减缓，最后稳定在一个高水平上	开始下降

5. 客户关系综合分析

企业对客户及客户关系进行综合分析时，必须结合客户的特点、其与本企业的合作关系、其与竞争对手的合作关系三个方面进行，如图 8 - 34 所示。

五、客户的识别与选择

1. 为什么要选择客户

（1）不可能所有的购买者都成为企业的客户。因为企业资源总是有限的，

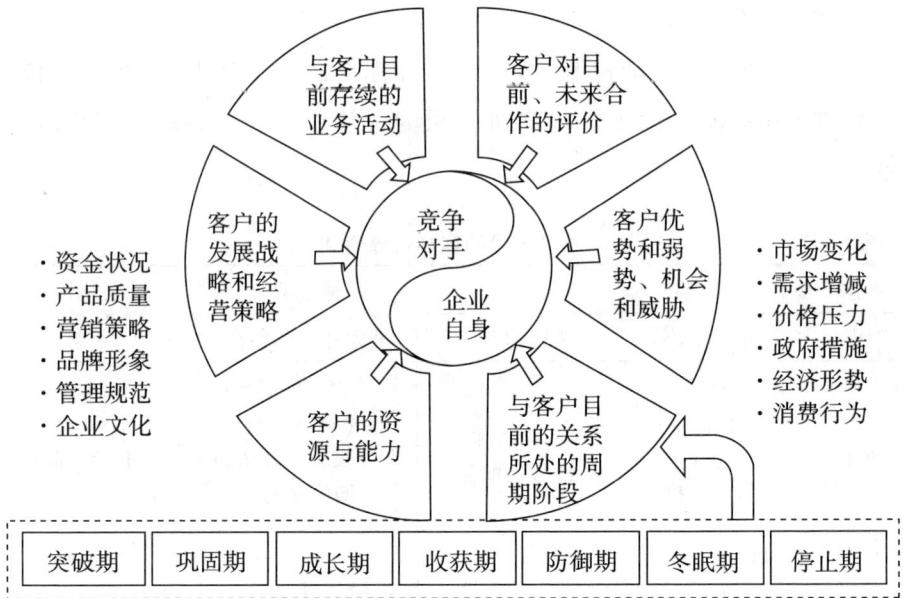

图 8－34 客户关系综合分析

客户需求总是有差异的，竞争者总是客观存在的！

（2）不是所有的客户都能给企业带来收益。客户总有优劣之分，有的客户可能是"麻烦制造者"，有的客户则会给企业带来一定的风险，如信用风险、资金风险、违约风险等。

（3）慎重地选择客户能增强企业的赢利能力。稳定的客户给企业带来的收益远大于经常变动的客户，客户的每次变动对企业来说都意味着风险和费用的增加。

（4）主动选择客户是一种策略。企业主动选择客户，才可能为其提供适合的产品和服务，开发成本和维护成本才可能降低，这是成功建立和维护客户关系的基础。企业在客户选择上采取主动策略，有利于树立鲜明的企业形象。

企业应当在市场的茫茫大海中选择属于自己的客户，而不应一味追逐客户，因为这样有可能造成浪费资源、得不偿失。企业要根据一定的标准，如规模、资金、信誉、管理水平、技术实力等选择客户。

2. 客户选择的五个原则

（1）选择与企业的市场定位和营销策略一致的客户。

（2）尽可能选择优质客户。

（3）选择有潜力的客户。

（4）选择"门当户对"的客户。

（5）依据现有客户的忠诚度选择目标客户。

3. 客户选择一定要做到"知己知彼"。

（1）知己。

①了解自身的发展战略和营销策略。清楚自身的背景和资金实力，能够自信、富有激情地与客户沟通。

②了解自身的产品知识、市场定位及市场开发思路。知道自身开发市场的思路和市场定位、产品档次、性价比、产品的生产工艺、性能配方、使用方法等。

③了解自身的销售政策，才能更好地选择匹配的客户，如：经销区域、销售任务、付款方式（包括运费）、推广力度（包括广告和促销活动）、售后服务（退换货）、销售政策（包括年终返点）、质量和价格。

（2）知彼。

①公司的政策和要求要符合客户利益。客户是独立的、以实现自己的目标为原则、可以自由做决定而不受他人干涉的个人或组织。

②公司的产品是否符合客户市场需求。客户首先是根据市场需求进行营销活动的，然后才会顾及公司要求。客户积极卖的产品一定是市场需求的产品，而不是公司要他卖的产品。

③客户经营的产品不可能独此一家。客户不可能只经营一个公司的产品，也不可能把所有的资源和精力放在一家企业。

④客户的资源、实力和经营管理能力有限。

六、客户的分类与管理策略

1. 按经营特点分类

根据农资行业客户的经营特点的不同，客户可以分为推广型、管理型、技术型、资源型、服务型、客情型、资金型、关系型等几种类型，针对不同类型的客户企业可以采取不同的合作策略。

2. 按客户忠诚度与贡献度分类与升级管理

企业可以根据客户的忠诚度和对企业的贡献的不同进行分类，并实施升级管理，如图 8-35 所示。

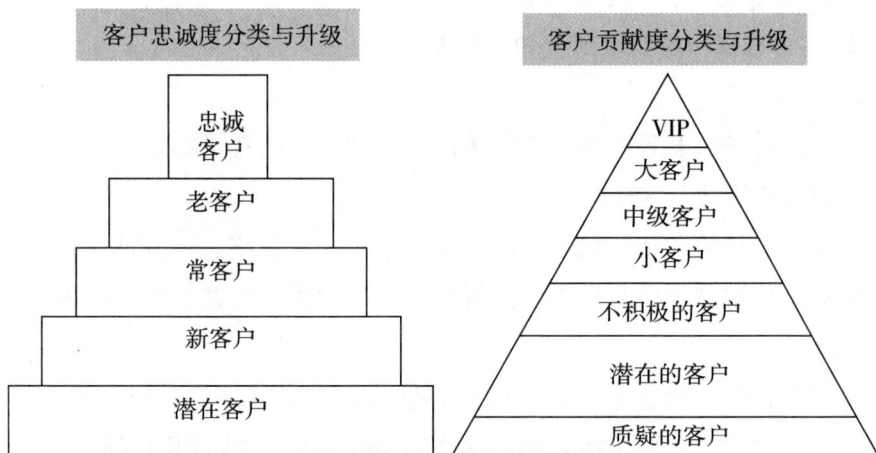

图 8-35 按客户忠诚度与贡献度分类与升级管理

3. 按客户价值分类

客户有大小之分，也有好坏之分，企业对客户实行分类管理、区别对待是提高效率的关键，也是实施有效激励、资源分配的基础。对于具有不同价值的客户，企业应该"分开抓"，而不是"一把抓"。按客户对企业的价值，可以将其分为四类，并可针对不同类型的客户采取不同的管理策略，如表 8-25 所示。

表 8-25　　　　　　　客户价值类型与客户保持策略

客户类型	客户对企业的价值	资源配置策略	客户保持策略
I	当前价值低，客户增值潜力低	不投入	关系维持
II	当前价值低，客户增值潜力高	适当投入	关系再造
III	当前价值高，客户增值潜力低	重点投入	高水平关系保持
IV	当前价值高，客户增值潜力高	重中之重投入	不遗余力地保持、发展

4. 客户管理策略转变

客户管理的策略，要在实现一定程度"广度"的基础上，向注重客户的"深度"管理转变。

客户广度管理，强调客户数量、营销额，衡量指标主要为"市场占有率"。

客户深度管理，则强调对客户进行分类管理，强调大客户和忠诚客户的管理，注重培育一般客户和小客户向大客户和忠诚客户转化。降低客户流失率，衡量指标主要为"客户拥有率"和"客单或单客价值贡献"。

七、客户的信息管理

客户的信息管理内容可以分为客户个人信息、客户企业信息和客户商业信息三个方面。

（1）客户个人信息管理的内容包括：基本信息；消费情况；教育情况；事业情况；家庭情况；生活情况；个性情况；人际情况。

（2）客户企业信息管理的内容包括：基本信息；客户特征；业务状况；交易状况；负责人信息。

（3）客户商业信息管理的内容包括：战略信息、策略信息、销售信息、产品信息、管理信息等。

（4）客户信息建档管理。客户信息档案包括的内容如表 8-26 所示。

表 8-26　　　　　　　　客户信息档案包括的内容

信息类别	详细内容
基础资料	客户的名称、地址、电话、经营管理者、法人代表及个人的性格、爱好、家庭、学历、年龄、创业时间，与本企业开始合作的时间、组织形式、业绩、资产等
客户特征	主要包括销售服务覆盖区域、销售能力、发展潜力、经营观念、经营方向、经营政策、企业规模、经营特点等
业务状况	主要包括销售实绩、经营管理者和销售人员的素质、与其他竞争对手之间的关系、与本企业的业务关系及合作态度等
交易现状	主要包括客户的销售活动现状、存在的问题和优势、未来的对策、公司形象、声誉、信用状况、交易条件等

八、客户的维护与保持

客户的维护与保持是一个系统工程，是企业通过各种努力巩固和发展与客户的长期、稳定合作关系的过程。

客户维护管理的工作内容包括客户沟通、客户异议处理、客户投诉处理等。

1. 客户沟通

（1）客户沟通是实现客户满意的基础。企业经常与客户沟通，才能了解客户的实际需求；企业出现失误时，有效的沟通有助于获得客户的谅解。

（2）客户沟通是维护客户关系的基础。企业经常与客户沟通，才能让客户认识到双方长远合作的意义，才能在沟通中加深与客户的感情，稳定关系。

企业要及时、主动地与客户保持沟通，并建立起顺畅的沟通渠道，这样才能维护好客户关系。客户沟通的主要方面如下：

①信息沟通，指企业把产品或服务的信息传递给客户，也包括客户将其需求或要求反映给企业。

②情感沟通，指企业主动采取措施，加强与客户的情感交流，加深客户对企业的信赖。

③理念沟通，指企业把其宗旨、理念介绍给客户，目的是促使客户认同和接受企业的理念和行为。

④意见沟通，指企业主动向客户征求意见，或者客户主动将对企业的意见（包括投诉）反映给企业的行动。

⑤策略沟通，主要是指企业把有关的经营策略向客户传达、宣传及说服客户接受的行动。

2. 客户异议处理

（1）按客户异议内容的不同，客户异议分为八种类型，如图8-36所示。

（2）客户异议处理的基本流程和原则。

客户异议处理的基本流程如下：

第一步，事前做好充分准备。

第二步，分析客户产生异议的原因和问题所在，确定处理措施。

第三步，确定客户异议处理的预案，主要有以下几种：

①在客户尚未提出异议时主动处理。

②在客户提出异议后立即处理。

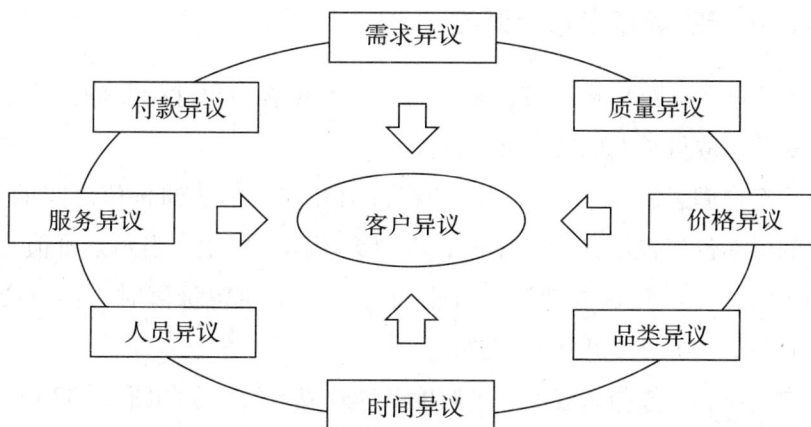

图 8 - 36　客户异议的类型

③客户提出异议后过一段时间再处理。

④置之不理。

客户异议处理的基本原则是：尊重客户想法，不与客户争辩。

3. 客户投诉处理

要重视客户的投诉。世界上没有一个企业永远不会出现失误或危机，客户投诉在所难免。企业要与客户建立长期互信的伙伴关系，就必须妥善处理客户的抱怨或投诉，要把处理投诉作为弥补产品或者服务缺陷、挽回不满意客户、促进自身进步和进一步提升客户关系的契机。

客户投诉处理的程序如下：

（1）记录投诉内容。

（2）判定投诉是否成立。

（3）确定投诉处理责任部门责任人。

（4）分析投诉原因。

（5）提出处理方案。

（6）提交主管领导批示。

（7）实施处理方案。

（8）征求客户对处理的意见和满意度。

九、客户的满意度与忠诚度

在竞争激烈的市场环境下，客户满意是实现客户忠诚的基础，是企业战胜竞争对手、取得长期成功的重要保证。

影响客户满意的因素是客户的期望价值和客户的感知价值之间的差异：当客户的感知价值没有达到期望时，客户会不满、失望；当感知价值与期望价值一致时，客户会基本满意；当感知价值超出期望价值时，客户会感到"物超所值"，客户满意度就会很高。

客户期望和感知与满意度、忠诚度及绩效成本的关系如图 8－37 所示。

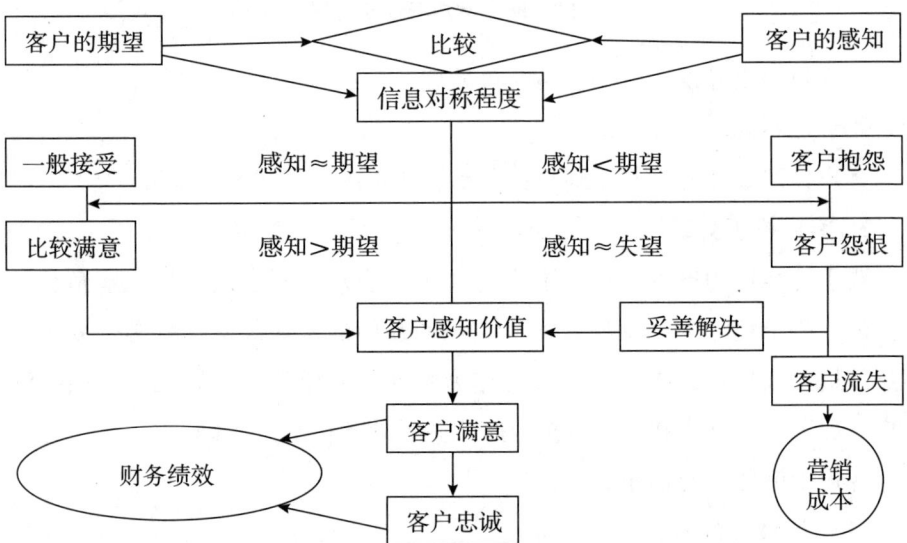

图 8－37　客户期望和感知与满意度、忠诚度及绩效成本的关系

1. 客户满意度的衡量指标

（1）美誉度。

（2）知名度。

（3）回头率。

（4）投诉率。

（5）购买额。

（6）对价格的敏感度。

2. 影响客户忠诚的因素

（1）客户满意的程度。

（2）客户因忠诚能够获得的利益。

（3）客户的信任与情感。

（4）客户的转换成本。

（5）客户的归属感。

（6）业务联系的紧密程度。

（7）员工对企业的忠诚度。

（8）企业对客户的忠诚度。

（9）客户自身的因素。

3. 提高客户忠诚度的策略

（1）努力让客户满意。

（2）奖励忠诚的客户。

（3）增强客户的信任及企业与客户之间的情感。

（4）提高客户的转换成本（背叛需付出代价）。

（5）建立客户组织。

（6）加强业务合作联系，提高不可替代性。

（7）加强员工管理。

（8）以自己的忠诚换取客户的忠诚。

4. 客户忠诚度的衡量指标

客户对品牌的忠诚度，可以通过以下指标来衡量：

（1）客户重复购买的次数。

（2）客户挑选时间的长短。

（3）客户对价格的敏感程度。

（4）客户对竞争品牌的态度。

（5）客户对产品质量问题的承受能力。

（6）客户购买预算的多少。

客户没有选择余地的时候才会忠诚，只要客户有其他选择余地，就不存在绝对忠诚。所以，企业要持续不断地比竞争对手对客户好一点，比竞争对手为客户多创造出一点价值，这样才能赢得客户忠诚。

5. 客户忠诚的类型

客户忠诚的类型如图 8-38 所示。

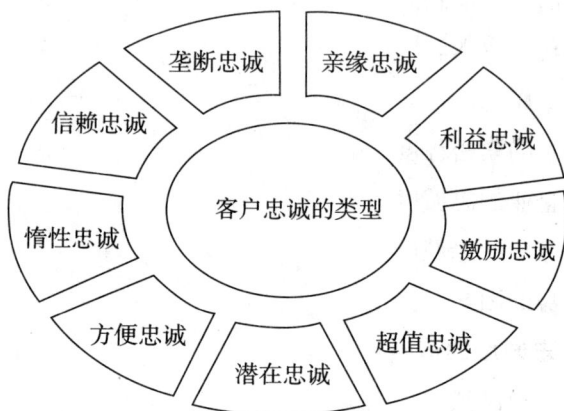

图 8-38　客户忠诚的类型

6. 客户忠诚的重大意义

客户忠诚为企业带来的巨大价值和重大意义体现在以下几个方面：

（1）节约客户开发和客户流失的成本。

（2）产生和维持基本利润。

（3）持续增加销售份额，提高收入。

（4）节约服务成本，降低沟通和关系维护成本。

（5）产生溢价，忠诚的老客户会愿意以较高价格接受产品和服务。

忠诚的客户经常向潜在的客户推荐企业产品，为企业带来更多的客户，特别是风险比较大的产品，客户在购买之前很难评估产品的质量，这时候忠诚客户的口碑十分重要，能起到很好的促进作用，且远远胜过企业自身广告的作用。

十、客户的流失管理

客户流失会给企业带来经济损失和较大的负面影响，有些客户流失是不可避免的，挽回流失客户的工作极其重要。

首先，企业客户零流失是不现实的，企业必须努力避免客户流失和控制客户流失率。

其次，要通过分析客户流失的具体原因，采取有针对性的具体措施解决客户流失问题。

最后，要积极采取各种措施，建立客户管理机制，防患于未然，对于已经流失的有价值的客户要尽力挽回。

客户流失的原因分析如表 8 - 27 所示。

表 8 - 27 客户流失的原因分析

企业因素占比	客户因素占比	其他因素占比
产品价格（9%）	客户去世（1%）	竞争对手的活动（4%）
处理投诉事务不当（10%）	失去联络（3%）	客户周围人员对其观念的影响（5%）
没有掌握客户需求，没有适当关注其需求（68%）		

1. 企业因素

造成企业客户流失的因素包括质量不稳定；缺乏创新；服务意识淡薄；市场控制力弱；内部员工跳槽带走客户；企业短期行为；客户忠诚获益较少；客户对企业的依赖程度低且流失成本低；客户没有归属感，不被重视；企业与客户联系得不够紧密；企业自己对客户不忠诚。

2. 客户因素

客户因素包括客户需求转移；消费习惯改变或改行；转向其他企业；尝试新的产品；搬迁、成长、衰退、破产。

3. 预防客户流失的主要措施

（1）向客户描述企业发展和共同合作愿景。

（2）注意构建与客户的战略合作伙伴关系。

（3）经常与客户沟通，减少误解。

（4）做好客户关怀，建立感情关系。

（5）建立客户投诉处理和客户建议解决制度。

（6）持续不断提升客户的满意度和忠诚度。

（7）建立内部机制，提升员工满意度。

4. 对不同级别客户的流失采取不同的策略

（1）极力挽回"VIP客户"。

（2）尽力挽回"主要客户"。

（3）对"普通客户"的流失可见机行事。

（4）彻底放弃没必要挽留的流失客户。

5. 主动裁减无用无效客户

企业在客户开发过程中有时候会步入误区，忙于开发太多的新客户，而忽视了对老客户的服务及与其的深度合作。

企业一定要主动放弃以下客户：

（1）不守信用的客户。

（2）让企业没有办法赚钱的客户。

（3）与其合作将会得不偿失的小客户。

（4）没有发展潜力、阻碍企业发展的客户。

🐦 链接阅读

农资营销五步循环模式的内容与需要思考的问题如表8-28所示。

表8-28　　农资营销五步循环模式的内容与需要思考的问题

环节	内容	需要思考的问题
第一步	市场分析与营销战略制定	1. 当地当季种植作物结构
		2. 当地当季适销产品
		3. 当地当季实销产品
		4. 当地当季销售目标的落脚点
		5. 为达成销售目标应该做的基础工作
		6. 渠道策略采取终端导向还是经销商导向
		7. 竞争策略采取价格竞争、服务竞争还是品牌竞争

续　表

环节	内容	需要思考的问题
第二步	试验示范与技术服务	1. 每项示范服务工作的预期是什么
		2. 选择什么产品做技术示范
		3. 选择什么农户做技术示范
		4. 选择什么地块做技术示范
		5. 选择什么合作渠道做技术示范
		6. 产品技术示范解决用户体验和信任问题的程度
		7. 示范活动本身是否产生和衍生销售
第三步	观摩活动与推广策划	1. 如何选择市场推广活动的合作方
		2. 如何策划推广活动的促销、互动和传播方案
		3. 如何提高经销商、零售商和农户的配合度
		4. 事前，需要做足哪些准备工作
		5. 事中，需要注意哪些流程安排和关键环节
		6. 事后，需要注意哪些跟踪事项
		7. 推广活动现场的销售结果如何
		8. 预订结果如何？后期衔接跟进工作如何展开
		9. 客户信息是否收集建档
		10. 是否延伸安排落实产品试验示范合作
第四步	渠道规划与客户开发	1. 农资行业渠道的主体地位有什么变化
		2. 如何处理渠道多元化、扁平化和渠道规划的矛盾
		3. 产品生产商渠道终端化的利弊有哪些
		4. 如何实现客户开发方式的推拉转变
第五步	客户分析与客户管理	1. 农资行业客户的变化趋势是什么
		2. 如何进行客户分类管理
		3. 营销究竟应该采取产品导向还是客户导向
		4. 如何构建公司的客户管理体系

✏ **思考与讨论**

1. 如何进行市场分析和制定营销战略？

2. 如何绘制年度营销战略规划及实施图？

3. 如何规划和实施公司的技术试验示范工作？

4. 如何高效、成功地策划一场观摩会？

5. 如何根据自身定位进行渠道规划和布局？

6. 如何构建自己的客户管理体系？